Datenschutzberater

Privacy Litigation

Datenschutzrechtliche Ansprüche durchsetzen und verteidigen

Sebastian Laoutoumai

Fachmedien Recht und Wirtschaft | dfv Mediengruppe | Frankfurt am Main

Bibliografische Information der Deutschen Nationalbibliothek

Die Deutsche Nationalbibliothek verzeichnet diese Publikation in der Deutschen Nationalbibliografie; detaillierte bibliografische Daten sind im Internet über http://dnb.de abrufbar.

ISBN 978-3-8005-1762-6

dfv Mediengruppe

www.ruw.de

Druck: WIRmachenDRUCK GmbH, Backnang

Printed in Germany

Vorwort

Der Datenschutzgrundverordung (DSGVO)[1] eilte vor ihrer unmittelbaren Geltung in den Mitgliedsstaaten der zweifelhafte Ruf voraus, dass sie durch ihre exorbitant anmutenden Bußgeldandrohungen Unternehmen in die Knie zwingen würde. Und tatsächlich kam es in der Folge auch vereinzelt zu teils sehr hohen Bußgeldern.[2] Dass aber ein Unternehmen wegen eines solchen Bußgeldes seinen Geschäftsbetrieb aufgeben musste, dürfte in keinem Fall vorgekommen sein. Ein solcher Fall ist mir jedenfalls seit Geltung der DSGVO nicht bekannt geworden. Der Start war für die DSGVO denkbar ungünstig. Auch hat die Akzeptanz in der Folge stark gelitten. Zum einen bedeutete dieses vermeintlich neue Datenschutzrecht für viele Unternehmen einen enormen Umsetzungsaufwand. Zum anderen ist die DSGVO in zahlreichen Fragen noch auslegungsbedürftig, was zu einer enormen Rechtsunsicherheit bei den Verantwortlichen führt. Diese Rechtsunsicherheit kann gerade bei der Einführung neuer, insbesondere digitaler Geschäftsmodelle als Innovationsbremse empfunden werden. Dabei ist die DSGVO eigentlich mit dem Ziel angetreten, die Rechte der von einer Datenverarbeitung betroffenen Personen zu stärken und dadurch ein positives Signal zu senden. Nach und nach machen auch immer mehr betroffene Personen von ihren Rechten Gebrauch, die ihnen von der DSGVO zur Verfügung gestellt werden. Die private Rechtsdurchsetzung durch die betroffenen Personen stellt Unternehmen vor neue Herausforderungen, insbesondere dann, wenn die einzelnen Sachverhalte gerichtlich durchgesetzt werden. Während sich das Unternehmen im Rahmen eines Bußgeldverfahrens lediglich mit einer Datenschutzaufsichtsbehörde auseinanderzusetzen hat, besteht bei einem Datenschutzvorfall, bei dem zahlreiche Kunden betroffen sein können, die Gefahr einer Inanspruchnahme durch mehrere tausend Einzelpersonen. Der Umgang mit solchen Sachverhalten ist für Unternehmen und

---

1 Verordnung (EU) 2016/679

2 Auswahl: LfD Niedersachsen verhängt Bußgeld in Höhe von 10.400.000,00 EUR; Hamburgische Beauftragte für Datenschutz und Informationsfreiheit verhängt Bußgeld in Höhe von 35.258.708,00 EUR; Landesbeauftragte für den Datenschutz und die Informationsfreiheit Baden-Württemberg verhängt Bußgeld in Höhe von 1.240.000,00 EUR; Berliner Beauftragte für Datenschutz und Informationsfreiheit verhängt Bußgeld in Höhe von 14.500.000,00 EUR.

deren Berater nicht nur logistisch mit einem hohen Einsatz verbunden, für das Unternehmen ist auch das finanzielle Risiko, insbesondere durch den neu geschaffenen Anspruch auf Ersatz eines immateriellen Schadens nach Art. 82 DSGVO, kaum vorhersehbar.

Die Anzahl der datenschutzrechtlichen Sachverhalte, die vor den Zivilgerichten zwischen dem verantwortlichen Unternehmen und der betroffenen Person ausgetragen werden, wird zunehmen. Das betrifft zum einen die Durchsetzung der Betroffenenrechte nach den Art. 15 ff. DSGVO, aber vor allem die Durchsetzung von Ansprüchen auf Schadensersatz nach Art. 82 DSGVO. Diesem Umstand will das vorliegende Werk Rechnung tragen und einen Überblick über die materiellen und prozessualen Fragen bei der privaten Durchsetzung von datenschutzrechtlichen Ansprüchen geben. Das Werk soll dabei insbesondere eine Lücke zu der bestehenden datenschutzrechtlichen Literatur schließen, indem es sich ausschließlich auf die privatrechtliche Beziehung der Beteiligten konzentriert.

Die Arbeit an einem Werk wie dem Vorliegenden nimmt naturgemäß Zeit in Anspruch, die an anderer Stelle fehlt. Für die damit verbundene Geduld möchte ich meiner Frau und meiner Tochter herzlich danken. Euch ist dieses Buch gewidmet. Ein weiterer Dank gilt Herrn Gereon Walter für dessen tatkräftige Unterstützung.

Sebastian Laoutoumai

Inhaltsverzeichnis

2. Kapitel
Die Durchsetzung von Ansprüchen

3. Kapitel
Interviews aus der Praxis

Einführung

Die Nachrichten über Datenschutzvorfälle, bei denen auch zahlreiche personenbezogene Daten von Kunden oder Mitarbeitern betroffen sind, mehren sich.[3] Dabei können die Ursachen, die zu einem solchen Vorfall geführt haben, unterschiedlich sein. So kann der Datenschutzvorfall darauf zurückzuführen sein, dass Kriminelle von außen in Schädigungsabsicht auf die IT-Systeme des betroffenen Unternehmens zugreifen und sensible Kundendaten stehlen. Ein Datenschutzvorfall kann aber auch auf einer Nachlässigkeit im eigenen Unternehmen beruhen, weil beispielsweise ein Mitarbeiter eine Datei mit sensiblen Kundendaten aus Versehen unverschlüsselt an einen falschen Empfänger versendet. Auch die massenhafte, datenschutzwidrige Überwachung der eigenen Mitarbeiter kann einen solchen Datenschutzvorfall begründen. In all diesen Fällen können Unternehmen nach Art. 33 I DSGVO dazu verpflichtet sein, diesen Datenschutzvorfall innerhalb einer Frist von 72 Stunden nach Bekanntwerden der Verletzung, gegenüber der zuständigen Datenschutzaufsichtsbehörde, zu melden. Verhängt die zuständige Aufsichtsbehörde sodann ein Bußgeld, kommt es gerade bei sehr hohen Bußgeldern zu einer entsprechenden Pressemitteilung durch die Aufsichtsbehörde. Gemeinsam haben diese Sachverhalte auch, dass nicht nur eine einzelne Person von der Verletzung ihrer Rechte betroffen ist, sondern eine Vielzahl von Personen. Für diese ist der Umstand, wie es zu diesem Datenschutzvorfall gekommen ist, in der Regel auch zweitrangig. Maßgeblich sind für die betroffenen Personen die mit diesem Datenschutzvorfall verbundenen Folgen.

Für Unternehmen begründen solche Datenschutzvorfälle, selbst wenn sie diese nicht verschuldet haben, ein erhebliches zusätzliches Prozessrisiko. Denn durch das umfangreiche Anspruchssystem in der DSGVO

3 Im Oktober 2020 wurde ein Hacker-Angriff auf Scalable Capital bekannt, bei dem auf die Kontodaten zahlreicher Kunden zugegriffen wurde (*Quelle*: Scalable Capital: Insider-Angriff auf Robo-Advisor – Digital – SZ.de (sueddeutsche.de)); Ebenfalls im Oktober 2020 wurde ein Datenschutzvorfall bei H&M bekannt, nachdem die zuständige Datenschutzaufsichtsbehörde ein Bußgeld in Höhe von 35 Mio. EUR gegen das Unternehmen verhängt hat (*Quelle*: H&M-News: Datenschutzbeauftragter verhängt Rekord-Bußgeld (handelsblatt.com)); bereits im Dezember 2019 wurde ein Datenschutzvorfall bei dem Arzneimittelgroßhändler Phoenix bekannt (*Quelle*: Datenpanne: Phoenix verschickt sensible Daten von 211 Apotheken | APOTHEKE ADHOC (apotheke-adhoc.de)).

tritt zunehmend neben das sog. *Public Enforcement* der Aufsichtsbehörden das sog. *Private Enforcement* durch die betroffenen Personen selbst. Der bei einem Datenschutzvorfall wichtigste Anspruch der betroffenen Personen ist der auf Ersatz immaterieller Schäden nach Art. 82 DSGVO, mit seinen vordergründig wenigen Anspruchsvoraussetzungen. Und gerade wegen dieser vergleichsweise überschaubaren Anspruchsvoraussetzungen und dem Umstand, dass bei einem Datenschutzvorfall viele Personen bei einem im wesentlichen gleichen Sachverhalt betroffen sind, formieren sich zunehmend Anbieter, die sich auf die klageweise Durchsetzung von Schadensersatzansprüchen spezialisiert haben. Selbst wenn dabei der Schadensersatzanspruch der einzelnen betroffenen Person vergleichsweise moderat ausfällt, so liegt es auf der Hand, dass das finanzielle Risiko des Unternehmens bei einer Vielzahl betroffener Personen ungleich größer ist. So haben bereits erste Gerichte den betroffenen Personen einen Anspruch auf Geldentschädigung nach Art. 82 DSGVO zugesprochen, wobei an dieser Stelle anzumerken ist, dass zahlreichen dieser Entscheidungen noch Einzelsachverhalte zugrunde lagen und selten Datenschutzvorfälle mit einer Vielzahl von betroffenen Personen. Es liegt aber auf der Hand, dass, wenn sich diese Rechtsprechung durchsetzen sollte, auch die Anzahl der Schadensersatzprozesse nach einem Datenschutzvorfall sprunghaft steigen wird. Nachstehende Tabelle soll einen Überblick bereits ergangener Entscheidungen geben, bei denen dem Kläger ein Schadensersatz zugesprochen wurde.[4]

Gericht	Aktenzeichen	Höhe des Schadensersatzes
AG Pforzheim	13 C 160/19	4.000,00 EUR
ArbG Dresden	13 Ca 1046/20	1.5000,00 EUR
ArbG Neumünster	1 Ca 247 c/20	500,00 EUR
ArbG Köln bestätigt durch LAG Köln	5 Ca 4806/19 2 Sa 358/20	300,00 EUR
ArbG Düsseldorf	9 Ca 6557/18	5.000,00 EUR
ArbG Lübeck	1 Ca 538/19	1.000,00 EUR
LG Darmstadt	13 O 244/19	1.000,00 EUR

4 Ausführliche Tabellen mit Kurzbegründungen der Entscheidungen finden sich bei *Wybitul*, DSB 2021, 42 ff. und *Leibold*, ZD-Aktuell 2021, 05043.

Demgegenüber stehen freilich auch Entscheidungen, die dem Kläger in der ersten Instanz keinen Schaden zugesprochen haben.

Gericht	Aktenzeichen
LG Landshut	51 O 513/20
LG Köln	28 O 71/20
LG Frankfurt am Main	2-27 O 100/20
LG Hamburg	324 S 9/19
LG Frankfurt am Main	2-03 O 48/19
AG Frankfurt am Main	385 C 155/19 (70)
AG Hannover	531 C 10952/19
OLG Dresden	4 U 1680/19
OLG Dresden	4 U 760/19
LG Karlsruhe	8 O 26/19
AG Diez	8 C 130/18

Die Rechtsprechung ist ersichtlich uneinheitlich. Es ist aber abzusehen, dass der *EuGH* zu wesentlichen Fragen hinsichtlich der richtigen Auslegung von Art. 82 DSGVO und dessen Voraussetzungen Stellung beziehen wird. Dabei ist eine für beide Seiten wesentliche Frage, die es zu beantworten gilt, die, ob es für die Geltendmachung eines Schadensersatzes eine Bagatellgrenze gibt. Die Beantwortung dieser Frage ist vor allem für Unternehmen, die eine Vielzahl von personenbezogenen Daten verarbeiten, von enormer praktischer und insbesondere wirtschaftlicher Bedeutung. Denn spricht sich der *EuGH* auf Vorlage eines nationalen Gerichts gegen eine Bagatellgrenze aus, befeuert das das Geschäftsmodell jener Anbieter, die nach einem bekanntgewordenen Datenschutzvorfall massenhaft Ansprüche auf Schadensersatz bündeln, um diese für die betroffenen Personen gegenüber den Unternehmen durchzusetzen. Die Anzahl der Verfahren vor den deutschen Zivilgerichten wird unabhängig hiervon zunehmen, denn die DSGVO gibt den betroffenen Personen, neben einem eigenen Schadensersatzanspruch in den Art. 15 ff. DSGVO, auch weitere, umfassende Ansprüche gegen den Verantwortlichen. Diese Betroffenenrechte sollen es der betroffenen Person ermöglichen, die Verarbeitung der sie betreffenden personenbezogenen Daten kontrollieren zu können und notfalls auf die Löschung oder Berichtigung der gespeicherten personenbezogenen Daten hinwirken zu können. Wie das Beispiel des Auskunftsrechtes nach Art. 15 DSGVO zeigt, sind auch diese Rechte zwischen den Beteiligten streitanfällig.[5]

Gericht	Aktenzeichen
LG München I	3 O 909/19
LG Ulm	3 O 248/19
LG Stuttgart	18 O 333/19
LG Köln	20 O 241/19
LG Heidelberg	4 O 6/19
LG Dresden	6 O 76/20
OLG Köln	20 U 57/19
OLG Köln	20 U 75/18
LG Wiesbaden	8 O 14/19
LG Berlin	35 T 14/19
ArbG Bonn	3 Ca 2026/19
ArbG Düsseldorf	9 Ca 6557/18
LAG Düsseldorf	4 Ta 413/19
LAG Nürnberg	2 Ta 76/20
LAG Nürnberg	2 Ta 123/20
ArbG Neumünster	1 Ca 247 c/20

Die dargestellte Übersicht ist nur ein kleiner Ausschnitt der bereits zum Auskunftsrecht nach Art. 15 DSGVO ergangenen Entscheidungen. Sie zeigt jedoch deutlich, dass auch Verfahren zur Durchsetzung der Betroffenenrechte vor den Zivilgerichten deutlich zunehmen werden.

Insgesamt wird die Bedeutung der privaten Durchsetzung von Rechten aus der DSGVO steigen und gleichbedeutend damit auch die Fallzahlen bei den Gerichten. Daher lohnt sich ein Blick auf die materiellrechtlichen Ansprüche (Kapitel 1) der betroffenen Personen sowie auf

5 *Leibold*, ZD-Aktuell 2021, 04420 liefert eine Übersicht zu den aktuell festgesetzten Streitwerten für ein Auskunftsverlangen.

die prozessualen Aspekte (Kapitel 2), die ein solches Verfahren mit sich bringt.

1. Kapitel
Die materiell-rechtlichen Ansprüche

A. Einleitung

Die Datenschutzgrundverordnung enthält zahlreiche Rechte der betroffenen Person, die dazu dienen, die Einhaltung der datenschutzrechtlichen Vorgaben bei der Verarbeitung personenbezogener Daten auch durch die betroffene Person selbst kontrollieren zu können. Dabei stehen die hierdurch vermittelten Kontrollbefugnisse der betroffenen Person ausdrücklich neben denen der Aufsichtsbehörden. Hierdurch wird der Druck auf die Verantwortlichen erhöht, was allerdings insgesamt zu einem höheren Datenschutzniveau führen soll. Die Rechte der betroffenen Personen sind in Kapitel III. in den Art. 12 bis 23 DSGVO geregelt. Daneben regelt Art. 82 DSGVO einen eigenen Anspruch auf Ersatz des materiellen und des immateriellen Schadens einer betroffenen Person nach einer datenschutzwidrigen Verarbeitung. Ob daneben auch ein Anspruch auf Unterlassung besteht, ist derzeit noch nicht abschließend geklärt, die neuere Rechtsprechung tendiert allerdings dazu, der betroffenen Person auch einen Anspruch auf Unterlassung aus §§ 823, 1004 BGB in Verbindung mit der verletzten datenschutzrechtlichen Vorschrift zuzusprechen. Im nachfolgenden Kapitel soll ein Einblick in die materiell-rechtlichen Rechte und Ansprüche der betroffenen Person gegeben werden. Dabei beschränkt sich die Darstellung auf die Rechte der betroffenen Person, die derzeit am häufigsten Gegenstand von gerichtlichen Auseinandersetzungen sind.

B. Die Ansprüche der betroffenen Person im Einzelnen

I. Das Recht auf Information, Art. 13, 14 DSGVO

1. Gegenstand

Bei den Informationspflichten nach Art. 13, 14 DSGVO handelt es sich, streng genommen, nicht um Ansprüche im Sinne des § 194 BGB, deren Geltendmachung vom Willen der betroffenen Person abhängt, sondern um proaktive Informationspflichten[6] des Verantwortlichen. Ähnlich wie in den §§ 33 ff. BDSG (a. F.) wird hier kein Recht auf Auskunft festgehalten, sondern als notwendige Vorstufe der Rechtskontrolle bzw. Durchsetzung die betroffene Person informiert. Auch wenn kein direkt einklagbarer Anspruch auf Information nach Art. 13, 14 DSGVO besteht, sollen die Informationspflichten gleichwohl dargestellt werden, da deren Verletzung durchaus Gegenstand zivilrechtlicher Auseinandersetzungen sein kann.

2. Umfang

Der betroffenen Person sind grundsätzlich alle Informationen nach den Absätzen 1 und 2 für eine faire und transparente Verarbeitung zur Verfügung zu stellen,[7] sofern nicht eine der gesetzlich vorgesehenen Ausnahmen[8] greift.

3. Voraussetzungen

Voraussetzung für das Eingreifen der Pflicht zur Information ist im Fall des Art. 13 DSGVO die Erhebung (a) personenbezogener Daten (b) bei der betroffenen Person bzw. im Falle des Art. 14 DSGVO bei der *nicht* betroffenen Person (c). Die Pflicht richtet sich in beiden Fällen an den Verantwortlichen (d) und setzt voraus, dass die Anwendung der Informationspflichten nicht ausgeschlossen ist (e).

a) Der Begriff der Erhebung

Die Datenerhebung ist durch die DSGVO nicht definiert, findet sich jedoch als Begriff zum Beispiel in Art. 4 Nr. 2 DSGVO als Unterfall der Verarbeitung und in Art. 5 Nr. 1 b) DSGVO als Vorstufe der Weiterverarbeitung. Daraus folgt, dass die Datenerhebung am Anfang der Datenverarbeitung steht.[9] Sie geht notwendig einer Datenspeicherung

6 *Kamlah* in Plath DSGVO 3. Aufl. 2018, Art. 13 Rn. 5.
7 Zum Inhalt der einzelnen Informationen sogleich unter Kap. 1, B. I.4.
8 Art. 13 IV, 14 V, DSGVO; § 33 ff. BDSG.
9 *Bäcker* in Kühling/Buchner, DS-GVO/BDSG, 3. Aufl. 2020, Art. 13 Rn. 12.

voraus, was allerdings nicht bedeutet, dass ihr auch zwingend eine Datenspeicherung folgen muss.[10]

Maßgebliches Kriterium der Datenerhebung ist in Anlehnung an § 3 III BDSG a. F die „gezielte Beschaffung" von Daten in Abgrenzung zur bloßen Entgegennahme.[11] Im Sinne eines effektiven Datenschutzes ist der Begriff der Erhebung jedenfalls weit zu verstehen und kann auch dann angenommen werden, wenn Daten auf Veranlassung der jeweiligen Anbieter (z. B. soziale Netzwerke oder sonstige Online-Plattformen) durch die Nutzer übermittelt werden[12] bzw. nach der Übermittlung nicht durch den Empfänger gelöscht, sondern übernommen werden.[13]

b) Personenbezogene Daten

Der Begriff der personenbezogenen Daten ist weit zu verstehen und in Art. 4 Nr. 1 DSGVO legaldefiniert. Die erfassten Informationen werden nur dadurch beschränkt, dass sie sich auf eine identifizierbare oder identifizierte Person beziehen. Für weitere Details wird insoweit auf die einschlägige Literatur verwiesen.[14]

c) Bei der betroffenen Person bzw. nicht bei der betroffenen Person

Während der Begriff der betroffenen Person in Art. 4 Nr. 1 DSGVO zusammen mit den personenbezogenen Daten definiert wird, stellt sich die Frage, wann die Daten bei dieser Person erhoben werden. Einigkeit besteht insoweit, als dass es nicht auf den physischen Ort der Datenerhebung ankommt.

---

10 *Dix* in Simitis/Hornung/Spiecker gen. Döhmann, Datenschutzrecht 1. Auflage 2019, Art. 13 Rn. 5.

11 *Bäcker* in Kühling/Buchner, DS-GVO/BDSG, 3. Aufl. 2020, Art. 13 Rn. 12; *Roßnagel* in Simitis/Hornung/Spiecker gen. Döhmann, Datenschutzrecht 1. Auflage 2019, Art. 4 Nr. 2 Rn. 15.

12 *Dix* in Simitis/Hornung/Spiecker gen. Döhmann, Datenschutzrecht 1. Auflage 2019, Art. 13 Rn. 5.

13 *Roßnagel* in Simitis/Hornung/Spiecker gen. Döhmann, Datenschutzrecht 1. Auflage 2019, Art. 4 Nr. 2 Rn. 15.

14 Z. B.: *Karg* in Simitis/Hornung/Spiecker gen. Döhmann, Datenschutzrecht 1. Auflage 2019, Art. 4 Nr. 1; *Brink/Eckhardt*, ZD 2015, 205.

Allerdings ist – insbesondere im Hinblick auf verdeckte Maßnahmen wie Videoüberwachung, Vorratsdatenspeicherung etc. – fraglich, ob die Kenntnis bzw. aktive[15] oder passive[16] Mitwirkung der betroffenen Person erforderlich ist.[17]

Dieser Grenzbereich ist heftig umstritten. Für die Praxis dürfte jedoch ohnehin interessanter sein, welche Konsequenzen bzw. Unterschiede sich durch eine Zuordnung zu Art. 13 bzw. 14 DSGVO ergeben. Diese sind inhaltlich eher marginaler Natur[18] und allenfalls relevant, soweit es um den Zeitpunkt[19] der Informationspflicht oder die Ausnahmen von der Informationspflicht geht, die bei der Datenerhebung *nicht bei der betroffenen Person* weitgehender ausgestaltet sind.[20]

15 Hierfür *Ingold* in Sydow, Europäische DSGVO, 2.Aufl. 2018, Art. 13 Rn. 8, der eine passive Betroffenheit nicht ausreichen lassen möchte.

16 *Schwartmann/Schneider* in Schwartmann/Jaspers/Thüning/Kugelmann, DS-GVO/BDSG, 2.Aufl. 2020, Art. 13 Rn. 13, die „Kenntnis oder Mitwirkung" fordern; ebenso *Franck* in Gola, DSGVO, 2.Aufl. 2018, Art. 13 Rn. 7, der den Unterschied in der Kenntnis der betroffenen Person sieht und hieraus die weitergehenden Informationspflichten in Art. 14 I d DSGVO und die Berücksichtigung von Geheimhaltungspflichten in Art. 14 V d DSGVO erklärt; *Schmidt-Wudy* in Wolff/Brink BeckOK Datenschutzrecht, DSGVO, 34. Edition 2020, Art. 14 Rn. 31: Datenerhebung *nicht beim Betroffenen*, wenn dieser erkennbar weder körperlich noch mental an der Datenerhebung (aktiv oder passiv) beteiligt ist.

17 Ablehnend *Bäcker* in Kühling/Buchner, DS-GVO/BDSG, 3.Aufl. 2020, Art. 13 Rn. 13, der – an die Informationspflichten anknüpfend – darauf abstellt, ob es dem Verantwortlichen möglich ist, die betroffene Person zu kontaktieren; *Dix* in Simitis/Hornung/Spiecker gen. Döhmann, Datenschutzrecht 1. Auflage 2019, Art. 13 Rn. 6.

18 *Veil* in Gierschmann, Kommentar zur DSGVO, 1.Aufl. 2018, Artikel 13–14 Rn. 15: Die Aufklärung über das berechtigte Interesse des Verantwortlichen gehört zur Basisinformation bei Art. 13 I d) DSGVO, bei Art. 14 zur Zusatzinformation gem. Art. 14 II b) DSGVO; nur bei Art. 13 (II e)) DSGVO ist die betroffene Person zusätzlich darüber aufzuklären, ob sie zur Bereitstellung der personenbezogenen Daten verpflichtet ist; nur gem. Art 14 ist die betroffene Person zusätzlich über die Kategorien personenbezogener Daten (I d)) und über die Datenquellen (II f)) aufzuklären.

19 Hierzu sogleich unter Kap. 1, B. I.4.

20 Hierzu sogleich unter Kap. 1, B. I.3.e).

d) Verpflichtung des Verantwortlichen

Die Informationspflicht richtet sich an den oder die Verantwortlichen[21] i. S. d. Art. 4 Nr. 7 DSGVO. Erheben mehrere Verantwortliche[22] die Daten gemeinsam, so haben sie nach Art. 26 DSGVO festzulegen, wer von ihnen welche Verpflichtung erfüllt.

e) Kein Ausschluss von der Informationspflicht

Ein Ausschluss der Informationspflicht kann sich aus den norminternen Ausnahmetatbeständen Art. 13 IV bzw. 14 V DSGVO (aa) oder normexternen Ausnahmetatbeständen (bb) ergeben.

aa) Norminterne Ausnahmetatbestände

aaa) Betroffene Person verfügt bereits über Information

Sowohl in Bezug auf Art. 13 als auch auf Art. 14 DSGVO sind die Informationspflichten ausgeschlossen bzw. eine Information der betroffenen Person entbehrlich, wenn und *soweit* die betroffene Person bereits über die Informationen verfügt, Art. 13 IV, 14 V a) DSGVO. Aus der Formulierung „soweit", die sich im Falle des Art. 14 V auf alle Unterabsätze bezieht, ergibt sich eindeutig, dass die Ausnahme für jeden Informationsbestandteil gesondert vorliegen muss und ggf. zu prüfen ist.[23]

Zudem muss die betroffene Person (genau) über die mitzuteilenden Informationen verfügen, darf also weder zu wenige noch zu viele Informationen erhalten. Genauso ausgeschlossen, wie dass die betroffene Person aus zu wenigen oder unpräzisen Informationen auf die mitzuteilenden Informationen schließen müsste,[24] ist es, der betroffe-

---

21 Eingehend zum Begriff des Verantwortlichen m. w. N *Jung/Hansch*, ZD 2019, 143. Mit der Einordnung privater Nutzer als Verantwortliche i. S. d DSGVO befasst sich ausführlich *Wagner*, ZD 2018, 307.

22 Zur gemeinsamen Verantwortlichkeit im Allgemeinen *Specht-Riemenschneider/Schneider*, MMR 2019, 503. Zur gemeinsamen Verantwortlichkeit von Wohnungseigentümergemeinschaft und Verwalter nach der DSGVO: AG Mannheim, Urt. v. 11.9.2019 – 5 C 1733/19 WEG – juris.

23 *Bäcker* in Kühling/Buchner, DS-GVO BDSG, 3. Aufl. 2020, Art. 13 Rn. 87; *Mester* in Taeger/Gabel, DSGVO BDSG, 3. Aufl. 2019, Art. 13 Rn. 38; zu Art. 14 *Kamlah* in Plath DSGVO 3. Aufl. 2018, Art. 14 Rn. 13.

24 *Bäcker* in Kühling/Buchner, DS-GVO/BDSG, 3. Aufl. 2020, Art. 13 Rn. 84.

nen Person schon vor der Erhebung oder generell überobligatorische Informationen zur Verfügung zu stellen,[25] aus denen sie sich dann die exakten Informationen für den Einzelfall heraussuchen müsste. Ersteres folgt dabei schon aus dem Wortlaut der jeweiligen Normen und Letzteres aus dem Transparenzgebot des Art. 12 DSGVO.

Des Weiteren ist Voraussetzung, dass die betroffene Person auch über die Informationen *verfügt*. Hierfür reicht es nicht aus, dass die betroffene Person zum Beispiel auf gesetzliche Grundlagen im Netz zugreifen kann,[26] sondern die Informationen müssen in ihrem *Herrschaftsbereich* vorhanden, wenn auch nicht zwingend zur Kenntnis genommen[27] oder vom Verantwortlichen selbst übermittelt[28] worden, sein. Diese Ausnahme greift also zum Beispiel dann ein, wenn eine weitere Datenerhebung durch denselben Verantwortlichen erfolgt, der bei der ersten Erhebung vollumfänglich gem. Art. 13 DSGVO informiert hat und sich an den Informationen nichts geändert hat.[29] Diese Konstellation setzt freilich voraus, dass auch die weitere Datenerhebung zum gleichen Zweck erfolgt wie bereits die vorangegangene. Ändert sich der Zweck auch nur minimal, muss auch über diese sowie die entsprechende Rechtsgrundlage informiert werden. Es empfiehlt sich daher, stets ganz genau zu prüfen, ob eine erneute Information tatsächlich entbehrlich ist oder, ob sich durch eine auch nur minimale Zweckänderung nicht doch die Pflicht ergibt, die betroffene Person vollständig zu informieren. Jedenfalls trägt der Verantwortliche das Risiko, dass er aufgrund einer Fehlentscheidung eine erforderliche Information unterlässt.

Praxishinweis:

Im Rahmen eines zivilrechtlichen Verfahrens trägt derjenige, der sich auf das Eingreifen der Ausnahmevorschrift beruft,

---

25 *Franck* in Gola, DSGVO, 2. Aufl. 2018, Art. 13 Rn. 44.

26 *Mester* in Taeger/Gabel, DSGVO BDSG, 3. Aufl. 2019, Art. 13 Rn. 38; a. A. *Kamlah* in Plath, DSGVO, 3. Aufl. 2018, Art. 14 Rn. 14, 16 abhängig von der Transparenz der Gestaltung.

27 *Bäcker* in Kühling/Buchner, DS-GVO/BDSG, 3. Aufl. 2020, Art. 13 Rn. 86.

28 *Veil* in Gierschmann, Kommentar zur DSGVO, 1. Aufl. 2018, Artikel 13–14 Rn. 139.

29 *Schwartmann/Schneider* in Schwartmann/Jasper/Thüsing/Kugelmann, DS-GVO/BDSG, 2. Aufl. 2020, Art. 13 Rn. 64.

hierfür auch die Darlegungs- und Beweislast. Der Verantwortliche wäre also gezwungen, darzulegen und notfalls auch zu beweisen, dass die betroffene Person bereits über die Information verfügte. Da dieser Nachweis in nicht unwesentlichen Fällen nur schwer zu führen sein wird, empfiehlt es sich nicht, in Zweifelsfällen auf das Eingreifen der Ausnahme zu vertrauen.

bbb) Unmöglichkeit oder unverhältnismäßiger Aufwand

Die Ausnahme der Unmöglichkeit bzw. des unverhältnismäßigen Aufwandes wird explizit nur in Art. 14 V b) DSGVO genannt. Allerdings wird hierauf auch in Erwägungsgrund 62 verwiesen, ohne dass dabei zwischen Art. 13 DSGVO und Art. 14 DSGVO differenziert wird. Hieraus wird teilweise eine (analoge) Anwendbarkeit des Art. 14 V b) DSGVO auf den Art. 13 DSGVO gefolgert.[30]

Dem ist jedoch entgegenzuhalten, dass nicht die Erwägungsgründe, sondern der Gesetzestext verbindliche Wirkung entfalten[31] und sich etwaige Extremfälle auch durch eine teleologische Reduktion[32] des Tatbestandes lösen lassen, es somit an der für eine Analogie erforderlichen Regelungslücke fehlt.[33] Darüber hinaus handelt es sich bei Art. 14 V b) DSGVO um eine Ausnahmevorschrift, sodass zweifelhaft ist, ob diese überhaupt analogiefähig ist.

Die genaue Konturierung des Art. 14 V b) DSGVO ist umstritten. Einigkeit besteht jedenfalls insoweit, dass die Anforderungen an die Unmöglichkeit hoch sind. Wobei für diese wiederum ungeklärt ist, ob es

---

30 Für zumindest diskutabel halten dies *Paal/Hennemann* in Paal/Pauly DSGVO/BDSG 2. Aufl. 2018, Art. 13 Rn. 35; unklar bei *Franck* in Gola, DSGVO, 2. Aufl. 2018, Art. 13 Rn. 45; angedeutet bei *Veil* in Gierschmann, Kommentar zur DSGVO, 1. Aufl. 2018, Artikel 13–14 Rn. 143.

31 *Schwartmann/Schneider* in Schwartmann/Jaspers/Thüning/Kugelmann, DS-GVO/BDSG, 2. Aufl. 2020, Art. 13 Rn. 65.

32 Hierfür *Schwartmann/Schneider* in Schwartmann/Jaspers/Thüning/Kugelmann, DS-GVO/BDSG, 2. Aufl. 2020, Art. 13 Rn. 65.

33 So im Ergebnis auch *Dix* in Simitis/Hornung/Spiecker gen. Döhmann, Datenschutzrecht 1. Auflage 2019, Art. 13 Rn. 27; *Schmidt-Wudy* in Wolff/Brink, BeckOK Datenschutzrecht, DSGVO, 34. Edition 2020, Art. 14 Rn. 95.

sich um objektive[34] oder subjektive[35] Unmöglichkeit handeln muss. Es steht zu erwarten, dass sich eine genauere Festlegung des Tatbestandes erst in Folge der Judikatur ergeben wird.[36]

> ***Praxishinweis:***
>
> *Will man also auf Nummer sicher gehen, empfiehlt es sich in der Praxis, trotz eines erhöhten Aufwandes im Einzelfall, die Informationspflicht zu erfüllen. Im Streitfall muss der Verantwortliche insoweit darlegen und beweisen, dass die Ausnahme des Art. 14 V b) DSGVO in seinem Fall einschlägig war und er daher berechtigt war, die Informationen vorzuenthalten. Gelingt ihm dieser Nachweis nicht, insbesondere weil das angerufene Gericht die Anforderungen für eine Unmöglichkeit nicht als erfüllt ansieht, droht der Verantwortliche, wegen des Verstoßes gegen seine Informationspflicht, in Anspruch genommen zu werden.*

Bezüglich der Unverhältnismäßigkeit ist die bisherige Spannbreite der vertretenen Meinungen jedenfalls sehr weit. Während zum Teil für die Annahme der Unverhältnismäßigkeit auf ein von der Artikel-29 Datenschutzgruppe ersonnenes Beispiel abgestellt wird, bei dem Geschichtsforscher eine Datenbank mit 20.000 Betroffenen, die vor 50 Jahren erstellt wurde, auswerten wollen,[37] lassen andere hierfür schon ausreichen, wenn die betroffene Person in einer E-Mail in CC gesetzt wurde.[38]

Überzeugend scheint hier eine Abwägung zwischen dem Aufwand, die betroffene Person zu ermitteln bzw. zu informieren einerseits und dem Informationsinteresse der betroffenen Person andererseits, das

---

34 *Dix* in Simitis/Hornung/Spiecker gen. Döhmann, Datenschutzrecht 1. Auflage 2019, Art. 14 Rn. 22; nicht ausdrücklich: *Schantz* in Schantz/Wolff, Das neue Datenschutzrecht, 1. Auflage 2017, Rn. 1169.

35 *Schmidt-Wudy* in Wolff/Brink BeckOK Datenschutzrecht, DSGVO, 34. Edition 2020, Art. 14 Rn. 98; *Kamlah* in Plath, DSGVO 3. Aufl. 2018, Art. 14 Rn. 15.

36 In Bezug auf die Unverhältnismäßigkeit: *Knyrim* in Ehrmann/Selmayer, DSGVO, 2. Aufl. 2018, Art. 14 Rn. 44.

37 *Knyrim* in Ehrmann/Selmayer, DSGVO, 2. Aufl. 2018, Art. 14 Rn. 44 m. w. N.

38 So *Schwartmann/Schneider* in Schwartmann/Jaspers/Thüning/Kugelmann, DS-GVO/BDSG, 2. Aufl. 2020, Art. 14 Rn. 68, die hierin sogar einen möglichen Fall der Unmöglichkeit sehen.

sich danach richtet, wie wichtig die Benachrichtigung für die Rechtsdurchsetzung ist und wie sensibel die erhobenen Daten sind.[39]

Dies gilt auch für „Big – Data“-Anwendungen, so dass allein aufgrund der Vielzahl der erhobenen Datensätze nicht pauschal von einer Unverhältnismäßigkeit ausgegangen werden kann.[40] Gerade in diesem Zusammenhang spielt die Verpflichtung aus Art. 14 V b) DSGVO eine wichtige Rolle, die eine Veröffentlichung der Informationen erfordern kann.[41]

Eine gewisse Orientierung bei der Abwägung können freilich die in Art. 14 V b) DSGVO aufgeführten Kriterien sowie Erwägungsgrund 62[42] bieten.[43]

Für die Praxis kann vorerst nur geraten werden, von einer restriktiven Auslegung auszugehen und auch *Altbestände* von Kundendaten zu aktualisieren, um diese informieren zu können, falls die Daten in Zukunft für Forschung oder Statistik verwendet werden.[44]

Unabhängig davon, ob die Alternative, dass die Verwirklichung der Ziele unmöglich gemacht oder ernsthaft beeinträchtigt wird, indem man der Informationspflicht nach Absatz 1 nachkommt, einen eigenständigen Tatbestand darstellt oder nicht, ist diese weitestgehend selbsterklärend. Ohne Weiteres leuchtet es ein, dass die betroffene Person beispielsweise bei Ermittlungen durch einen Privatdetektiv[45]

---

39 *Bäcker* in Kühling/Buchner, DS-GVO/BDSG, 3. Aufl. 2020, Art. 14 Rn. 55; *Dix* in Simitis/Hornung/Spiecker gen. Döhmann, Datenschutzrecht 1. Auflage 2019, Art. 14 Rn. 22; *Ingold* in Sydow, Europäische DSGVO, 2. Aufl. 2018, Art. 14 Rn. 14; *Mester* in Taeger/Gabel, DSGVO/BDSG, 3. Aufl. 2019, Art. 14 Rn. 22.

40 *Ingold* in Sydow, Europäische DSGVO, 2. Aufl. 2018, Art. 14 Rn. 14; a. A *Werkmeister/Brandt*, CR 2016, 233, 236, die eine Unverhältnismäßigkeit aufgrund der Vielzahl der Datensätze für möglich halten.

41 *Ingold* in Sydow, Europäische DSGVO, 2. Aufl. 2018, Art. 14 Rn. 17.

42 *Nink* in Spindler/Schuster, Recht der elektronischen Medien, 4. Aufl. 2019, Art. 14 Rn. 16.

43 *Ingold* in Sydow, Europäische DSGVO, 2. Aufl. 2018, Art. 14 Rn. 15.

44 *Knyrim* in Ehrmann/Selmayer, DSGVO, 2. Aufl. 2018, Art. 14 Rn. 45.

45 *Bäcker* in Kühling/Buchner, DS-GVO/BDSG, 3. Aufl. 2020, Art. 14 Rn. 60, der in Rn. 58 zudem zu Recht darauf hinweist, dass sich die Pflicht nicht auf die erhobenen Informationen selbst, sondern die Metainformationen der Erhebung bezieht.

oder Anzeigen nach dem Geldwäschegesetz[46] nicht informiert zu werden braucht.

Interessant ist vor allem, ob die Informationen nachgeholt werden müssen, sobald der Tatbestand des Art. 14 V b) DSGVO nicht mehr gegeben ist, dies wird zumindest von einer strengeren Ansicht bejaht.[47] Und auch hier empfiehlt es sich aus Gründen der eigenen Vorsicht, den Anforderungen der insoweit strengsten Ansicht zu entsprechen, bis es hinsichtlich dieser Frage eine anderslautende, höchstrichterliche Entscheidung gibt.

ccc) Ausdrückliche Regelung

Art. 14 V c) DSGVO enthält eine Ausnahme für den Fall, dass die Erlangung oder Offenlegung der Informationen durch die Mitgliedstaaten oder die Union bereits ausdrücklich geregelt ist, sofern die betreffenden Rechtsvorschriften geeignete Maßnahmen vorsehen, um die Interessen der betroffenen Personen zu schützen. Auch wenn durch diese Ausnahme nicht weiter konkretisiert wird, wie die geeigneten Schutzmaßnahmen aussehen müssen,[48] besteht weitgehende Einigkeit, dass die betreffenden Regelungen hinsichtlich Tatbestandsvoraussetzungen und Reichweite ausreichend detailliert sein müssen und die Ausnahme nicht bei Generalklauseln gilt.[49] Wenn sich der Verantwortliche auf diese Ausnahme berufen will, ist ihm jedenfalls anzuraten, genau zu dokumentieren, auf welcher Grundlage und nach welchen Prüfungsschritten er die Information der betroffenen Person unterlassen hat.[50] Eine solche (schriftliche) Dokumentation wird spätestens dann erforderlich, wenn die unterlassene Information, gegenüber der

---

46 *Knyrim* in Ehrmann/Selmayer, DSGVO, 2. Aufl. 2018, Art. 14 Rn. 46.

47 *Dix* in Simitis/Hornung/Spiecker gen. Döhmann, Datenschutzrecht 1. Auflage 2019, Art. 14 Rn. 22 für den Fall der Unmöglichkeit, a. A. *Schmidt-Wudy* in Wolff/Brink BeckOK Datenschutzrecht, DSGVO, 34. Edition 2020, Art. 14 Rn. 100.

48 *Bäcker* in Kühling/Buchner, DS-GVO/BDSG, 3. Aufl. 2020, Art. 14 Rn. 67.

49 *Bäcker* in Kühling/Buchner, DS-GVO/BDSG, 3. Aufl. 2020, Art. 14 Rn. 67; ausführlich; *Dix* in Simitis/Hornung/Spiecker gen. Döhmann, Datenschutzrecht 1. Auflage 2019, Art. 14 Rn. 27; *Mester* in Taeger/Gabel, DSGVO/BDSG, 3. Aufl. 2019, Art. 14 Rn. 26.

50 *Mester* in Taeger/Gabel, DSGVO/BDSG, 3. Aufl. 2019, Art. 14 Rn. 26; *Bäcker* in Kühling/Buchner, DS-GVO/BDSG, 3. Aufl. 2020, Art. 14 Rn. 67.

betroffenen Person, vor der Aufsichtsbehörde oder einem Gericht gerechtfertigt werden muss. Nur mit einer ausreichenden Dokumentation besteht überhaupt die Chance, sich gegen eine Inanspruchnahme wegen unterlassener Informationen zu verteidigen.

ddd) Berufsgeheimnisse und satzungsmäßige Geheimhaltungspflichten

Art. 14 V d) DSGVO enthält eine weitere Bereichsausnahme für den Schutz der Berufsgeheimnisse[51]. In der Norm wird zwar auf mitgliedstaatliches Recht verwiesen, man wird jedoch nichtsdestotrotz einen (weiten) unionsrechtlichen Begriff des Berufsgeheimnisses anlegen müssen, um zu verhindern, dass die Mitgliedstaaten beliebige behördliche Tätigkeiten durch weitgefasste Geheimhaltungspflichten pauschal den Informationspflichten des Art. 14 entziehen.[52]

Entsprechendes gilt für vertraglich vereinbarte Geheimhaltungsregeln zum Beispiel in Gesellschaftsverträgen[53] oder das Bankgeheimnis, die kein Berufs- oder satzungsmäßiges Geheimnis i. S. d. Art. 14 V d DSGVO darstellen.[54]

Die Reichweite der Ausnahme richtet sich dabei grundsätzlich nach der Reichweite des Geheimnisschutzes, allerdings wird dieser oftmals verlangen, dass nicht einmal Teilinformationen preisgegeben werden, weil diese schon einen Rückschluss auf geschützte Informationen, wie zum Beispiel das Mandantenverhältnis, ermöglichen würden.[55]

bb) Ausnahmebestände außerhalb der DSGVO

Nach Art. 23 DSGVO können sowohl Union als auch der nationale Gesetzgeber weitere Ausnahmen vorsehen. Hiervon wurde zum Teil Gebrauch gemacht. Wichtige Ausnahmen finden sich

---

51 Ausführlich zum Verhältnis der DSGVO zu Berufsgeheimnisträgern: *Zikesch/Kramer*, ZD 2015, 565.

52 Auf diesen Aspekt weist *Bäcker* in Kühling/Buchner, DS-GVO/BDSG, 3. Aufl. 2020, Art. 14 Rn. 68 zu Recht hin.

53 *Paal/Hennemann* in Paal/Pauly DSGVO/BDSG 2. Aufl. 2018, Art. 14 Rn. 43; *Kamlah* in Plath DSGVO 3. Aufl. 2018, Art. 14 Rn. 20.

54 *Dix* in Simitis/Hornung/Spiecker gen. Döhmann, Datenschutzrecht 1. Auflage 2019, Art. 14 Rn. 29 m. w. N und Beispielen.

55 *Bäcker* in Kühling/Buchner, DS-GVO/BDSG, 3. Aufl. 2020, Art. 14 Rn. 70.

beispielsweise im BDSG in: §§ 4 II, IV (Videoüberwachung), 29 (Geheimhaltungspflicht)[56], 32 (Nur für Art. 13 DSGVO), 33 (öffentliche Belange); in § 32b AO (Steuergeheimnis)[57] oder 82a SGB X (Sozialgeheimnis), auf die hier nur hingewiesen wird.[58] Auch die Art. 85 und 89 DSGVO eröffnen die Möglichkeit für weitere Ausnahmen.

4. Erfüllung

Hinsichtlich der Erfüllung der Pflichten ist zu unterscheiden zwischen dem Inhalt der zur Verfügung zustellenden Information (a), der Art der Informationsübermittlung (b) und dem Zeitpunkt (c). Nachfolgend soll nur ein Überblick über die Anforderungen an die Erfüllung der Informationspflichten erfolgen. Für tiefergehende Ausführungen muss auf die entsprechende Kommentarliteratur verwiesen werden.

a) Inhalt

aa) Name und Kontaktdaten des Verantwortlichen/Vertreters

Zur Erfüllung der Informationspflichten ist der betroffenen Person der vollständige[59] Name (bzw. die Firma) und zumindest eine zustellungsfähige Anschrift des Verantwortlichen mitzuteilen, damit eine Kontaktaufnahme problemlos möglich ist.[60]

bb) Kontaktdaten des Datenschutzbeauftragten

Die Nennung eines Namens bei den Angaben über den Datenschutzbeauftragten ist nicht erforderlich, da es allein auf die Funktion des

---

56 Diese Ausnahme hält *Franck* in Gola, DSGVO, 2. Aufl. 2018, Art. 14 Rn. 29 wegen Verstoß gegen Art. 23 II DSGVO für europarechtswidrig; ebenso *Dix* in Simitis/Hornung/Spiecker gen. Döhmann, Datenschutzrecht 1. Auflage 2019, Art. 14 Rn. 30.

57 Diese Ausnahme hält *Franck* in Gola, DSGVO, 2. Aufl. 2018, Art. 14 Rn. 31 wegen Verstoß gegen Art. 23 II DSGVO für europarechtswidrig.

58 Eine eingehende Betrachtung bestehender und wünschenswerter Ausnahmen findet sich bei *Veil* in Gierschmann, Kommentar zur DSGVO, 1. Aufl. 2018, Artikel 13–14 Rn. 149 ff.

59 A. A. *Franck* in Gola, DSGVO, 2. Aufl. 2018, Art. 13 Rn. 8, der eine Pflicht zur Nennung des Vornamens nur bei Namensgleichheit bejaht.

60 *Bäcker* in Kühling/Buchner, DS-GVO/BDSG, 3. Aufl. 2020, Art. 13 Rn. 22.

Datenschutzbeauftragten ankommt.[61] Zur Erfüllung genügt somit auch die Einrichtung und Angabe eines *Funktionspostfachs.*[62]

cc) Zwecke und Rechtsgrundlagen der Verarbeitung

Die Angabe des Zwecks und der Rechtsgrundlagen der Verarbeitung ermöglicht der betroffenen Person einerseits die Überprüfung der Rechtmäßigkeit, andererseits ist der angegebene Zweck Ausgangspunkt für die Kompatibilitätsprüfung bei der zweckändernden Weiterverarbeitung i. S. d. Art. 6 IV DSGVO.[63]

Aus Sicht des Verantwortlichen sollten daher alle auch nur geplanten Zwecke erfasst und mitgeteilt werden, schon weil hierdurch eine spätere (erneute) Mitteilung gem. Art. 13 III DSGVO bzw. Art. 14 IV DSGVO entbehrlich wird.[64] Nicht zulässig ist jedoch eine Mitteilung aller erdenklichen Zwecke „auf Vorrat",[65] schon wegen des Transparenzgebotes aus Art. 12 I DSGVO, ebenso wenig die Mitteilung, dass die Zwecke noch nicht bekannt seien[66].

Sowohl die Zwecke als auch die Rechtsgrundlagen[67] sollten dabei möglichst präzise angegeben werden. Auch wenn der Wortlaut der Norm eine Angabe der zugrunde liegenden Vorschrift ausreichen lässt,[68] sollte schon, aufgrund der eingangs beschriebenen Normzwecke, die Rechtslage einzelfallbezogen und vollständig dargelegt werden und nicht nur auf die teilweise sehr offenen Rechtsgrundlagen verwiesen werden.[69] Allerdings muss man hier auch immer die Umstände des Einzelfalles beachten. Dort, wo ausschweifende Informationen aus Platzgründen nicht erteilt werden können oder nur unter

61 *Franck* in Gola, DSGVO, 2. Aufl. 2018, Art. 13 Rn. 11.

62 *Franck* in Gola, DSGVO, 2. Aufl. 2018, Art. 13 Rn. 11.

63 *Veil* in Gierschmann, Kommentar zur DSGVO, 1. Aufl. 2018, Artikel 13–14 Rn. 61.

64 *Veil* in Gierschmann, Kommentar zur DSGVO, 1. Aufl. 2018, Artikel 13–14 Rn. 61, 67.

65 *Franck* in Gola, DSGVO, 2. Aufl. 2018, Art. 13 Rn. 12.

66 *Veil* in Gierschmann, Kommentar zur DSGVO, 1. Aufl. 2018, Artikel 13–14 Rn. 63.

67 Für eine nicht abschließende Aufzählung möglicher Rechtsgrundlagen (insb. Art. 6, 9 DSGVO) siehe: *Veil* in Gierschmann, Kommentar zur DSGVO, 1. Aufl. 2018, Artikel 13–14 Rn. 65.

68 *Bäcker* in Kühling/Buchner, DS-GVO/BDSG, 3. Aufl. 2020, Art. 13 Rn. 26.

69 *Bäcker* in Kühling/Buchner, DS-GVO/BDSG, 3. Aufl. 2020, Art. 13 Rn. 26.

erhöhtem Aufwand, ist eine Beschränkung auf die gesetzlich notwendigen Informationen nicht zu beanstanden.

dd) Berechtigte Interessen

Als Erweiterung der Informationspflichten aus Art. 13 I c) bzw. Art. 14 I c) DSGVO sind – wenn die Verarbeitung auf Art. 6 I f DSGVO beruht – die berechtigten Interessen des Verantwortlichen oder Dritten anzugeben. Die bislang im Rahmen der internen Vorprüfung erfolgte Abwägung und Begründung der berechtigten Interessen, ist der betroffenen Person so transparent zu machen, dass dieser die Wahrnehmung ihrer Rechte ermöglicht wird.

Praxishinweis:

Immer dort, wo der Verantwortliche seine Datenverarbeitung auf ein berechtigtes Interesse stützen möchte, ist dringend zu empfehlen, die vorangegangene Interessenabwägung schriftlich im nach Art. 30 DSGVO gebotenen Verfahrensverzeichnis zu dokumentieren. Diese Dokumentation dient in einem möglichen gerichtlichen Prozess als Nachweis dafür, dass man sich für eine Datenverarbeitung nicht willkürlich und mangels anderer Rechtsgrundlagen auf die Wahrnehmung berechtigter Interessen beruft. Dementsprechend ist der jeweilige Einzelfall in der Begründung zu berücksichtigen und es verbietet sich, die Verarbeitung gänzlich auf Floskeln oder ein vorgefertigtes Muster zu stützen. Je näher und ausführlicher die Umstände des Einzelfalles in der Interessenabwägung dokumentiert werden, desto eher wird eine Rechtfertigung (in einem späteren Prozess) gelingen. Letztlich ist der Verantwortliche auch aus Art. 5 II DSGVO verpflichtet, den Nachweis für die Rechtmäßigkeit der Datenverarbeitung erbringen zu können.

ee) Empfänger/Kategorien von Empfängern

Der Begriff des Empfängers ist in Art. 4 Nr. 9 DSGVO definiert und entsprechend weit zu verstehen.[70] Im Gegensatz zur früheren Rechts-

---

70 Eingehend zum Begriff des Empfängers: *Knyrim* in Ehrmann/Selmayer, DSGVO, 2. Aufl. 2018, Art. 13 Rn. 41 ff.

lage besteht nun Einigkeit, dass auch Auftragsverarbeiter erfasst sind.[71] Die Frage, ob es im Belieben des Verantwortlichen steht, den Empfänger oder die Kategorien von Empfängern anzugeben, ist umstritten.[72] Für die Praxis kann aus Gründen der Rechtssicherheit nur empfohlen werden, die Empfänger namentlich anzugeben, soweit dies möglich ist.[73]

ff) Übermittlung an Drittland oder internationale Organisationen

Sollen die erhobenen Daten in ein Drittland oder eine internationale Organisation übermittelt werden, hat der Verantwortliche eine entsprechende Absicht der betroffenen Person mitzuteilen.[74] Außerdem ist das Fehlen oder Vorliegen eines Angemessenheitsbeschlusses gem. Art. 45 DSGVO mitzuteilen bzw. im Falle der Übermittlung gem. Art. 46, 47 oder 49 DSGVO ein Verweis auf die geeigneten oder angemessenen Garantien und die Möglichkeit, eine Kopie zu erhalten oder wo sie verfügbar sind. Dies kann in der Praxis auch dazu führen, dass Binding Corporate Rules (BCR) offenzulegen sind.[75]

---

71 *Paal/Hennemann* in Paal/Pauly DSGVO/BDSG 2. Aufl. 2018, Art. 13 Rn. 18; *Franck* in Gola, DSGVO, 2. Aufl. 2018, Art. 13 Rn. 16; *Bäcker* in Kühling/Buchner, DS-GVO/BDSG, 3. Aufl. 2020, Art. 13 Rn. 28; *Veil* in Gierschmann, Kommentar zur DSGVO, 1. Aufl. 2018, Artikel 13–14 Rn. 76.

72 Eingehende Darstellung des Streitstandes und nach Situation differenzierend: *Veil* in Gierschmann, Kommentar zur DSGVO, 1. Aufl. 2018, Artikel 13–14 Rn. 80 ff.; für freies Wahlrecht des Verantwortlichen: *Kamlah* in Plath DSGVO, 3. Aufl. 2018, Art. 13 Rn. 13; *Paal/Hennemann* in Paal/Pauly DSGVO/BDSG, 2. Aufl. 2018, Art. 13 Rn. 18; gegen Wahlrecht, wenn Empfänger feststehen: *Dix* in Simitis/Hornung/Spiecker gen. Döhmann, Datenschutzrecht, 1. Auflage 2019, Art. 13 Rn. 11; *Bäcker* in Kühling/Buchner, DS-GVO/BDSG, 3. Aufl. 2020, Art. 13 Rn. 30; *Ingold* in Sydow, Europäische DSGVO, 2. Aufl. 2018, Art. 13 Rn. 19; für Wahlrecht, wenn Verantwortlicher nach Treu und Glauben verarbeitet: *Knyrim* in Ehrmann/Selmayer, DSGVO, 2. Aufl. 2018, Art. 13 Rn. 40.

73 *Veil* in Gierschmann, Kommentar zur DSGVO, 1. Aufl. 2018, Artikel 13–14 Rn. 82 weist zu Recht darauf hin, dass nicht jeder einzelne Mitarbeiter des Verantwortlichen genannt werden muss. Dies wiederum ergibt sich schon aus dem Transparenzgebot des Art. 12 DSGVO.

74 Besteht keine dahingehende Absicht und ist eine Übermittlung auch nicht geplant, besteht auch keine (negative) Informationspflicht, *Kamlah* in Plath DSGVO, 3. Aufl. 2018, Art. 13 Rn. 14.

75 *Kamlah* in Plath DSGVO, 3. Aufl. 2018, Art. 13 Rn. 15.

Praxishinweis:

Gerade im Internet kann es schnell passieren, dass personenbezogene Daten in ein Drittland übermittelt werden. Setzt ein junges Startup unbefangen einen Online-Shop auf und bindet dort für die Transaktionen bzw. die Zahlungsabwicklung einen Paymentdienstleister ein, sitzen diese nicht selten in einem Drittland (wie z. B. den USA), ohne dass man sich hierüber bei der Erstellung der Datenschutzhinweise Gedanken gemacht hat. Bei der datenschutzkonformen Einbindung solcher Dienstleister ist es dann aber nicht ausreichend, nur nach Art. 13 I f) DSGVO darüber zu informieren, dass ein solcher Drittlandtransfer beabsichtigt ist. Es ist zwingend erforderlich, bereits im Vorfeld des Transfers sicherzustellen, dass dieser Drittlandtransfer auch nach den Art. 44 ff. DSGVO zulässig erfolgt. Werden die Anforderungen nach Art. 44 ff. DSGVO nicht eingehalten, liegt hierin ein eigenständiger Verstoß gegen die DSGVO vor, der auch nicht durch eine schlichte Information nach Art. 13 I f) DSGVO geheilt werden kann. Der betroffenen Person entstehen hierdurch eigene Ansprüche auf Unterlassung und Schadensersatz.

gg) Dauer der Datenspeicherung

Grundsätzlich ist die genaue Dauer der Datenspeicherung anzugeben. Da dies oftmals vorab nicht möglich ist, sind dann wenigstens die Kriterien anzugeben, aus denen sich die Speicherdauer ergibt. Dies impliziert nach überwiegender Auffassung die Notwendigkeit eines Löschkonzeptes.[76]

Nach Ablauf der (abstrakt) angegebenen Speicherdauer, besteht gem. Art. 17 I a) DSGVO die Pflicht zur Löschung, es sei denn, dass zu diesem Zeitpunkt die Voraussetzungen für eine Weiterverarbeitung zu einem anderen Zweck vorliegen.[77]

---

76 *Bäcker* in Kühling/Buchner, DS-GVO/BDSG, 3. Aufl. 2020, Art. 13 Rn. 36; *Franck* in Gola, DSGVO, 2. Aufl. 2018, Art. 13 Rn. 20; *Paal/Hennemann* in Paal/Pauly DSGVO BDSG 2. Aufl. 2018, Art. 13 Rn. 26; a. A. *Kamlah* in Plath DSGVO, 3. Aufl. 2018, Art. 13 Rn. 94 ff., der einen Hinweis auf gesetzliche Archivierungspflichten für ausreichend hält.

77 *Bäcker* in Kühling/Buchner, DS-GVO/BDSG, 3. Aufl. 2020, Art. 13 Rn. 36.

Praxishinweis:

Die Erstellung eines DSGVO-konformen Löschkonzepts stellt einen nicht zu unterschätzenden Aufwand dar. Je umfangreicher personenbezogene Daten bei einem Verantwortlichen verarbeitet werden, umso komplexer wird die Erstellung eines Löschkonzepts, das sämtliche Löschszenarien ordnungsgemäß abbildet. Aufgrund dieses Aufwandes scheuen viele Verantwortliche die Erstellung eines solchen Löschkonzeptes. Allerdings kann nur mithilfe eines funktionierenden und im Unternehmen gelebten Löschkonzepts verhindert werden, dass ganze Datenfriedhöfe entstehen, also Ansammlungen von personenbezogenen Daten, die bereits vor langer Zeit hätten gelöscht werden müssen. Macht eine betroffene Person dann einen Auskunftsanspruch nach Art. 15 DSGVO geltend und stellt sich heraus, dass dessen personenbezogenen Daten nicht mehr hätten vorhanden sein dürfen, ist eine weitergehende Inanspruchnahme auf Schadensersatz wahrscheinlich. Es ist dann auch offensichtlich, dass das Risikopotential umso höher ist, je mehr personenbezogene Daten verarbeitet werden. Der Aufwand, ein Löschkonzept aufzusetzen und zu dokumentieren, kann sich im Falle einer nicht oder nicht rechtzeitig erfolgten Löschung im Streitfall positiv auswirken. Mit einem umfangreichen Löschkonzept dokumentiert der Verantwortliche, dass er bemüht war und ist, personenbezogene Daten nur so lange zu speichern, wie es unbedingt erforderlich ist. Kann nachgewiesen werden, dass im Regelfall die Vorgaben des Löschkonzepts auch tatsächlich umgesetzt werden, kann im Streitfall argumentiert werden, dass es sich bei der unterbliebenen Löschung um einen Ausreißer handelte. Selbst wenn hierdurch das Verschulden nicht gänzlich ausgeschlossen wird, so kann sich dies bei der Bemessung eines (immateriellen) Schadensersatzes positiv zugunsten des Verantwortlichen auswirken.

hh) Rechte der betroffenen Personen

Die betroffenen Personen sind über die ihnen zustehenden Rechte entsprechend einer Rechtsbehelfsbelehrung aufzuklären.[78] Hierzu zählen

78 *Franck* in Gola, DSGVO, 2. Aufl. 2018, Art. 13 Rn. 21.

die Rechte auf: Auskunft (Art. 15); Berichtigung (Art. 16); Löschung (Art. 17); Einschränkung der Verarbeitung (Art. 18); Widerspruch gegen die Verarbeitung (Art. 21); Datenübertragbarkeit (Art. 20).[79] Nicht erfasst ist das Recht auf Mitteilung gem. Art. 19 S. 2 DSGVO.[80] Nach einer Mindermeinung ist auch das Recht auf Vergessenwerden aus Art. 17 II DSGVO nicht erfasst.[81]

Inhaltlich wird ein Hinweis auf das abstrakte Bestehen der Rechte ausreichen, da das Vorliegen ihrer konkreten Voraussetzungen im Zeitpunkt der Mitteilung nicht absehbar ist.[82] Wenn jedoch schon im Zeitpunkt der Mitteilung ausgeschlossen ist, dass die Voraussetzungen eines Rechts später eintreten,[83] sollte auf dieses schon aus Transparenzgründen[84] nicht hingewiesen werden.[85]

Nicht erforderlich ist die in der Praxis weit verbreitete Erläuterung zu einzelnen Rechten, eine Auflistung, wie sie in Art. 13 II b) bzw. Art. 14 II c) DSGVO enthalten ist, auch ohne Angabe der entsprechenden Artikel, reicht aus.[86] Im Gegenteil kann eine zu ausführliche Erläuterung sogar ein Risiko für eine DSGVO-Verletzung erhöhen, etwa wenn die Informationen falsch oder irreführend sind und gegen das Transparenzgebot aus Art. 12 I DSGVO verstoßen.

ii) Widerruflichkeit der Einwilligung

Einen Sonderfall stellt die Information über die Widerruflichkeit der Einwilligung in den Fällen des Art. 6 1 a), 9 II a) DSGVO dar, da

79 *Knyrim* in Ehrmann/Selmayer, DSGVO, 2. Aufl. 2018, Art. 13 Rn. 55; *Ingold* in Sydow, Europäische DSGVO, 2. Aufl. 2018, Art. 13 Rn. 22.

80 *Paal/Hennemann* in Paal/Pauly DSGVO/BDSG 2. Aufl. 2018, Art. 13 Rn. 27.

81 *Franck* in Gola, DSGVO, 2. Aufl. 2018, Art. 13 Rn. 22.

82 *Ingold* in Sydow, Europäische DSGVO, 2. Aufl. 2018, Art. 13 Rn. 22.; Bäcker in Kühling/Buchner, DS-GVO/BDSG, 3. Aufl. 2020, Art. 13 Rn. 37.

83 Z.B Art. 17 1 b, f, 20, 21, I, II, VI DSGVO, die jeweils an bestimmte Datenverarbeitungsformen anknüpfen, siehe *Bäcker* in Kühling/Buchner, DS-GVO/BDSG, 3. Aufl. 2020, Art. 13 Rn. 37.

84 Auch wenn die Gefahr einer Selbstbindung des Erklärenden ausgeschlossen ist, da die Information nicht konstitutiv wirkt, vgl. *Paal/Hennemann* in Paal/Pauly DSGVO/BDSG 2. Aufl. 2018, Art. 13 Rn. 27a.

85 So im Ergebnis auch *Bäcker* in Kühling/Buchner, DS-GVO/BDSG, 3. Aufl. 2020, Art. 13 Rn. 37.

86 *Lorenz* VuR 2019, 213, 219.

hier – nach überwiegender Auffassung – auch über die Rechtsfolge, die nur in die Zukunft gerichtet eintritt,[87] unterrichtet werden muss.[88]

jj) Beschwerderecht bei Aufsichtsbehörde

Die betroffene Person ist über ihr Beschwerderecht gem. Art. 77 DSGVO bei einer Aufsichtsbehörde zu unterrichten. Umstritten ist dabei, ob zur Erfüllung der abstrakte Hinweis auf das Bestehen des Beschwerderechts genügt[89] oder, ob eine konkrete Aufsichtsbehörde benannt werden muss.[90] Für die Praxis kann nur geraten werden, die für den Verantwortlichen zuständige Aufsichtsbehörde mit Kontaktdaten anzugeben, da dies auch den strengeren Auffassungen gerecht wird.

kk) Freiwilligkeit der Bereitstellung

Nur im Fall der Datenerhebung bei der betroffenen Person i. S. d. Art. 13 DSGVO[91] ist gem. Art. 13 II e) DSGVO über die Freiwillig-

---

87 Art. 13 II c DSGVO.

88 *Paal/Hennemann* in Paal/Pauly DSGVO/BDSG 2. Aufl. 2018, Art. 13 Rn. 28; *Ingold* in Sydow, Europäische DSGVO, 2. Aufl. 2018, Art. 13 Rn. 22; *Franck* in Gola, DSGVO, 2. Aufl. 2018, Art. 13 Rn. 23; a. A. *Kamlah* in Plath DSGVO 3. Aufl. 2018, Art. 13 Rn. 20, der meint, dass ein Hinweis über die Rechtsfolge nicht erforderlich sei.

89 *Franck* in Gola, DSGVO, 2. Aufl. 2018, Art. 13 Rn. 24; *Paal/Hennemann* in Paal/Pauly DSGVO/BDSG 2. Aufl. 2018, Art. 13 Rn. 29; *Ingold* in Sydow, Europäische DSGVO, 2. Aufl. 2018, Art. 13 Rn. 22.

90 Hierfür aus Gründen des Verbraucherschutzes *Walter* DSRITB 2016, 367, 372; *Bäcker* in Kühling/Buchner, DS-GVO/BDSG, 3. Aufl. 2020, Art. 13 Rn. 39; aus praktischen Gründen beschränkt auf Auskunft über die für den Verantwortlichen zuständige Aufsichtsbehörde *Veil* in Gierschmann, Kommentar zur DSGVO, 1. Aufl. 2018, Artikel 13–14 Rn. 105, ebenso *Kamlah* in Plath DSGVO, 3. Aufl. 2018, Art. 13 Rn. 21, der die Angabe konkreter Kontaktdaten der Aufsichtsbehörde aber nicht für erforderlich hält.

91 *Bäcker* in Kühling/Buchner, DS-GVO/BDSG, 3. Aufl. 2020, Art. 14 Rn. 24 ff. sieht (als einziger) zwei Regelungslücken und plädiert für eine analoge Anwendung auf die Erhebung nicht bei der betroffenen Person i. S. d. Art. 14 DSGVO, erstens wenn die Erhebung auf der Einwilligung der betroffenen Person beruht und zweitens, wenn der Verantwortliche zur Vorbereitung oder Durchführung eines Vertrages mit der betroffenen Person erhebt und die betroffene Person die Erhebung verhindern könnte, indem sie ihr Vertragsangebot zurückzieht oder den Vertrag kündigt.

keit der Bereitstellung der Daten aufzuklären.[92] Der Verantwortliche hat darüber zu informieren, ob die Bereitstellung personenbezogener Daten gesetzlich oder vertraglich vorgeschrieben, für einen Vertragsschluss erforderlich oder die betroffene Person verpflichtet ist, die personenbezogenen Daten bereitzustellen und welche möglichen Folgen die Nichtbereitstellung hätte.

ll) Bestehen einer automatisierten Entscheidungsfindung

Wirtschaftliche Risiken können sich aus der Information über das Bestehen einer automatisierten Entscheidungsfindung inkl. Profiling ergeben, da gerichtlich noch nicht geklärt ist, inwieweit Ausnahmen für Geschäftsgeheimnisse[93] bestehen.[94]

Der Anwendungsbereich der Norm ist mit Bezug zu Art. 22 DSGVO definiert, so dass bezüglich der Details auf die hier einschlägige Literatur verwiesen werden kann.[95]

mm) Kategorien personenbezogener Daten

Da die personenbezogenen Daten im Rahmen des Art. 14 DSGVO nicht bei der betroffenen Person erhoben wurden, ist diese gem. Art. 14 I d) DSGVO über die Kategorien personenbezogener Daten zu unterrichten. Hierzu reichen Obergriffe aus wie z.B. Adressdaten, Vertragsdaten, Kundendaten etc.,[96] die eine Risikoabschätzung für die betroffene Person ermöglichen, da detaillierte Informationen über den Auskunftsanspruch aus Art. 15 DSGVO verlangt werden können.[97]

---

92 Für gänzlich missglückt hält diese Norm (mit nicht überzeugenden Argumenten) *Kamlah* in Plath DSGVO, 3. Aufl. 2018, Art. 13 Rn. 22.

93 Zur Einordnung der Scoreformel der SCHUFA als Geschäftsgeheimnis unter § 34 BDSG a. F: *BGH*, Urt. v. 28.1.2014 – VI ZR 156/13, MMR 2014, 489 m. Anm. *Taeger.*

94 Vgl. *Mester* in Taeger/Gabel, DSGVO/BDSG, 3. Aufl. 2019, Art. 13 Rn. 29; *Knyrim* in Ehrmann/Selmayer, DSGVO, 2. Aufl. 2018, Art. 13 Rn. 64.

95 Z.B. *Martini* in Paal/Pauly, DSGVO/BDSG, 2. Aufl. 2018, Art. 22; *Buchner* in Kühling/Buchner, DS-GVO/ BDSG, 3. Aufl. 2020, Art. 22.

96 *Kamlah* in Plath DSGVO 3. Aufl. 2018, Art. 14 Rn. 3.

97 *Knyrim* in Ehrmann/Selmayer, DSGVO, 2. Aufl. 2018, Art. 14 Rn. 27 ff.; *Bäcker* in Kühling/Buchner, DS-GVO/BDSG, 3. Aufl. 2020. Art. 14 Rn. 17.

nn) Quelle der personenbezogenen Daten

Der Begriff der Quelle umfasst den Gegenstand der Datenerhebung, also etwa Personen, Institutionen, Veröffentlichungen, Spuren etc.[98] und soll der betroffenen Person ermöglichen, die Rechtmäßigkeit der ursprünglichen Datenerhebung zu überprüfen und, ihre Betroffenenrechte geltend zu machen.[99] Erforderlich ist hier die Angabe der konkret genutzten Quelle[100] des Verantwortlichen und nicht etwa die Quelle der ersten Datenerhebung, da der betroffenen Person schon so ermöglicht wird, den Weg der Information zurückzuverfolgen.[101] Neben der Quelle selbst ist auch die Art der Quelle zu benennen, also ob diese öffentlich oder nicht öffentlich ist,[102] da hierdurch auch für die betroffene Person eine Warnung gegeben sein kann, ihre Informationen nicht leichtfertig zu veröffentlichen.[103]

Umstritten ist, ob aus Gründen der Transparenz auch das Mittel der Datenerhebung zu nennen ist.[104] Kann der betroffenen Person nicht mitgeteilt werden, woher die Daten stammen, weil verschiedene Quel-

---

98 *Bäcker* in Kühling/Buchner, DS-GVO BDSG, 3.Aufl. 2020, Art. 14 Rn. 20; *Mester* in Taeger/Gabel, DSGVO/BDSG, 3.Aufl. 2019, Art. 14 Rn. 10.

99 *Mester* in Taeger/Gabel, DSGVO/BDSG, 3.Aufl. 2019, Art. 14 Rn. 9.

100 Im Falle von Personen und Institutionen sind Name bzw. Bezeichnung und Kontaktdaten zu übermitteln, Taeger/Gabel, DSGVO BDSG, 3.Aufl. 2019, Art. 14 Rn. 10; *Bäcker* in Kühling/Buchner, DS-GVO/BDSG, 3.Aufl. 2020, Art. 14 Rn. 20.

101 *Franck* in Gola, DSGVO, 2.Aufl. 2018, Art. 14 Rn. 13.

102 *Franck* in Gola, DSGVO, 2.Aufl. 2018, Art. 14 Rn. 13.

103 *Bäcker* in Kühling/Buchner, DS-GVO/BDSG, 3.Aufl. 2020, Art. 14 Rn. 22; Wobei der Begriff der öffentlichen Quelle in diesem Zusammenhang nicht zwingend eine Veröffentlichung durch die betroffene Person selbst voraussetzt, sondern schlicht an den individuell nicht bestimmbaren Personenkreis anknüpft, *Franck* in Gola, DSGVO, 2.Aufl. 2018, Art. 14 Rn. 14; a.A. *Veil* in Gierschmann, Kommentar zur DSGVO, 1.Aufl. 2018, Artikel 13–14 Rn. 108, der bei öffentlichen Quellen aufgrund der Informationsfreiheit überhaupt keine konkrete Benennung fordert; ähnlich *Kamlah* in Plath DSGVO 3.Aufl. 2018, Art. 14 Rn. 6, der bei Daten aus dem Internet einen allgemeinen Hinweis hierauf für ausreichend hält.

104 Dafür: *Bäcker* in Kühling/Buchner, DS-GVO/BDSG, 3.Aufl. 2020, Art. 14 Rn. 22, zumindest, wenn sich das Mittel der Datenerhebung nicht aus dem Gegenstand erschließt, z.B. bei statistischer Auswertung der öffentlich zugänglichen Daten in sozialen Netzwerken; *Dix* in Simitis/Hornung/Spiecker gen. Döhmann, Datenschutzrecht 1. Auflage 2019, Art. 14 Rn. 11, wenn das Mittel besondere Risiken für die betroffene Person auslösen kann; so auch *Mester* in

len benutzt wurden, so sollte die Unterrichtung gem. Erwägungsgrund 61 allgemein[105] gehalten werden. In der Praxis sollten hier[106] die Mittel der Datenerhebung, die genutzten Datenbestände und/oder das System benannt werden.[107]

Praxishinweis:

Die Nutzung verschiedener Quellen zur Datenerhebung darf nicht dazu führen, dass der betroffenen Person ein Nachteil erwächst. Zugleich sollte nicht zu leichtfertig mit der Möglichkeit umgegangen werden, nur allgemeine Angaben zu machen, wenn die Daten aus unterschiedlichen Quellen stammen. Vielmehr sollten bereits die Erhebungsprozesse so organisiert sein, dass bei jeder Erhebung auch die jeweilige Quelle dokumentiert wird. Nur so ist es auch für den Verantwortlichen selbst möglich, die Kette der Rechtmäßigkeit zurückzuverfolgen. Stellt sich später heraus, dass bereits die eigene Quelle nicht zur Erhebung und Verarbeitung berechtigt war, dürfte es schwerfallen, eine eigene Rechtfertigung für die Erhebung und Verarbeitung gegenüber der betroffenen Person zu begründen. Nicht aussichtsreich ist eine Verteidigung mit dem Hinweis, die eigene Quelle habe versichert, hierzu berechtigt gewesen zu sein. Dieser Einwand wird gegenüber der betroffenen Person nicht erfolgreich sein.

Taeger/Gabel, DSGVO/BDSG, 3. Aufl. 2019, Art. 14 Rn. 11; dagegen: *Veil* in Gierschmann, Kommentar zur DSGVO, 1. Aufl. 2018, Artikel 13–14 Rn. 110.

105 Wie dieses Merkmal zu verstehen ist, wird unterschiedlich beurteilt. Für eine Offenlegung aller möglichen Quellen, wenn sich die genaue Quelle nicht nennen lässt: Kühling/Buchner, DS-GVO/BDSG, 3. Aufl. 2020, Art. 14 Rn. 23; *Mester* in Taeger/Gabel, DSGVO/BDSG, 3. Aufl. 2019, Art. 14 Rn. 11; *Dix* in Simitis/Hornung/Spiecker gen. Döhmann, Datenschutzrecht 1. Auflage 2019, Art. 14 Rn. 11; a. A. doch in den Details unklar: *Franck* in Gola, DSGVO, 2. Aufl. 2018, Art. 14 Rn. 13; *Paal/Hennemann* in Paal/Pauly DSGVO/BDSG, 2. Aufl. 2018, Art. 14 Rn. 31; *Kamlah* in Plath DSGVO 3. Aufl. 2018, Art. 14 Rn. 6.

106 Aus Gründen der Rechtssicherheit und des Schutzes der betroffenen Person, der strengeren Ansicht folgend.

107 *Bäcker* in Kühling/Buchner, DS-GVO/BDSG, 3. Aufl. 2020, Art. 14 Rn. 23; *Mester* in Taeger/Gabel, DSGVO/BDSG, 3. Aufl. 2019, Art. 14 Rn. 11; *Dix* in Simitis/Hornung/Spiecker gen. Döhmann, Datenschutzrecht 1. Auflage 2019, Art. 14 Rn. 11.

Besondere Probleme können sich zudem ergeben, wenn die Informationen aus Quellen stammen, die ihrerseits dem Datenschutz unterliegen oder/und wie z. B. *Whistleblower* besonders sensibel sind. Ob man in den betreffenden Fällen die Informationspflicht aufgrund (rechtlicher) Unmöglichkeit,[108] oder weil sie die Ziele der Verarbeitung ernsthaft beeinträchtigt,[109] gem. Art. 14 V b) DSGVO für ausgeschlossen bzw. eingeschränkt hält oder erst der Gesetzgeber gem. Art. 23 DSGVO tätig werden muss,[110] wird durch künftige Entscheidungen zu klären sein.

b) Art der Informationsübermittlung

Die Art der Informationsübermittlung bemisst sich maßgeblich nach den Geboten des Art. 12 DSGVO, deren detaillierte Darstellung den hier vorliegenden Rahmen sprengen würde. Deshalb soll nur auf die einschlägige Literatur[111] und einige wesentliche Grundsätze verwiesen werden. Hierzu zählt einerseits, dass die Information gem. Art. 12 I S. 2 DSGVO grundsätzlich in fixierter, also schriftlicher oder gegebenenfalls elektronischer Form zu erfolgen hat und nur auf Verlangen der betroffenen Person in mündlicher Form erteilt werden darf. Zudem ist im Hinblick auf Art. 13 DSGVO zu beachten, dass es nicht zu einem Medienbruch kommt, also die Information durch dasselbe Medium erfolgt, durch das auch kommuniziert wird.[112]

Andererseits schreibt Art. 12 I S. 1 DSGVO vor, dass die Informationen sowohl *präzise* als auch *verständlich* erteilt werden, was schon einen gewissen Widerspruch an sich beinhaltet.[113] Dieser lässt sich zum Teil durch *mehrschichtige* Informationen abbauen.[114] Der Verantwortliche sollte hierbei besonders relevante Informationen kurz und stich-

---

108 *Veil* in Gierschmann, Kommentar zur DSGVO, 1. Aufl. 2018, Artikel 13–14 Rn. 109.

109 *Dix* in Simitis/Hornung/Spiecker gen. Döhmann, Datenschutzrecht 1. Auflage 2019, Art. 14 Rn. 12.

110 *Dix* in Simitis/Hornung/Spiecker gen. Döhmann, Datenschutzrecht 1. Auflage 2019, Art. 14 Rn. 12.

111 Neben der aufgeführten Kommentarliteratur: *Redeker*, ITRB, 2018, 96.

112 Kritisch für den Fall analoger Kommunikation: *Lorenz*, VuR 2019, 213, 220.

113 *Paal/Hennemann* in Paal/Pauly DSGVO/BDSG, 2. Aufl. 2018, Art. 12 Rn. 34.

114 *Paal/Hennemann* in Paal/Pauly DSGVO/BDSG, 2. Aufl. 2018, Art. 12 Rn. 31, 34.

punktartig voranstellen und diese und weitere unwesentliche Informationen in einem weiteren Teil detailliert erörtern.[115] Zudem ist auch der angesprochene Adressatenkreis zu berücksichtigen, soweit dieser eingrenzbar ist, wie sich schon an der besonderen Hervorhebung von Informationen für *Kinder* in Art. 12 I S. 2 DSGVO ergibt. Hierfür kann es sich anbieten, auf die Konzepte der *einfachen* oder *leichten Sprache* zurückzugreifen.[116] Eine weitere Erleichterung der Zugänglichmachung der relevanten Informationen kann sich in Zukunft durch die zusätzliche Verwendung von Bildsymbolen ergeben.[117]

5. Folgen der Nicht-Erfüllung

Zunächst ist festzuhalten, dass die Erfüllung der Informationspflichten keine Voraussetzung für die Zulässigkeit der Datenverarbeitung an sich ist.[118] Ein Verstoß hiergegen macht also die Datenverarbeitung nicht per se unzulässig, soweit die Voraussetzungen für eine zulässige Datenverarbeitung als solche vorliegen. Will sich der Verantwortliche für die Datenverarbeitung allerdings ausschließlich auf eine Einwilligung der betroffenen Person stützen, setzt diese Einwilligung für ihre Wirksamkeit die umfassende Information der betroffenen Person voraus. Fehlt diese Information, fehlt eine für die wirksame Einwilligung essentielle Voraussetzung, sodass vertreten wird, dass für diesen Fall die Verarbeitung aufgrund der fehlenden Informationen nach Art. 13 DSGVO unzulässig ist.[119] Insbesondere aus Art. 7 II i. V. m. Art. 4 Nr. 11 DSGVO folgt, dass eine wirksame Einwilligung in „informierter Weise" abgegeben werden muss, eine Einwilligung also dann unwirksam ist, wenn die betroffene Person die Umstände der Datenver-

---

115 *Paal/Hennemann* in Paal/Pauly DSGVO/BDSG, 2. Aufl. 2018, Art. 12 Rn. 31, 34.

116 *Franck* in Gola, DSGVO, 2. Aufl. 2018, Art. 12 Rn. 22 m. w. N.

117 Eingehend *Bäcker* in Kühling/Buchner, DS-GVO/BDSG, 3. Aufl. 2020, Art. 12 Rn. 19 ff. m. w. N.

118 *Arning* in Moos/Schefzig/Arning, Die neue Datenschutzgrundverordnung, 2018, Kap. 6, S. 156, Rn. 64.

119 *Dix* in Simitis/Hornung/Spiecker gen. Döhmann, Datenschutzrecht 1. Auflage 2019, Art. 13 Rn. 26.

arbeitung oder die Tragweite ihrer Einwilligung nicht eindeutig und klar erkennen kann.[120]

Unterlässt der Verantwortliche die Erteilung der Informationen nach Art. 13, 14 DSGVO, kann die zuständige Aufsichtsbehörde dieses Verhalten beanstanden und sodann entsprechend sanktionieren. Wesentlich interessanter ist vorliegend allerdings, welche Rechte der betroffenen Person wegen der Nichterteilung der Informationen nach Art. 13, 14 DSGVO zustehen. Entsteht der betroffenen Person durch die Nichterteilung ein materieller oder ein immaterieller Schaden, steht ihr ein Anspruch auf Schadensersatz nach Art. 82 I DSGVO zu. Ob ein Verstoß gegen Art. 13, 14 DSGVO tatsächlich zu einem Schaden bei der betroffenen Person geführt hat, wird immer eine Frage des Einzelfalles sein. Jedenfalls in den Fällen, in denen die Informationen nach Art. 13 DSGVO für eine informierte Entscheidung im Rahmen der Einholung einer Einwilligung erforderlich sind, und die erteilte Einwilligung infolge des Fehlens dieser Informationen unwirksam ist, kann das im Einzelfall einen Schaden verursachen und einen Anspruch auf Schadensersatz nach Art. 82 DSGVO begründen.[121] Die gesamte Datenverarbeitung ist in diesem Fall nicht von einer Rechtsgrundlage gedeckt und damit datenschutzwidrig. Ob der betroffenen Person neben einem Schadensersatzanspruch auch ein durchsetzbarer Anspruch auf Erteilung der Informationen nach Art. 13, 14 DSGVO zusteht, ist bislang nicht geklärt. Zu diskutieren ist an dieser Stelle aber viel eher ein Anspruch auf Unterlassung der Datenverarbeitung, ohne die erforderliche Erteilung der Informationen nach Art. 13, 14 DSGVO.[122] Steht der betroffenen Person ein solcher Unterlassungsanspruch zu, ließe sich die Einhaltung der Informationspflichten gerichtlich durchsetzen (Bspw. wenn nicht über den Zweck der Verarbeitung im Zusammenhang einer Internetseite informiert wird: *„... es zu unterlassen, eine Internetseite vorzuhalten, ohne die Nutzer über den Zweck der Verarbeitung ihrer personenbezogenen Daten zu informieren ...“*).

---

120 Ausführlich hierzu *Bäcker* in Kühling/Buchner, DS-GVO/BDSG, 3. Aufl. 2020, Art. 7 Rn. 59 ff.

121 Näher zum Schadensersatzanspruch nach Art. 82 DSGVO unter Kap. 1, B. V.

122 Ob der betroffenen Person ein Unterlassungsanspruch zusteht, ist höchst umstritten und wird näher diskutiert unter Kap. 1, B. VI.

Daneben werden die Informationspflichten nach Art. 13, 14 DSGVO als sog. Marktverhaltensregelungen nach § 3a UWG angesehen.[123] Das Fehlen dieser Informationen könnte somit über das Wettbewerbsrecht sowohl von Mitbewerbern als auch von Wettbewerbsverbänden, und insbesondere von Verbraucherverbänden, durchgesetzt werden.[124]

II. Recht auf Auskunft, Art. 15 DSGVO

1. Gegenstand des Auskunftsrechtes

Als Pendant zu den aktiven Informationspflichten der Art. 13, 14 DSGVO enthält Art. 15 DSGVO in Absatz 1 und Absatz 2 weitere passive Auskunftspflichten für den Verantwortlichen, die dieser erst nach ausdrücklichem – ggf. präzisiertem Verlangen[125] (Erwägungsgrund 63 S. 7) – zu erfüllen hat. Ähnlich wie durch Art. 13, 14 DSGVO wird hierdurch die Durchsetzbarkeit der übrigen Rechte der betroffenen Person ermöglicht und gesichert,[126] weswegen den in Art. 15 I, II DSGVO enthaltenen Ansprüchen überragende Bedeutung zukommt.[127]

In Art. 15 III DSGVO wird noch das in seinen Details äußerst umstrittene „Recht auf Kopie" der personenbezogenen Daten[128] statuiert.

---

123 OLG Stuttgart, Urt. v. 27.2.2020 – 2 U 257/19.

124 Die Frage, ob Verstöße gegen die DSGVO über das Wettbewerbsrecht durchgesetzt werden können, ist höchst umstritten und wird näher diskutiert in Kap. 2, C.I.1.b). Der *BGH* hat mit Beschluss vom 28.5.2020 – I ZR 186/17 unter anderem die Frage dem EuGH zur Beantwortung vorgelegt, ob die DSGVO gegenüber dem UWG eine Sperrwirkung entfaltet.

125 Dazu sogleich unter Kap. 1, B.II.2.

126 Vgl. *Ehmann* in Ehmann/Selmayr, Datenschutz-Grundverordnung, 2. Aufl. 2018, Art. 15 Rn. 1; *Paal* in Paal/Pauly, DSGVO/BDSG, 2. Aufl. 2018, Art. 15 Rn. 3.

127 *Franck* in Gola, Datenschutzgrundverordnung, 2. Aufl., Art. 15 Rn. 1: „faktisch unverzichtbar"; *Bäcker* in Kühling/Buchner DS-GVO/BDSG, 3 Aufl. 2020, Art. 15 Rn. 5: „zentrales Betroffenenrecht"; *Ehmann* in Ehmann/Selmayr, Datenschutz-Grundverordnung, 2. Aufl. 2018, Art. 15 Rn. 1; *Paal* in Paal/Pauly, DSGVO/ BDSG, 2. Aufl. 2018, Art. 15 Rn. 1: „herausgehobene Bedeutung"; *Korch/Chatard* CR 2020, 438 „elementar".

128 Dazu sogleich unter 4. c).

Praxishinweis:

In der Praxis zeigt sich bereits nach kurzer Zeit, dass das Recht auf Auskunft vor allem im Verhältnis zwischen Arbeitgebern und Arbeitnehmern eine zunehmende Rolle einnimmt.[129] *Es erstaunt daher nicht, dass die bislang veröffentlichte Rechtsprechung zum Auskunftsrecht überwiegend von den Arbeitsgerichten stammt.*[130] *Die Beweggründe für ein Auskunftsverlangen sind dabei vielfältig. Es kann aber nicht abgestritten werden, dass ein Auskunftsverlangen im Rahmen eines Kündigungsprozesses zumindest auch dazu dient, den Druck auf den (ehemaligen) Arbeitgeber zu erhöhen.*

2. Umfang des Auskunftsrechts

In Art. 15 I DSGVO sind zwei unterschiedliche Auskunftsansprüche enthalten, die freilich nicht in einem so strengen Stufenverhältnis stehen, wie der Wortlaut andeutet und problemlos zusammen geltend gemacht werden können.[131] Zunächst wird das Recht geregelt, zu erfahren, ob oder ob nicht personenbezogene Daten der betroffenen Person durch den Verantwortlichen verarbeitet werden, und zwar durch Erteilung einer sogenannten (negativen) Verarbeitungsbestätigung.[132] Insoweit ist der Wortlaut von Art. 15 I DSGVO irreführend, wenn er dieses Auskunftsrecht auf eine *„betroffene Person"* beschränkt. Tatsächlich kann grundsätzlich jede Person bei einem Unternehmen erfragen, ob personenbezogene Daten über sie verarbeitet werden. Ist das nicht oder nicht mehr der Fall, ergeht eine Negativauskunft. Ist

129 So auch *Lembke*, NJW 2020, 1841.

130 Nachstehend eine Auswahl interessanter Entscheidungen: *ArbG Bonn*, Urt. v. 16.7.2020 – 3 Ca 2026/19; LAG Niedersachsen, Urt. v. 9.6.2020 – 9 Sa 608/19; *ArbG Düsseldorf*, Urt. v. 5.3.2020 – 9 Ca 6557/18; LAG Baden-Württemberg, Beschl. v. 23.1.2020 – 5 Ta 123/19.

131 *Kamlah* in Plath DSGVO/BDSG, 3. Aufl. 2018, Art. 15 Rn. 3; zur Auslegung nicht eindeutiger Anträge: *Veil* in Gierschmann, Kommentar zur DSGVO, 1. Aufl. 2018, Art. 15 Rn. 40: Auskunftsverlangen, das sich nicht explizit auf „ob" der Datenverarbeitung bezieht, wird diese Frage regelmäßig beinhalten; umgekehrt gilt dies jedoch nicht, wie *Paal* in Paal/Pauly, DSGVO/BDSG, 2. Aufl. 2018, Art. 15 Rn. 22 zu Recht feststellt.

132 *Kamlah* in Plath DSGVO/BDSG, 3. Aufl. 2018, Art. 15 Rn. 3.

diese Auskunft positiv, werden über die anfragende Person also tatsächlich personenbezogene Daten gespeichert, kann die anfragende Person in einem zweiten Schritt Art und Umfang der Verarbeitung erfragen. Sodann muss der Verantwortliche über die einzeln aufgeführten Informationen der Buchstaben a) – h) und das Recht auf Unterrichtung über geeignete Garantien i. S. d. Art. 46 DSGVO für den Fall des Drittlandtransfers des Art. 15 II DSGVO Auskunft erteilen.

Während das durch Art. 15 III DSGVO determinierte „Recht auf Kopie" Gegenstand individueller Betrachtungen[133] ist, richtet sich der Umfang der zu erteilenden Informationen für Art. 15 I, II DSGVO nach den allgemeinen Anforderungen des Art. 12 DSGVO.[134]

Praxishinweis:

In tatsächlicher Hinsicht kann es erforderlich sein, den Umfang des Auskunftsersuchens durch die betroffene Person präzisieren zu lassen. Das ist insbesondere dann der Fall, wenn der Verantwortliche zu dieser betroffenen Person eine große Menge an Daten gespeichert hat und die Erteilung einer Auskunft über sämtliche Daten einen sehr hohen Aufwand bedeuten würde. Satz 7 zu Erwägungsrund 63 lautet hierzu wörtlich:

„Verarbeitet der Verantwortliche eine große Menge von Informationen über die betroffene Person, so sollte er verlangen können, dass die betroffene Person präzisiert, auf welche Information oder welche Verarbeitungsvorgänge sich ihr Auskunftsersuchen bezieht, bevor er ihr Auskunft erteilt."

Ob der Verantwortliche bis zu einer solchen Präzisierung die Auskunft insgesamt verweigern kann, ist umstritten und mit erheblichen Risiken verbunden. In jedem Fall empfiehlt es sich, jeden Schritt des Auskunftsersuchens, der Bitte um Präzisierung, der Zurückhaltung der Auskunft und der endgültigen Erteilung oder Versagung der Auskunft schriftlich zu dokumentieren. Im Falle einer Beschwerde bei der Datenschutzbehörde gelingt nur so, nachzuvollziehen, warum man eine Auskunft

---

133 Siehe hierzu Kap. 1, B.II.4.c).

134 *Bäcker* in Kühling/Buchner DS-GVO/BDSG, 3 Aufl. 2020, Art. 15 Rn. 30 ff. Siehe hierzu auch schon oben die Ausführungen zu Art. 13 f. DSGVO bei Art. 13 f. 4) b).

vorläufig zurückgehalten hat, und man erhöht so seine Chancen bei der Datenschutzbehörde, eine positive Entscheidung herbeizuführen, indem diese Dokumentation offengelegt wird. Im Ergebnis wird auch im Zivilverfahren eine solche Dokumentation hilfreich und im Zweifel erforderlich sein, um sich gegen einen Anspruch auf Schadensersatz wegen nicht oder nicht rechtzeitiger Auskunft zu verteidigen. Die Dokumentation einer bereits erteilten Auskunft kann aber auch dazu dienen, den eigenen Vortrag zur Erfüllung des Auskunftsanspruches im Falle des Bestreitens nachzuweisen.

3. Voraussetzungen

Der Anspruch aus Art. 15 I S. 1 1. HS DSGVO hat grundsätzlich keine Voraussetzungen bis auf die Anspruchsstellung selbst,[135] da auch in dem Fall, dass keine Daten verarbeitet werden oder alle vorhandenen Daten unumkehrbar[136] anonymisiert[137] worden sind, eine entsprechende negative Verarbeitungsbestätigung zu erteilen ist. Wenn Daten über die betroffene Person verarbeitet werden, bedarf es für die Geltendmachung der Auskunftsrechte aus Art. 15 I S. 1 2. HS, II DSGVO nur eines formlosen Antrags,[138] der gem. Erwägungsgrund 63 S. 7 DSGVO

---

135 *Mester* in Taeger/Gabel, DSGVO/BDSG, 3. Aufl. 2019, Art. 15 Rn. 6; *Schmidt-Wudy* in Wolff/Brink, BeckOK Datenschutzrecht, DSGVO, 34. Edition 2020, Art. 15 Rn. 32, der jedoch auf die folgenden Ausnahmen hinweist: Rechtsmissbrauch (Art. 12 V S. 2 DSGVO), Unmöglichkeit der Identifikation der betroffenen Person (Art. 12 II S. 2 DSGVO), die (umstrittene) analoge Anwendung des Abs. 4 bei entgegenstehenden Rechten Dritter und normexterne Ausnahmen aus dem BDSG.

136 *Paal* in Paal/Pauly, DSGVO/BDSG, 2. Aufl. 2018, Art. 15 Rn. 19; *Ehmann* in Ehmann/Selmayr, Datenschutzgrundverordnung, 2. Aufl. 2018, Art. 15 Rn. 13; auf etwaige Mitwirkungspflichten der betroffenen Person bei der Klärung der Identität geht *Ehmann* in Ehmann/Selmayr, Datenschutzgrundverordnung, 2. Aufl. 2018, Art. 15 Rn. 24 ein.

137 Für den Fall, dass die Daten „nur" pseudonymisiert sind, weist *Franck* in Gola, Datenschutzgrundverordnung, 2. Aufl., Art. 15 Rn. 25 zu Recht darauf hin, dass diese auch unter dem Pseudonym abgefragt werden können.

138 *Bäcker* in Kühling/Buchner DS-GVO/BDSG. 3 Aufl. 2020, Art. 15 Rn. 30; *Paal* in Paal/Pauly, DSGVO/ BDSG, 2. Aufl. 2018, Art. 15 Rn. 21; *Franck* in Gola, Datenschutzgrundverordnung, 2. Aufl., Art. 15 Rn. 25.

jedoch ggf. zu präzisieren[139] ist. Der Antrag kann selbstverständlich nach allgemeinen Regeln des BGB (§§ 164 ff.) auch durch einen Vertreter gestellt werden. Dieser sollte jedoch über eine schrifltiche Vollmacht verfügen und diese auch vorlegen können, da andernfalls der Antrag gem. § 174 BGB aus diesem Grund zurückgewiesen werden kann und der Verantwortliche sichergehen können muss, dass er den Auskunftsanspruch überhaupt (womöglich gegenüber dem Vertreter) erfüllen darf. Vergewissert sich der Verantwortliche nicht, ob der Dritte tatsächlich zur Einholung der Auskunft bevollmächtigt ist und erteilt diesem gegenüber die Auskunft, obwohl es an einer Bevollmächtigung fehlt, stellt diese Weitergabe personenbezogener Daten an einen Dritten einen eigenen Verstoß gegen die DSGVO dar und verletzt die betroffene Person in ihren Rechten.

Wie sich im Umkehrschluss aus Art. 15 III S. 3 DSGVO ergibt, ist auch der Antrag auf Erhalt einer Kopie grundsätzlich formfrei[140] und unentgeltlich[141] (*e contrario* Art. 15 III. S. 2 DSGVO) möglich. Für weitere Kopien, d. h. solche, die nicht auf demselben Antrag beruhen (str.),[142] kann ein angemessenes Entgelt auf der Grundlage der Verwaltungskosten[143] verlangt werden.

---

139 Siehe hierzu schon oben Art. 15 1.

140 *Kamlah* in Plath DSGVO/BDSG, 3. Aufl. 2018, Art. 15 Rn. 18.

141 *Kamlah* in Plath DSGVO/BDSG, 3. Aufl. 2018, Art. 15 Rn. 17; *Ehmann* in Ehmann/Selmayr, Datenschutzgrundverordnung, 2. Aufl. 2018, Art. 15 Rn. 28.

142 *Nink* in Spindler/Schuster, Recht der elektronischen Medien, 4. Auflage 2019, Art. 15 Rn. 11; Bäcker in Kühling/Buchner DS-GVO/BDSG. 2 Aufl. 2018, Art. 15 Rn. 45 stellt für die Frage, ob eine „weitere Kopie" vorliegt, auf die Veränderung des Datenbestandes ab, ebenso *Specht* in Sydow, Europäische Datenschutzgrundverordnung, 2. Aufl. 2018, Art. 15 Rn. 20; *Franck* in Gola, Datenschutzgrundverordnung, 2. Aufl., Art. 15 Rn. 32 auf eine „angemessene Wartezeit", ohne diese näher zu konkretisieren; *Schmidt-Wudy* in Wolff/Brink BeckOK Datenschutzrecht, DSGVO, 34. Edition 2020, Art. 15 Rn. 93 spricht sich (nach einem Überblick über die vertretenen Ansätze) in Anlehnung an Art. 12 III DSGVO für eine dreimonatige Wartezeit aus; *Kamlah* in Plath DSGVO/BDSG, 3. Aufl. 2018, Art. 15 Rn. 17 zieht einen „Jahresturnus" in Betracht.

143 Der Begriff der Verwaltungskosten ist nicht näher konturiert und wird wohl erst durch die mitgliedstaatlichen Aufsichtsbehörden eine Konkretisierung erfahren, *Paal* in Paal/Pauly, DSGVO/BDSG, 2. Aufl. 2018, Art. 15 Rn. 35, Art. 12 Rn. 68. *Ehmann* in Ehmann/Selmayr, Datenschutzgrundverordnung, 2. Aufl. 2018, Art. 15 Rn. 30 spricht sich für eine Darlegungs- und Beweislast des Verantwortlichen aus, weshalb die Kosten in der Praxis nicht zu großzügig

4. Erfüllung des Auskunftsbegehrens

a) Inhalt der Auskunft

Die in Art. 15 I DSGVO zu erteilenden Informationen entsprechen weitestgehend den in Art. 13 und Art. 14 DSGVO verwendeten Begrifflichkeiten[144], weshalb sich die Darstellung an dieser Stelle im Wesentlichen auf die Unterschiede hierzu beschränken soll.

aa) Verarbeitungszwecke

Die Angabe der Verarbeitungszwecke ist schon aus Art. 13 I c) und Art. 14 I c) DSGVO bekannt. Warum anders als dort, hier die Angabe der Rechtsgrundlage nicht genannt werden sollte, konnte bislang nicht sinnvoll erklärt werden,[145] so dass für die Praxis anzuraten ist, diese Information ebenfalls mitzuteilen.[146]

bb) Kategorien personenbezogener Daten

Der Begriff findet sich wort- und bedeutungsgleich in Art. 14 I d) DSGVO und soll der betroffenen Person über die einzelnen herauszugebenden Daten hinausgehend einen Überblick verschaffen,[147] der der Grundorientierung über die Bedeutung der erhobenen Daten dient.[148] Auf die entsprechenden Ausführungen oben sei insoweit verwiesen.[149]

---

angesetzt werden sollten; gegen eine Pauschalisierung wird sich jedoch nichts einwenden lassen, *Paal* in Paal/Pauly, DSGVO/BDSG, 2. Aufl. 2018, Art. 15 Rn. 35, Art. 12 Rn. 68.

144 Zu diesen Art. 13 f. Kap. 1, B. I.4.a).

145 *Walter* DSRITB 2016, 367, 382: „nicht nachvollziehbare Gründe“.

146 Vgl. *Bäcker* in Kühling/Buchner DS-GVO/BDSG. 3 Aufl. 2020, Art. 15 Rn. 13 hierauf verweisend: *Paal* in Paal/Pauly, DSGVO/BDSG, 2. Aufl. 2018, Art. 15 Rn. 24; anderen Autoren fällt die Differenzierung zwar auf, allerdings wird diese nicht weiter erläutert: *Kamlah* in Plath DSGVO/BDSG, 3. Aufl. 2018, Art. 15 Rn. 6; *Franck* in Gola, Datenschutzgrundverordnung, 2. Aufl., Art. 15 Rn. 7.

147 *Mester* in Taeger/Gabel, DSGVO/BDSG, 3. Aufl. 2019, Art. 15 Rn. 6.

148 Vgl. *Bäcker* in Kühling/Buchner DS-GVO/BDSG, 3 Aufl. 2020, Art. 15 Rn. 14.

149 Art. 13 f. Kap. 1, B. I.4.a) mm).

cc) Empfänger oder Kategorien von Empfängern

Auf die Diskussion, ob das „*oder*“[150] dem Verantwortlichen ein Wahlrecht zubilligen soll, war schon weiter oben[151] hingewiesen worden. Jedenfalls wird der Anspruch in zwei Dimensionen zu begrenzen sein: Zum einen wird er sich nur auf die Nennung der *direkten* Empfänger beziehen,[152] zum anderen wird sich die Forderung, soweit sie sich auf Daten, die *noch offengelegt werden,* bezieht, auf eine *ex-ante-Perspektive*[153] des Verantwortlichen beschränken.

Umstritten ist dabei, ob und inwieweit auch eine Pflicht zur Speicherung der Informationen über die Datenempfänger für die Vergangenheit besteht. Der *EuGH* hatte in *Rijkeboer*[154] Rn. 54 ff. eine Pflicht zur Speicherung bejaht. Allerdings war diese Entscheidung noch zur Datenschutzrichtlinie ergangen, so dass erst die Zukunft zeigen wird, ob das Schweigen der DSGVO hierzu als Ablehnung[155] zu deuten ist bzw. wie weit die Speicherpflicht[156] reicht. Für die Praxis empfiehlt sich die Einrichtung eines Löschkonzeptes, das einerseits sicherstellt, dass die Daten zumindest so lange vorgehalten werden, wie die betroffene Person noch Rechte geltend machen kann[157] und andererseits,

---

150 Hierzu eingehend *Veil* in Gierschmann, Kommentar zur DSGVO, 1. Aufl. 2018, Art. 15 Rn. 120 ff.

151 Siehe hierzu Art. 13 f. Kap. 1, B. I.4.a) ee).

152 *Schmidt-Wudy* in Wolff/Brink BeckOK Datenschutzrecht, DSGVO, 34. Edition 2020, Art. 15 Rn. 60.

153 *Schmidt-Wudy* in Wolff/Brink BeckOK Datenschutzrecht, DSGVO, 34. Edition 2020, Art. 15 Rn. 61.

154 EuGH, Urt. v. 7.5.2009 – C 553/07 – *Rijkeboer*, ECLI:EU:C:2009:203.

155 Eingehend: *Schmidt-Wudy* in Wolff/Brink BeckOK Datenschutzrecht, DSGVO, 34. Edition 2020, Art. 15 Rn. 52.2; a. A *Bäcker* in Kühling/Buchner DS-GVO/BDSG, 3 Aufl. 2020, Art. 15 Rn. 18 ff., der den vermeintlichen Konflikt zu Erwägungsgrund 64 auflöst; ähnlich *Franck* in Gola, Datenschutzgrundverordnung, 2. Aufl., Art. 15 Rn. 9.

156 Mit der Übertragbarkeit der *Rijkeboer*-Rechtsprechung auf die DSGVO setzt sich ausführlich *Veil* in Gierschmann, Kommentar zur DSGVO, 1. Aufl. 2018, Art. 15 Rn. 156 ff. auseinander.

157 Einige Beispiele für ausdrückliche Aufbewahrungsfristen finden sich bei *Veil* in Gierschmann, Kommentar zur DSGVO, 1. Aufl. 2018, Art. 15 Rn. 160, z. B. Schadensersatzansprüche nach § 7 BDSG, die in 3 Jahren verjähren, §§ 195, 199 BGB, Löschung von zur geschäftsmäßigen Übermittlung vorgesehenen Daten nach fast 5 Jahren gem. § 25 II 2 Nr. 4 BDSG etc.

dass die betroffene Person erfährt, gegenüber wem ihre Daten bereits offengelegt wurden.[158]

dd) Speicherdauer

Die Formulierung und der Inhalt entsprechen Art. 13 II a) und 14 II a) DSGVO,[159] so dass hier nur auf die diesbezüglichen Ausführungen[160] verwiesen wird.

ee) Rechtsbelehrung

Die Belehrungspflicht stimmt im Wesentlichen mit Art. 13 II b), d) bzw. Art. 14 II c), e) überein.[161] Abweichend hiervon besteht jedoch keine Pflicht, auf das Recht zur Übertragbarkeit der Daten gem. Art. 20 DSGVO hinzuweisen.[162] Ob der Verantwortliche dennoch darauf hinweisen sollte,[163] wird die Zukunft zeigen. Um das Risiko einer nicht vollständigen Auskunft zu minimieren, mag es eine Überlegung wert sein, über dieses Recht an dieser Stelle zu informieren. Wenn man unterstellt, dass die betroffene Person bei der erstmaligen Erhebung nach Art. 13, 14 DSGVO hierüber ordnungsgemäß informiert wurde, dürfte das Potential, dass das Ausbleiben einer erneuten Information tatsächlich zu einem durchsetzbaren Schaden bei der betroffenen Person führt, allerdings überschaubar bleiben. Hier wird man letztlich eine

---

158 *Mester* in Taeger/Gabel, DSGVO/BDSG, 3. Aufl. 2019, Art. 15 Rn. 8; *Bäcker* in Kühling/Buchner DSGVO/ BDSG, 3 Aufl. 2020, Art. 15 Rn. 20 f., freilich beide ohne Nennung konkreter Fristen.

159 *Bäcker* in Kühling/Buchner DS-GVO/BDSG. 2 Aufl. 2018, Art. 15 Rn. 23; *Franck* in Gola, Datenschutzgrundverordnung, 2. Aufl., Art. 15 Rn. 13; *Mester* in Taeger/Gabel, DSGVO/BDSG, 3. Aufl. 2019, Art. 15 Rn. 9.

160 Siehe hierzu Art. 13 f. Kap. 1, B. I.4.a) gg).

161 Siehe hierzu Art. 13 f. Kap. 1, B. I.4.a) hh).

162 *Kamlah* in Plath DSGVO/BDSG, 3. Aufl. 2018, Art. 15 Rn. 12 erklärt dies damit, dass die Ausübung des Rechts auf Datenübertragbarkeit nicht die erlangte Kenntnis der verarbeiteten Daten voraussetzt; Die Möglichkeit eines gesetzgeberischen Versehens wirft *Schmidt-Wudy* in Wolff/Brink BeckOK Datenschutzrecht, DSGVO, 34. Edition 2020, Art. 15 Rn. 67 auf, orientiert sich schlussendlich aber am eindeutigen Wortlaut.

163 Bejahend: *Mester* in Taeger/Gabel, DSGVO/BDSG, 3. Aufl. 2019, Art. 15 Rn. 10; Bäcker in Kühling/Buchner DS-GVO/BDSG, 3 Aufl. 2020, Art. 15 Rn. 24: „befremdlicher Weise"; a. A. *Schmidt-Wudy* in Wolff/Brink BeckOK Datenschutzrecht, DSGVO, 34. Edition 2020, Art. 15 Rn. 67; *Specht* in Sydow, Europäische Datenschutzgrundverordnung, 2. Aufl. 2018, Art. 15 Rn. 10.

Risikoabwägung vornehmen müssen. Erfolgt die Auskunftserteilung allerdings – wie in der Praxis üblich – auf Basis eines individuell auszufüllenden Musters, spricht nichts dagegen, in dieses Muster bereits standardmäßig diese Information zu integrieren. Anders als eine unvollständige Auskunft kann eine Auskunft, die überobligatorisch über ein zusätzliches Recht der betroffenen Person informiert, nicht zu einem Schaden führen.

Nach wohl überwiegender Auffassung[164] reicht es aus, das Beschwerderecht bei einer Aufsichtsbehörde sowie die für den Verantwortlichen zuständige Aufsichtsbehörde, ohne deren konkrete Adressdaten, aufzuzeigen. Auch wenn die Nennung konkreter Adressdaten vielfach für nicht erforderlich gehalten wird, schaden sie nicht, soweit der Verantwortliche über die entsprechenden Daten verfügt.

ff) Informationen über die Herkunft der Daten

Trotz des abweichenden Wortlauts entspricht diese Verpflichtung nach herrschendem Verständnis[165] derjenigen aus Art. 14 II f) DSGVO, sodass auf die Ausführungen hierzu verwiesen[166] wird.

---

164 *Bäcker* in Kühling/Buchner DS-GVO/BDSG, 3 Aufl. 2020, Art. 15 Rn. 24, Art. 13 Rn. 39; *Kamlah* in Plath DSGVO/BDSG, 3. Aufl. 2018, Art. 15 Rn. 12; *Specht* in Sydow, Europäische Datenschutzgrundverordnung, 2. Aufl. 2018, Art. 15 Rn. 10; *Schmidt-Wudy* in Wolff/Brink BeckOK Datenschutzrecht, DSGVO, 34. Edition 2020, Art. 15 Rn. 71; *Paal* in Paal/Pauly, DSGVO/BDSG, 2. Aufl. 2018, Art. 15 Rn. 29, Art. 12 Rn. 60; weniger streng noch *Franck* in Gola, Datenschutzgrundverordnung, 2. Aufl., Art. 15 Rn. 15, der noch nicht einmal die Nennung der konkreten Aufsichtsbehörde für erforderlich hält.

165 Auf den gleichlautenden Wortlaut in anderen Sprachfassungen hinweisend: *Bäcker* in Kühling/Buchner DS-GVO/BDSG, 3 Aufl. 2020, Art. 15 Rn. 24; *Franck* in Gola, Datenschutzgrundverordnung, 2. Aufl., Art. 15 Rn. 17; *Mester* in Taeger/Gabel, DSGVO/BDSG, 3. Aufl. 2019, Art. 15 Rn. 10; *Specht* in Sydow, Europäische Datenschutzgrundverordnung, 2. Aufl. 2018 Rn. 10; weniger streng *Veil* in Gierschmann, Kommentar zur DSGVO, 1. Aufl. 2018, Art. 15 Rn. 134 ff., 140, der keine Pflicht sieht, anzugeben, *wie* der Verantwortliche an die Daten gelangt ist; ähnlich *Kamlah* in Plath DSGVO/BDSG, 3. Aufl. 2018, Art. 15 Rn. 13.

166 Siehe hierzu Art. 13 f. Kap. 1, B. I.4.a) nn).

gg) Bestehen einer automatisierten Entscheidungsfindung

Der Wortlaut des Art. 15 I h) DSGVO stimmt mit Art. 14 II g) bzw. 13 II f) überein, so dass auf die die dortigen Ausführungen[167] inklusive aller Unklarheiten Bezug genommen werden kann.

b) Abgabe von geeigneten Garantien

Die Auskunftsverpflichtung gleicht im Wesentlichen Art. 13 I f) bzw. 14 I f) DSGVO, ist jedoch nicht ganz so weitgehend, da nur auf Art. 46 und nicht auf Art. 45 DSGVO verwiesen wird.[168]

c) Zurverfügungstellung einer Kopie

Die derzeit strittigste Frage innerhalb des Art. 15 DSGVO dürfte der Anspruch auf die *Zurverfügungstellung einer Kopie der personenbezogenen Daten, die Gegenstand der Verarbeitung sind*, sein. Sowohl innerhalb der Rechtsprechung[169] als auch der Literatur[170] sind Reichweite und Details des Anspruchs umstritten. Dies beginnt schon bei der Frage, ob es sich bei Art. 15 III DSGVO um einen eigenständigen Anspruch[171] oder „nur" einen Annex[172] zu Art. 15 I DSGVO handelt.

167 Siehe hierzu Art. 13 f. Kap. 1, B. I.4.a) ll).

168 *Bäcker* in Kühling/Buchner DS-GVO/BDSG, 3 Aufl. 2020, Art. 15 Rn. 29; *Franck* in Gola, Datenschutzgrundverordnung, 2. Aufl., Art. 15 Rn. 21 f.; *Paal* in Paal/Pauly, DSGVO/BDSG, 2. Aufl. 2018, Art. 15 Rn. 32; *Kamlah* in Plath DSGVO/BDSG, 3. Aufl. 2018, Art. 15 Rn. 15.

169 Beachte nur die vieldiskutierte Divergenz zwischen der Entscheidung des *LAG Ba-Wü*, Urt. v. 20.12.2018 – 17 Sa 11/18 (Die Revision war anhängig beim BAG unter 5 AZR 66/19; leider kam es nicht zu einer Entscheidung, da sich die Parteien zuvor geeinigt hatten) einerseits, die von einem extensiven Verständnis ausgeht und der des OLG Köln, Urt. v. 26.7.2019 – 20 U 75/18, CR 2019, 654, die ein restriktives Normverständnis zugrunde legt.

170 Siehe die Nachweise in den beiden nachfolgenden Fn.

171 *Bäcker* in Kühling/Buchner DS-GVO/BDSG, 3 Aufl. 2020, Art. 15 Rn. 39; *Specht* in Sydow, Europäische Datenschutzgrundverordnung, 2. Aufl. 2018 Rn. 18; *Härting*, CR 2019, 219; *König*, CR 2019, 295; LAG Ba-Wü, Urt. v. 20.12.2018 – 17 Sa 11/18.

172 *Dix* in Simitis/Hornung/Spiecker gen. Döhmann, Datenschutzrecht, 1. Aufl. 2019, Art. 15 Rn. 28: „besondere Form der Auskunft"; *Ehmann* in Ehmann/Selmayr, Datenschutzgrundverordnung, 2. Aufl. 2018, Art. 15 Rn. 25; *Arend/Möhrke-Sobolewski* PinG 2019, 245, 248: „kein eigenständiger Anspruch"; *Franck* in Gola, Datenschutzgrundverordnung, 2. Aufl., Art. 15 Rn. 27: „Grund-

Mehr als diese dogmatische Einordnung dürfte den Anwender ohnehin die praktische Reichweite des Anspruchs interessieren.[173]

Eine vollständige Darstellung aller hierzu vertretenen Ansätze würde den vorliegenden Rahmen jedenfalls sprengen, so dass an dieser Stelle nur eine sehr grobe Einordnung in eine extensive und eine restriktive Auslegung erfolgen soll, die freilich zahlreiche Details vertretener Unterströmungen vernachlässigt.

„Die extensive Auffassung"[174] geht davon aus, dass der Verantwortliche im Grundsatz Kopien sämtlicher erfasster personenbezogener Daten herausgeben muss. Dies umfasst im Zweifel auch die Herausgabe von E-Mails, Protokollen, Beurteilungen, Prüfungsleistungen[175],[176] etc., sofern nicht eine der eng auszulegenden Ausnahmen[177] greift.

Begründet wird „diese Auffassung" maßgeblich mit der Erwägung, dass die betroffene Person nur durch die Zurverfügungstellung der Rohdaten in möglichst ungefilterter Form einen transparenten Überblick erhalte, der eine effektive Geltendmachung der Betroffenen-

---

tatbestand der Auskunft"; *Specht* in Sydow, Europäische Datenschutzgrundverordnung, 2. Aufl. 2018 Rn. 18: „besondere Form der Auskunftserteilung"; *Veil* in Gierschmann, Kommentar zur DSGVO, 1. Aufl. 2018, Art. 15 Rn. 209: „weiterer Mitteilungsweg"; *Lembke* NJW 2020, 1841, 1843: „Hilfsanspruch"; 47. Tätigkeitsbericht des Datenschutzbeauftragten des Landes Hessen 2018, https://datenschutz.hessen.de/sites/datenschutz.hessen.de/files/2018_47_TB.pdf (abgerufen am 22.7.2020), S. 77: „kein losgelöstes Recht".

173 Vgl. *König*, CR 2019, 295.

174 Z.B. *Kremer* CR 2018, 569, 563 ff.; *Bäcker* in Kühling/Buchner DS-GVO/BDSG, 3 Aufl. 2020, Art. 15 Rn. 39 ff.; *Korch/Chatard* CR 2020, 438; *Härting*, CR 2019, 219, jeweils m. w. N.

175 Vgl. EuGH, Urt. 20.12.2016 – C 434/16 – *Nowak*, ECLI:EU:C:2017:994 Rn. 36 ff.

176 LAG Ba-Wü, Urt. v. 20.12.2018 – 17 Sa 11/18; *Korch/Chatard* CR 2020, 438, 439 f.; a. A. LG Köln, Teilurteil v. 18.3.2019 – 26 O 25/18, ZD 2019, 313 Rn. 15 ff.; LG Köln, Urt. v. 19.6.2019 – 26 S 13/18, ZD 2019 413, Rn. 34 ff., AG München, Teilurteil v. 4.9.2019 – 155 C 1516/18, ZD 2019, 569 Rn. 54 f., die nicht „sämtliche internen Vermerke" erfasst sehen wollen, denn Art. 15 diene nicht der vereinfachten Buchführung der betroffenen Person und gewähre deshalb zum Beispiel auch keinen Anspruch auf sämtlichen gewechselten Schriftverkehr.

177 LAG Ba-Wü, Urt. v. 20.12.2018 – 17 Sa 11/18; *Dausend* ZD 2019, 103, 104.

rechte ermögliche.[178] Allerdings kann hierbei ein erheblicher Arbeitsaufwand[179] für die Verantwortlichen entstehen, wenn entsprechende Dokumente auf Ausnahmen gem. Art. 15 IV DSGVO überprüft und ggf. geschwärzt[180] werden müssen.

Dies ist neben den sehr weitgehenden Einblicksmöglichkeiten in fremde Informationen, die vor allem dem deutschen Prozessrecht fremd sind,[181] und der möglichen Gefahr für *Whistleblower*[182], auch eines der Hauptargumente für „die restriktive Auslegung" des Art. 15 III DSGVO. Hiernach sollen im Wesentlichen ähnliche oder gleiche Informationen wie im Rahmen des Art. 15 I DSGVO (nur in einer anderen Form)[183] zur Verfügung gestellt werden,[184] was viele Konflikte mit anderen geschützten Rechtspositionen schon auf Tatbestandsebene[185] entschärft oder beseitigt.

Bei näherem Hinsehen zeigt sich natürlich, dass es am Ende des Tages weniger Extrempositionen als vermittelnde Ansichten[186] gibt, da auch

---

178 *Korch/Chatard* CR 2020, 438, 440; *Brink/Joos* ZD 2019, 483, 485; *Engeler/Quiel* NJW 2019, 2201, 2204; *Härting*, CR 2019. 219, 221.

179 *König* CR 2019, 295, 300: „Mammutaufgabe".

180 LAG Ba-Wü, Urt. v. 20.12.2018 – 17 Sa 11/18; *Wybitul/Brams* NZA 2019, 672, 673; *Bäcker* in Kühling/Buchner DS-GVO/BDSG. 2 Aufl. 2018, Art. 15 Rn. 41; *Laoutoumai/Hoppe* K&R 2019, 297, 300.

181 *Wybitul/Brams* NZA 2019, 672, 676; *Korch/Chatard* CR 2020, 438, 446, die letztlich nicht das Gebot der prozessualen Waffengleichheit als entscheidend ansehen, sondern die Verfolgung datenschutzfremder Zwecke.

182 *Wybitul/Brams* NZA 2019, 672.

183 Der 47. Tätigkeitsbericht des Datenschutzbeauftragten des Landes Hessen 2018, https://datenschutz.hessen.de/sites/datenschutz.hessen.de/files/2018_47_TB.pdf (abgerufen am 22.7.2020), S. 78 ff. spricht sich zum Beispiel für eine „strukturierte Zusammenfassung" aus, leider ohne im Detail zu erläutern, was hierunter zu verstehen ist; eine Zusammenfassung unterschiedlicher Auffassungen dessen, was unter einer „Kopie" zu verstehen ist bzw. sein kann, findet sich bei *Arend/Möhrke-Sobolewski*, PinG 2019, 245, 248.

184 *Paal* in Paal/Pauly, DSGVO/BDSG, 2. Aufl. 2018, Art. 15 Rn. 33; *Kamlah* in Plath DSGVO/BDSG, 3. Aufl. 2018, Art. 15 Rn. 16; *Dix* in Simitis/Hornung/Spiecker gen. Döhmann, Datenschutzrecht, 1. Aufl. 2019, Art. 15 Rn. 28; *Wybitul/Brams* NZA 2019, 672, 675; *Laoutoumai/Hoppe* K&R 2019, 297; *Dausend* ZD 2019, 103, 106.

185 Gegen eine Begrenzung des Tatbestandes *Lembke,* NJW 2020, 1841, 1843.

186 Zum Beispiel *Lembke,* NJW 2020, 1841, der trotz Ablehnung einer Tatbestandsbegrenzung (1843) von einer gestuften Handhabung ausgeht und die Beantwortung pauschaler Anfragen durch Bereitstellung einer *strukturierten*

die oben beschriebenen Ansätze auf die eine oder andere Weise erweitert oder beschränkt[187] werden und damit oft weniger weit voneinander entfernt sind, als zunächst befürchtet.

Auch für die Praxis steht daher auf mittelfristige Sicht zu erwarten, dass sich eine vermittelnde Position durchsetzen wird, die keinem der widerstreitenden Interessen den absoluten Vorrang einräumen wird.[188] Bis es allerdings so weit ist, kann den Verantwortlichen nur geraten werden, sich an den Rechtsauffassungen der für sie zuständigen Gerichte[189][190] und Datenschutzbehörden[191] zu orientieren und nicht bedingungslos dem für sie günstigsten Ansatz zu folgen.[192] Freilich kann es Konstellationen geben, in denen die zuständige Datenschutzbehörde eine andere Rechtsauffassung vertritt als das zuständige Gericht. In diesem Fall muss abgewogen werden, welcher Auffassung man bei der Auskunftserteilung folgt. Sollte der Aufwand für die Einhaltung

---

Zusammenfassung für zulässig erachtet; ähnlich im Ergebnis *Arend/Möhrke-Sobolewski*, PinG 2019, 245, 251.

187 Eine weitgehend ablehnende Aufstellung (ungeschriebener) Einschränkungen findet sich bei: *Korch/Chatard* CR 2020, 438, 441ff, z.B. eine teleologische Reduktion des Art 15 III DSGVO, Art 14 V b) DSGVO analog, § 275 II BGB; Art. 12 V DSGVO; siehe auch *König*, CR 2019, 295, 297ff und *Härting*, CR 2019, 219, 221ff; sowie für eine Einschränkung nach § 242 BGB *Lembke*, NJW 2020, 1841, 1844f.

188 Dies schreibt auch schon Erwägungsgrund 4 S. 2 der DSGVO vor.

189 Restriktiv: OLG Köln, Urt. v. 26.7.2019 – 20 U 75/18, CR 2019, 654.

190 Extensiv: LAG Ba-Wü, Urt. v. 20.12.2018 – 17 Sa 11/18; VG Gelsenkirchen, Urt. v. 27.4.2020 20 K 6392/18 – juris = ECLI:DE:VGGE:2020:0427.2018.00; LG Heidelberg, Urt. v. 21.2.2020 – 4 O 6/19 – juris (E-Mails grundsätzlich erfasst, Anspruch abgelehnt, da Wiederherstellung von Backups „unverhältnismäßiger Aufwand", ohne konkreten Normbezug); ArbG Düsseldorf, Urt. v. 5.3.2020 – 9 Ca 6557/18 – juris (E-Mails grundsätzlich erfasst, aber Anspruch abgelehnt wegen „unverhältnismäßigem Aufwand" mit Verweis auf Treu und Glauben Art. 8 II S. 1 GrCH und Art. 5 1 a) DSGVO.

191 Z.B 47. Tätigkeitsbericht des Datenschutzbeauftragten des Landes Hessen 2018, https://datenschutz.hessen.de/sites/datenschutz.hessen.de/files/2018_47_TB.pdf (abgerufen am 22.7.2020), S. 77 ff.; 8. Tätigkeitsbericht des Bayerischen Landesamtes für Datenschutzaufsicht 2017/18, https://www.lda.bayern.de/media/baylda_report_08.pdf (abgerufen am 22.7.2020), S. 46 ff.

192 Vgl. *Wybitul/Brams* NZA 2019, 672, 677; so auch *König*, CR 2019, 295, 300 f., der Arbeitgebern empfiehlt, sich „ein umfassendes Bild von den eigenen Datenverarbeitungsprozessen [zu] verschaffen und [...] die erforderlichen Informationen [zu] dokumentieren, die einem Kopie-Verlangen [...] entgegengehalten werden können.

der Vorgaben nach der strengsten Auffassung in tatsächlicher Hinsicht überschaubar sein – weil nur wenige Daten über die anfragende Person verarbeitet werden – empfiehlt es sich in einer solchen Konstellation, den Weg des geringsten Risikos zu gehen und der strengeren Auslegung zu folgen.

Hinzuweisen ist in diesem Zusammenhang noch auf die Besonderheit des Art. 15 III S. 3 DSGVO, der als Auslegungsregel festlegt, dass die Informationen in einem gängigen elektronischen Format zur Verfügung zu stellen sind, wenn die betroffene Person den Antrag elektronisch stellt und sich nichts anderes ergibt. Das elektronische Format ist dabei nicht mit der elektronischen Form gem. § 126a BGB zu verwechseln und meint z.B. die Bereitstellung als PDF oder RTF, die an jedem gängigen Endgerät eingesehen werden können.[193]

d) Ausschluss des Auskunftsrechts

Umstritten ist, ob das Auskunftsrecht nach Art. 15 I, II DSGVO in bestimmten Fällen ausgeschlossen ist[194] oder, ob sich die Ausnahmevorschrift des Art. 15 IV DSGVO nur auf das Recht auf Erhalt einer Kopie nach Art. 15 III DSGVO bezieht.[195] Der Wortlaut von Art. 15 IV DSGVO spricht zunächst dafür, dass sich diese Ausnahmeregelung nur auf das Recht auf Erhalt einer Kopie nach Art. 15 III DSGVO bezieht.[196]

---

193 *Kremer*, CR 2018, 560, 564.

194 Bisher keinerlei Ausnahmen vom Auskunftsanspruch innerhalb der Norm erkennt *Veil* in Gierschmann, Kommentar zur DSGVO, 1. Aufl. 2018, Art. 15 Rn. 84 ff., der sich allerdings in Rn. 162 ff. mit einer ganzen Reihe aus seiner Sicht wünschenswerter bzw. notwendiger Ausnahmen auseinandersetzt. Bis diese vom Gesetzgeber geregelt werden, zweifelt er stark an der Europarechtskonformität der Norm, Rn. 34.

195 So *Schmidt-Wudy* in Wolff/Brink BeckOK Datenschutzrecht, DSGVO, 34. Edition 2020, Art. 15 Rn. 97, der sich allerdings für eine analoge Anwendung auf die Abs. 1 und 2 ausspricht.

196 So auch *Kamlah* in Plath, DSGVO/BDSG, 3. Aufl. 2018, Art. 15 Rn. 20, der im Ergebnis dennoch eine Anwendbarkeit auf die Abs. 1 und 2 bejaht, da er das „Recht auf Kopie“ nur als eine spezielle Ausprägung des Auskunftsanspruchs versteht; ebenso *Paal* in Paal/Pauly DSGVO/BDSG, 2. Aufl 2018, Art. 15 Rn. 41; für eine Anwendbarkeit des Art. 15 Abs. 4 auf die Abs. 1 und 2 *Dix* in Simitis/Hornung/Spiecker gen. Döhmann, Datenschutzrecht, 1. Aufl. 2019, Art. 15 Rn. 34, wobei allerdings nicht ganz klar wird, ob eine direkte

Allerdings regelt Art. 15 IV DSGVO auch nur einen speziellen Ausschlussgrund. Das Unternehmen kann sich in jedem Fall auf die allgemeinen Ausschlussgründe nach Art. 12 V S. 2 lit. b) DSGVO berufen, wenn also ein Auskunftsersuchen offenkundig unbegründet ist oder einen exzessiven Charakter hat.[197]

Zudem ist das Auskunftsrecht ausgeschlossen, wenn das Unternehmen glaubhaft machen kann, dass es anhand der vorliegenden Informationen und trotz Nachfragen nicht in der Lage ist, die betroffene Person zu identifizieren.

aa) Art. 12 V S. 2 lit. b) DSGVO

Die Ausnahme des Art. 12 V 2 b) DSGVO ist entsprechend ihres Charakters als Ausnahmeregelung restriktiv auszulegen.[198] Sie erlaubt es dem Verantwortlichen im Falle offensichtlich unbegründeter oder exzessiver Anträge, ein angemessenes Entgelt zu verlangen bzw. die Auskunft zu verweigern.

Offensichtlich unbegründet kann ein Antrag allenfalls dann sein, wenn von vorneherein feststeht, dass dieser keinerlei Erfolgsaussicht hat.[199] Angesichts der negativen Verarbeitungsbestätigung, die nach Art. 15 I DSGVO auch der *nicht* betroffenen Person zu gewähren ist,[200] bleibt für diese Konstellation wohl nur Raum, wenn eine *offensichtlich* nicht

oder analoge Anwendung vorgeschlagen wird; gegen jedwede verordnungsunmittelbare Ausnahme vom Auskunftsanspruch: *Bäcker* in Kühling/Buchner DS-GVO/BDSG, 3 Aufl. 2020, Art. 15 Rn. 33.

197 *Franck* in Gola, Datenschutzgrundverordnung, 2. Aufl. 2018, Art. 15 Rn. 35; *Paal* in Paal/Pauly, DSGVO/ BDSG, 2. Aufl. 2018, Art. 15 Rn. 9; *Dix* in Simitis/Hornung/Spiecker gen. Döhmann, Datenschutzrecht, 1. Aufl. 2019, Art. 15 Rn. 37; *Schmidt-Wudy* in Wolff/Brink BeckOK Datenschutzrecht, DSGVO, 34. Edition 2020, Art. 15 Rn. 48.

198 *Dix* in Simitis/Hornung/Spiecker gen. Döhmann, Datenschutzrecht, 1. Aufl. 2019, Art. 15 Rn. 31; *Quaas* in Wolff/Brink BeckOK Datenschutzrecht, DSGVO, 34. Edition 2020, Art. 12 Rn. 44a.

199 *Heckmann/Paschke* in Ehmann/Selmayr, Datenschutzgrundverordnung, 2. Aufl. 2018, Art. 12 Rn. 43; *Paal/Hennemann* in Paal/Pauly, DSGVO/BDSG, 2. Aufl. 2018, Art. 12 Rn. 65 „ohne vertiefte Prüfung".

200 Siehe oben unter 2.

aktivlegitimierte Person den Antrag stellt, zum Beispiel nicht die betroffene Person oder ihr Vertreter, sondern ein Dritter.[201]

Exzessiv können Anträge ausweislich des Art. 12 V S. 2 DSGVO insbesondere im Fall häufiger Wiederholung sein. Allerdings ist ein Antrag nicht schon deshalb *exzessiv*, weil er einen erhöhten Bearbeitungsaufwand[202] verursacht, hinzukommen muss ein rechtsmissbräuchliches Verhalten des Antragstellers.[203] Dies gilt auch für die Wiederholung selbst, diese kann durchaus *nicht exzessiv* sein, auch wenn sie häufig ist, z. B. weil sich die Umstände ebenso häufig ändern, abweichende Auskünfte erteilt werden[204], angemessene Abstände zwischen den Anfragen liegen[205] oder schlicht jedes Mal berechtigte Anträge[206] gestellt werden, weil der Verantwortliche wiederholte Rechtsbrüche begeht.

Ohnehin stellt sich die Frage, wann eine Wiederholung *häufig* im Sinne der Norm ist. Während teilweise bestimmte Fristen[207] vorgeschlagen werden, wird man richtigerweise die Umstände des Einzelfalls abwägen müssen,[208] bis der Tatbestand durch Gerichte und Aufsichtsbehörden schärfer konturiert wird.

---

201 *Heckmann/Paschke* in Ehmann/Selmayr, Datenschutzgrundverordnung, 2. Aufl. 2018, Art. 12 Rn. 43; ebenso *Dix* in Simitis/Hornung/Spiecker gen. Döhmann, Datenschutzrecht, 1. Aufl. 2019, Art. 12 Rn. 32, der jedoch auch die Schutzbedürftigkeit von Laien, etwa bei unklaren Anträgen (die dann durch den Verantwortlichen auszulegen sind) hervorhebt.

202 Zu Recht weist *Dix* in Simitis/Hornung/Spiecker gen. Döhmann, Datenschutzrecht, 1. Aufl. 2019, Art. 12 Rn. 33 darauf hin, dass im Falle elektronischer Übermittlung oder des geschützten Zugriffs auf ein Informationssystem eine *exzessive* Antragsstellung ohnehin kaum vorstellbar ist.

203 *Bäcker* in Kühling/Buchner DS-GVO/BDSG, 3 Aufl. 2020, Art. 12 Rn. 37.

204 *Quaas* in Wolff/Brink BeckOK Datenschutzrecht, DSGVO, 34. Edition 2020, Art. 12 Rn. 44.

205 *Greve* in Sydow, Europäische Datenschutzgrundverordnung, 2. Aufl. 2018, Art. 12 Rn. 28.

206 *Franck* in Gola, Datenschutzgrundverordnung, 2. Aufl. 2018, Art. 12 Rn. 39, in Bezug auf Art. 19 S. 2 DSGVO, der Gedanke dürfte freilich übertragbar sein.

207 *Greve* in Sydow, Europäische Datenschutzgrundverordnung, 2. Aufl. 2018, Art. 12 Rn. 28: mehrere Anträge binnen eines Monats bzw. Zugang zu denselben Daten wie im Vormonat.

208 Vgl. *Dix* in Simitis/Hornung/Spiecker gen. Döhmann, Datenschutzrecht, 1. Aufl. 2019, Art. 12 Rn. 33.

Praxishinweis:

Der Normgedanke des Art. 12 V S. 2 DSGVO beruht auf einer Interessenabwägung zwischen betroffener Person und Verantwortlichem. Dabei wird die Erhebung eines angemessenen Entgelts[209] *i. S. d. Art. 12 V S. 2 a) DSGVO regelmäßig*[210] *das mildere Mittel gegenüber der Totalverweigerung des Art. 12 V S. 2 b) DSGVO darstellen und sollte in der Praxis auch entsprechend gehandhabt werden.*[211]

Gerade im Falle häufiger Anspruchsstellung wird der Verantwortliche den ihm obliegenden Beweis[212] der rechtmäßigen Verweigerung leichter führen können, wenn er darlegt,[213] dass die betroffene Person sich

---

209 Der Begriff des *angemessenen Entgelts* bedarf noch näherer Konkretisierung durch die Praxis, siehe schon oben zu Verwaltungskosten unter 3. Eine Zusammenstellung einzelner möglicher Positionen findet sich bei *Paal/Hennemann* in Paal/Pauly, DSGVO/BDSG, 2. Aufl. 2018, Art. 12 Rn. 68. Eine Pauschalisierung wird hier möglich sein, so dass das Entgelt im Einzelfall auch (leicht) über den tatsächlichen Kosten liegen kann, a. A. *Dix* in Simitis/Hornung/Spiecker gen. Döhmann, Datenschutzrecht, 1. Aufl. 2019, Art. 12 Rn. 34, der meint, dass die tatsächlichen Kosten nicht überschritten werden dürfen, damit jedoch den Charakter einer Pauschalisierung verkennt. Allerdings sollte ein *Abschreckungseffekt* tunlichst vermieden werden, *Quaas* in BeckOK Datenschutzrecht, Wolf/Brink, 32. Edition, Art. 12 Rn. 45; a. A. *Bäcker* in Kühling/Buchner DS-GVO/BDSG, 3 Aufl. 2020, Art. 12 Rn. 38, der meint, dass es auch angemessen sein könne, wenn das Entgelt in schwerwiegenden Missbrauchsfällen den Erfüllungsaufwand bewusst übersteigt.

210 *Dix* in Simitis/Hornung/Spiecker gen. Döhmann, Datenschutzrecht, 1. Aufl. 2019, Art. 12 Rn. 34 weist zu Recht darauf hin, dass im Einzelfall auch die *Verweigerung* das mildere Mittel darstellen kann. Für die Praxis kann hieraus nur gefolgert werden, dass die Kostenfolge der betroffenen Person nach Möglichkeit mitgeteilt wird, bevor die Kosten entstehen, damit diese die Möglichkeit hat, die Kostenfolge durch Rücknahme des Antrags abzuwenden.

211 *Heckmann/Paschke* in Ehmann/Selmayr, Datenschutzgrundverordnung, 2. Aufl. 2018, Art. 12 Rn. 46, geht von einem Stufenverhältnis zwischen lit. a) und b) aus; a. A., *Bäcker* in Kühling/Buchner DS-GVO/BDSG, 3 Aufl. 2020, Art. 12 Rn. 39; *Paal/Hennemann* in Paal/Pauly, DSGVO/BDSG, 2. Aufl. 2018, Art. 12 Rn. 63, die sich für ein freies Wahlrecht aussprechen.

212 Vgl. Art. 12 V 3, der jedoch für das deutsche Recht ohnehin nur deklaratorischen Charakter hat, *Bäcker* in Kühling/Buchner DS-GVO/BDSG, 3 Aufl. 2020, Art. 12 Rn. 37.

213 Schon aus diesem Grund sollte die (missbräuchliche) Antragsstellung dokumentiert werden, *Greve* in Sydow, Europäische Datenschutzgrundverordnung, 2. Aufl. 2018, Art. 12 Rn. 29.

durch das mildere Mittel des *angemessenen Entgelts* nicht hat abhalten lassen. Andersrum gilt natürlich auch, dass die Belastung für den Verantwortlichen sinkt, wenn seine Kosten (weitestgehend) gedeckt sind, was ebenso bei der Abwägung zu berücksichtigen ist. In jedem Fall gilt auch hier: der Verantwortliche wird den Nachweis, dass in kurzen Abständen Auskünfte verlangt wurden, im Prozess nur führen können, wenn er ein Verfahren implementiert, das auch die Dokumentation der Auskunftsanfragen und der entsprechenden Auskunftserteilung beinhaltet.

bb) Art. 15 IV DSGVO

Soweit die Ausnahme des Art. 15 IV DSGVO einschlägig ist, erfordert diese die Abwägung mit Rechten und Freiheiten anderer Personen. Als solche kommen in Anlehnung an Erwägungsgrund 63 S. 5 insbesondere[214] Geschäftsgeheimnisse oder Rechte des geistigen Eigentums, wie das Urheberrecht an Software, in Betracht. Erforderlich ist insoweit jedoch mehr als eine abstrakte Bedrohungslage, es muss zu einer konkreten Kollision mit einer Rechtsposition kommen.[215] Der vierte Absatz ist als Ausnahmevorschrift eng auszulegen[216] und muss in seinen Voraussetzungen vom Verantwortlichen der Datenverarbeitung bewiesen[217] werden.[218] Hierzu passt auch, dass das Vorliegen entgegenstehender Rechte nicht zu einem vollständigen Ausschluss des Anspruchs führen darf,[219] wobei freilich schon aus Verhältnismäßig-

---

214 Auf den offenen Tatbestandscharakter weist zu Recht *Specht* in Sydow, Europäische Datenschutzgrundverordnung, 2. Aufl. 2018, Art. 15 Rn. 24 hin.

215 *Specht* in Sydow, Europäische Datenschutzgrundverordnung, 2. Aufl. 2018, Art. 15 Rn. 24; *Bäcker* in Kühling/Buchner DS-GVO/BDSG, 3 Aufl. 2020, Art. 15 Rn. 42.

216 *Franck* in Gola, Datenschutzgrundverordnung, 2. Aufl. 2018, Art. 15 Rn. 34.

217 *Bäcker* in Kühling/Buchner DS-GVO/BDSG, 3 Aufl. 2020, Art. 15 Rn. 42; *Specht* in Sydow, Europäische Datenschutzgrundverordnung, 2. Aufl. 2018, Art. 15 Rn. 24.

218 Auch bei *Whistleblowern* reicht die bloße Behauptung entsprechender Herkunft nicht aus, *Dix* in Simitis/Hornung/Spiecker gen. Döhmann, Datenschutzrecht, 1. Aufl. 2019, Art. 15 Rn. 35.

219 Erwägungsgrund 63 S. 6.

keitsgesichtspunkten[220] folgt, dass die Schwärzung oder Teilkopie[221] einzelner Informationen ein milderes Mittel darstellt.

cc) Sonstige Ausnahmen §§ 27 ff. BDSG

Auch außerhalb der DSGVO finden sich noch einige Ausnahmen, die aufgrund von entsprechenden Öffnungsklauseln, wie z. B. Art. 23, 85 II oder Art. 89 II DSGVO ergangen sind. Auf diese soll hier zumindest kurz eingegangen werden.[222]

aaa) § 27 II BDSG

Gem. § 27 II BDSG sind unter anderem die Rechte aus Art. 15 DSGVO so weit ausgeschlossen, als sie die Verwirklichung der genannten Forschungs- oder Statistikzwecke[223] unmöglich machen oder ernsthaft beeinträchtigen würden und die Beschränkung für die Erfüllung der

---

220 Auf die praktische Konkordanz zwischen den bestehenden Rechten weist zu Recht *Ehmann* in Ehmann/Selmayr, Datenschutz-Grundverordnung, 2. Aufl. 2018, Art. 15 Rn. 36 hin; *Paal* in Paal/Pauly, DSGVO/BDSG, 2. Aufl. 2018, Art. 15 Rn. 41 spricht von einer „Grundrechtsabwägung".

221 Bei elektronischen Dokumenten siehe *Dix* in Simitis/Hornung/Spiecker gen. Döhmann, Datenschutzrecht, 1. Aufl. 2019, Art. 15 Rn. 33.

222 Eingehend: *Johannes/Richter*, DuD 2017, 300.

223 Die Unterscheidung zwischen Forschungs- und Statistikzwecken ist nicht trennscharf, was angesichts der einheitlichen Rechtsfolge keine weitergehenden Schwierigkeiten aufwirft. Der Begriff der Forschung ist weit zu verstehen, *Krohm* in Gola/Heckmann, Bundesdatenschutzgesetz, 13. Aufl. 2019, § 27 Rn. 13 und erfasst: "jede geistige Tätigkeit mit dem Ziel, in methodischer, systematischer und nachprüfbarer Weise neue Erkenntnisse zu gewinnen", BVerfGE 35, 79, 112. Fraglich ist allerdings, ob auch die Markt- und Verhaltensforschung miterfasst ist, ausführlich: *Krohm* in Gola/Heckmann, Bundesdatenschutzgesetz, 13. Aufl. 2019, § 27 Rn. 15 ff. *Statistische Zwecke* sind nur tautologisch innerhalb des Erwägungsgrundes 162 S. 3 DSGVO legaldefiniert" als „jeder für die Durchführung *statistischer* Untersuchungen und die Erstellung *statistischer* Ergebnisse erforderliche Vorgang der Erhebung und Verarbeitung personenbezogener Daten".

Forschungs- und Statistikzwecke notwendig ist.[224] Allerdings ist fraglich, ob die Norm mit Unionsrecht vereinbar ist.[225]

bbb) § 28 II BDSG

§ 28 II BDSG sieht eine weitere Ausnahme für öffentliche Archive[226] vor. Hiernach besteht kein Auskunftsrecht,[227] wenn das Archivgut nicht durch den Namen der Person erschlossen ist oder das betreffende Archivgut nicht mit vertretbarem Verwaltungsaufwand[228] gefunden werden kann, weil von der betroffenen Person keine weitergehenden Angaben gemacht werden. Bei dieser Norm handelt es sich um einen Sonderfall der Unverhältnismäßigkeit, der jedoch gem. Art. 89 IV DSGVO auch bei der Datenverarbeitung zu mehreren Zwecken nur in Bezug auf Archive gilt und keine Privilegierung für die anderen verfolgten Zwecke beinhaltet.

ccc) § 29 I 2 BDSG

Für Informationen, die entweder ihrem Wesen oder einer Rechtsvorschrift nach geheim gehalten werden müssen, besteht eine weitere Ausnahme gem. § 29 I S. 2 BDSG. Dass Informationen *ihrem Wesen nach* geheim zu halten sind, kommt insbesondere bei überwiegenden

224 Der Tatbestand setzt zum einen eine *Erforderlichkeitsprüfung* voraus und zum anderen, dass ein unverhältnismäßiger Aufwand der verantwortlichen Stelle dem Informationsinteresse der betroffenen Person entgegensteht, *Pauly* in Paal/Pauly, DSGVO/BDSG, 2. Aufl. 2018, § 27 Rn. 13.

225 Dies verneinen: *Dix* in Simitis/Hornung/Spiecker gen. Döhmann, Datenschutzrecht, 1. Aufl. 2019, Art. 15 Rn. 36; *Franck* in Gola, Datenschutzgrundverordnung, 2. Aufl. 2018, Art. 15 Rn. 46, mit Verweis auf fehlende Rückausnahmen innerhalb der Norm.

226 Gleich, ob diese digital oder analog geführt werden, *Nink* in Spindler/Schuster, Recht der elektronischen Medien, 4. Auflage 2019, Art. 15 Rn. 15.

227 Und auch kein „Recht auf Kopie“, *Franck* in Gola, Datenschutzgrundverordnung, 2. Aufl. 2018, Art. 15 Rn. 47.

228 Wie weit dieser *vertretbare Verwaltungsaufwand* reicht, richtet sich natürlich nach der Leistungsfähigkeit der Archivverwaltung im Einzelfall, *Krohm* in Gola/Heckmann, Bundesdatenschutzgesetz, 13. Aufl. 2019, § 28 Rn. 22.

Interessen Dritter[229] in Betracht. Schon aufgrund ihres Normtextes[230] wird die Vorschrift eine detailliertere Ausformung durch die Judikative erfahren müssen. Es ist schon nicht klar, wann eine Information *ihrem Wesen* nach geheim zu halten ist[231] oder welche Fälle, außerhalb der als Regelbeispiel dargestellten überwiegenden Interessen Dritter,[232] hierfür in Betracht kommen. Zudem wird der Begriff der *Rechtsvorschrift*[233] näher zu umreißen sein und ein Einfallstor für bestehende und künftige Spezialgesetze bilden. Zu denken ist hier etwa an das noch junge GeschGehG[234]: Auch wenn der Schutz von Geschäftsgeheimnissen schon in Erwägungsgrund 63 DSGVO als Motiv für den Art. 15 IV DSGVO genannt wurde und deshalb keine Aushöhlung des GeschGehG durch Art. 15 DSGVO zu befürchten war,[235] ist es gut möglich, dass das Schutzniveau in Zukunft auf eine neue Stufe gehoben wird.[236] In jedem Fall werden bestehende Auslegungsschwie-

---

229 *Uwer* in Wolff/Brink BeckOK Datenschutzrecht, DSGVO/BDSG, 34. Edition 2020, § 29 BDSG, Rn. 9: Der Begriff erfasst nicht nur rechtliche, sondern auch wirtschaftliche oder ideelle Interessen, aber vor allem solche, die verfassungsrechtlich geschützte Positionen betreffen. Erforderlich ist jedoch mehr als eine bloße *Vermutung* des Verantwortlichen über ggf. entgegenstehende überwiegende Interessen Dritter, im Zweifel ist der Dritte zu befragen und Tatsachen zu ermitteln, die ein Geheimhaltungsinteresse begründen; auch vertragliche oder auf andere Weise privatrechtlich gestaltete Verschwiegenheitspflichten führen dazu, dass Informationen *ihrem Wesen* nach geheim zu halten sind, *Louven* in Taeger/Gabel, DSGVO/BDSG, 3. Aufl. 2019, § 29 BDSG Rn. 7.

230 Man vergleiche nur den sehr ähnlichen Art. 15 IV DSGVO (dazu oben Kap. 1, B.II.4.d) bb)), der von *Rechten* und *Freiheiten anderer Personen* spricht.

231 *Uwer* in Wolff/Brink BeckOK Datenschutzrecht, DSGVO/BDSG, 34. Edition 2020, § 29 BDSG, Rn. 9.

232 *Herbst* in Kühling/Buchner, DS-GVO/BDSG, 3 Aufl. 2020, § 29 Rn. 8 nennt etwa noch den seltenen Fall des eigenen Schutzes des Betroffenen.

233 Hierunter werden wohl in Anlehnung an das BDSG aF und Art. 23 I DSGVO alle materiellen Rechtsnormen mit unmittelbarer Außenwirkung, die dem Schutz der betroffenen Person oder der Rechte und Freiheiten anderer Personen dienen, zu verstehen sein, *Herbst* in Kühling/Buchner, DS-GVO/BDSG, 3 Aufl. 2020, § 29 Rn. 9.

234 In Kraft getreten am 26.4.2019. Siehe hierzu *Ziegelmayer*, CR 2018, 693; *Dann/Markgraf*, NJW 2019, 1774; *Scholtyssek/Judis/Krause*, CCZ 2020, 23; *Aszmons/Herse* DB 2019, 1849; *Gola*, DuD 2019, 569.

235 *Ziegelmayer*, CR 2018, 693, 697.

236 *Ziegelmayer*, CR 2018, 693, 695.

rigkeiten[237] hierdurch auch Auswirkungen auf den Auskunftsanspruch und die diesbezügliche Handhabung des Verantwortlichen haben.

Zu klären sein wird zudem, ob der betroffenen Person die Gründe der Ablehnung mitzuteilen sind. Dies wird man wohl nur so weit bejahen können, als hierdurch das Geheimhaltungsinteresse, das durch § 29 I 2 BDSG geschützt wird, nicht tangiert wird.[238]

> ***Praxishinweis:***
>
> *Den Verantwortlichen ist über die generellen Vorteile eines aktuellen Kenntnisstands der Rechtslage und entsprechender Umsetzung im Unternehmen[239] hinaus anzuraten, „am Ball zu bleiben" und künftige Entwicklungen auch außerhalb der DSGVO zu verfolgen und ggf. zu antizipieren. Zu denken ist momentan etwa an die Whistleblower-Richtlinie[240], die zwar noch(!) nicht umgesetzt ist, aber in Zukunft mit Sicherheit Auswirkungen auf das Spannungsverhältnis zwischen Geheimnisschutz und Auskunftsrechten haben wird.*[241]

ddd) § 34 BDSG

§ 34 I S. 1 BDSG zählt zunächst die eben erörterten Ausnahmen vom Art. 15 DSGVO gem. §§ 27 II, 28 II und 29 auf und fügt dann in § 34 I S. 1 Nr. 1 und Nr. 2 noch weitere Ausnahmen hinzu. Beide stehen unter dem Vorbehalt, dass die Auskunftserteilung einen unverhältnismäßigen Aufwand[242] erfordern würde und eine Verarbeitung zu anderen

---

237 Siehe allein die eingehende Auseinandersetzung mit dem Tatbestandsmerkmal der *angemessenen Geheimhaltungsmaßnahmen* i. S. d. § 2 Nr. 1 b) GeschGehG bei *Weigert,* NZA 2020, 209.

238 Vgl. *Gräber/Nolden* in Paal/Pauly, DSGVO/BDSG, 2. Aufl. 2018, § 29 Rn. 14.

239 *Ziegelmayer*, CR 2018, 693, 694 ff.; auf Haftungsrisiken weisen zu Recht *Dann/Markgraf*, NJW 2019, 1774, 1775 hin.

240 RL 2019/1937/EU vom 23.10.2019.

241 Siehe *Scholtyssek/Judis/Krause,* CCZ 2020, 23, 25 zur Auswirkung der Whistleblower-RL auf das GeschGehG und *Aszmons/Herse* DB 2019, 1849, 1853 f. zur Auswirkung auf Art. 15 DSGVO.

242 Für die Beurteilung der (Un-)Verhältnismäßigkeit ist das Informationsinteresse der betroffenen Person gegen den Aufwand des Verpflichteten abzuwägen. Hierbei sind auch die bestehenden technischen Möglichkeiten des Verantwortlichen zu berücksichtigen, es geht mithin um einen subjektiven Maßstab, *Schmidt-Wudy* in Wolff/Brink BeckOK Datenschutzrecht, DSGVO/

Zwecken durch geeignete technische und organisatorische Maßnahmen ausgeschlossen[243] ist. Die Norm, deren Unionsrechtskonformität angezweifelt wird,[244] trägt damit dem geringeren Schutzbedürfnis der betroffenen Person in dieser Konstellation[245] Rechnung.

In § 34 I S. 1 Nr. 1 ist ein Ausschluss des Auskunftsrechts für den Fall normiert, dass die betroffene Person nicht nach § 33 I Nr. 1, 2 b) oder III zu informieren ist. Diese Ausnahme betrifft im Generellen die Gefährdung der öffentlichen Sicherheit und Ordnung bzw. der nationalen Sicherheit[246] und erfasst damit Fälle, in denen das Interesse der betroffenen Person dem Interesse der Allgemeinheit unterliegt.[247]

Weitere spezielle Verarbeitungssituationen, in denen strukturell von einem geringen Gefährdungspotenzial für die betroffene Person auszugehen ist, werden von § 34 I Nr. 2 BDSG erfasst.[248] In § 34 I Nr. 2

BDSG, 34. Edition 2020, § 34 BDSG Rn. 36; ähnlich *Koreng* in Taeger/Gabel, DSGVO/BDSG, 3. Aufl. 2019, § 34 BDSG Rn. 19.

243 Die Anforderungen entsprechen inhaltlich Art. 25 DSGVO und orientieren sich am Einzelfall und der Sensibilität der betroffenen Daten. In Betracht kommen etwa physisch oder virtuell getrennte Datenbestände, eingeschränkte Zugriffsrechte oder Löschroutinen, *Werkmeister* in Gola/Heckmann, Bundesdatenschutzgesetz, 13. Aufl. 2019, § 34 Rn. 16; *Schmidt-Wudy* in Wolff/Brink BeckOK Datenschutzrecht, DSGVO/BDSG, 34. Edition 2020, § 34 BDSG Rn. 37; *Golla* in Kühling/Buchner, DS-GVO/BDSG, 3 Aufl. 2020, § 34 BDSG Rn. 15.

244 Zumindest besteht insoweit Einigkeit, dass die Ausnahme des Art. 23 I e) DSGVO für nichtöffentliche Stellen nicht einschlägig ist, *Golla* in Kühling/Buchner, DS-GVO/BDSG, 3 Aufl. 2020, § 34 BDSG Rn. 9, *Koreng* in Taeger/Gabel, DSGVO/BDSG, 3. Aufl. 2019, § 34 BDSG Rn. 13 ff.; *Werkmeister* in Gola/Heckmann, Bundesdatenschutzgesetz, 13. Aufl. 2019, § 34 Rn. 4. Fraglich ist allerdings, ob die Ausnahme insoweit auf den Art. 23 I i) DSGVO gestützt werden kann, wie *Werkmeister* in Gola/Heckmann, Bundesdatenschutzgesetz, 13. Aufl. 2019, § 34 Rn. 5 unter Berufung auf Verhältnismäßigkeitserwägungen meint, so auch *Kamlah* in Plath, DSGVO/BDSG, 3. Aufl. 2018, § 34 BDSG Rn. 6.

245 *Werkmeister* in Gola/Heckmann, Bundesdatenschutzgesetz, 13. Aufl. 2019, § 34 Rn. 5.

246 *Schmidt-Wudy* in Wolff/Brink BeckOK Datenschutzrecht, DSGVO/BDSG, 34. Edition 2020, § 33 BDSG Rn. 1.

247 Für die Details sei an dieser Stelle auf die einschlägige Kommentarliteratur verwiesen.

248 *Koreng* in Taeger/Gabel, DSGVO/BDSG, 3. Aufl. 2019, § 34 BDSG Rn. 12, *Schaffland/Holthaus* in Schaffland/Wiltfang, DSGVO/BDSG, Lieferung 5/20, § 34 BDSG Rn. 30; *Schmidt-Wudy* in Wolff/Brink BeckOK Datenschutzrecht,

a) BDSG ist eine Ausnahme bei der Speicherung ausschließlich[249] aufgrund gesetzlicher oder satzungsmäßiger Aufbewahrungsfristen geregelt, deren Unionsrechtskonformität zumindest bezweifelt werden darf.[250] Dies gilt insbesondere für satzungsmäßige Aufbewahrungsfristen, da insoweit die Befürchtung besteht, dass ein Ausschluss des Auskunftsanspruchs zur Disposition des Verantwortlichen gestellt wird.[251] Da die Bezugnahme auf vertragliche Aufbewahrungspflichten im Gesetzgebungsverfahren verworfen wurde,[252] wird man hierunter nur öffentlich-rechtliche Satzungen verstehen können und diese Ausnahme unter Bezug auf die Öffnungsklauseln der DSGVO restriktiv auslegen müssen.[253]

Weitgehend unproblematisch ist hingegen die Bezugnahme auf gesetzliche Aufbewahrungsfristen, wie sie sich zum Beispiel aus § 257 HGB oder § 147 III AO entnehmen lassen.[254]

In § 34 I Nr. 2 b) findet sich zudem eine Privilegierung für Daten, die ausschließlich Zwecken der Datensicherung und der Datenkontrolle dienen.[255] Beide Begriffe tauchen auch in § 57 BDSG auf, sind dort aber ebenso wenig definiert wie hier. Typischer Fall der Datensicherung dürften dabei Back-ups/Sicherungskopien zum Beispiel auf externen Festplatten oder USB-Sticks sein.[256] Datenschutzkontrolle dürfte dabei Fälle meinen, in denen Daten aufbewahrt werden, um

---

DSGVO/BDSG, 34. Edition 2020, § 34 BDSG Rn. 22; a.A. *Golla* in Kühling/Buchner, DS-GVO/BDSG, 3 Aufl. 2020, § 34 Rn. 9.

249 *Schmidt-Wudy* in Wolff/Brink BeckOK Datenschutzrecht, DSGVO/BDSG, 34. Edition 2020, § 34 BDSG Rn. 27.

250 Siehe hierzu schon die Nachweise oben bei Fn. 124.

251 *Schmidt-Wudy* in Wolff/Brink BeckOK Datenschutzrecht, DSGVO, 34. Edition 2020, § 34 BDSG Rn. 26; für gänzlich unionsrechtswidrig hält diese *Golla* in Kühling/Buchner, DS-GVO/BDSG, 3 Aufl. 2020, § 34 BDSG Rn. 9, weil sie nicht von Art. 23 DSGVO gedeckt sei.

252 Vgl. BT-Drs. 18/11655 Rn. 46; BT-Drs. 18/12144 S. 5.

253 *Koreng* in Taeger/Gabel, DSGVO/BDSG, 3. Aufl. 2019, § 34 BDSG Rn. 16.

254 *Koreng* in Taeger/Gabel, DSGVO/BDSG, 3. Aufl. 2019, § 34 BDSG Rn. 16 mit weiteren Beispielen.

255 Auch diese Ausnahme wird vereinzelt für unionsrechtswidrig gehalten: *Golla* in Kühling/Buchner, DS-GVO/ BDSG, 3 Aufl. 2020, § 34 Rn. 10 ff.

256 *Schmidt-Wudy* in Wolff/Brink BeckOK Datenschutzrecht, DSGVO/BDSG, 34. Edition 2020, § 34 BDSG Rn. 34; *Koreng* in Taeger/Gabel, DSGVO/BDSG, 3. Aufl. 2019, § 34 BDSG Rn. 22.

nachträglich die Rechtmäßigkeit eines Verarbeitungsvorgangs überprüfen zu können, wie zum Beispiel Log-Files.[257]

Praxishinweis:

Entscheidende Kriterien für die Praxis dürften zum einen die oben erläuterte strenge Zweckbindung sein, und die andererseits ihr dienenden technischen und organisatorischen Schutzmaßnahmen. Letztere dürften zwischen Personalabteilung und IT-Abteilung bzw. -Dienstleistern zu erörtern sein und sollten auch bei der Erstellung eines Löschkonzeptes schon mitbedacht werden.

Zudem sind die besonderen Pflichten des §34 II BDSG zu beachten: Die Gründe der Auskunftsverweigerung sind – zumindest elektronisch[258] *– zu dokumentieren, um eine spätere Überprüfbarkeit durch die Aufsichtsbehörden zu gewährleisten*[259] *und auch der betroffenen Person mitzuteilen, soweit hierdurch nicht der verfolgte Zweck gefährdet wird, also Rückschlüsse*[260] *auf die gespeicherten Daten zu ermöglichen.*

e) *Form und Frist der Auskunftserteilung*

Art. 12 I DSGVO gibt vor, wie die Auskunft zu formulieren ist, nämlich in präziser, transparenter, verständlicher und leicht zugänglicher Form sowie in einer klaren und einfachen Sprache.[261] Hintergrund ist, dass es der betroffenen Person nicht unnötig erschwert werden soll, von ihren datenschutzrechtlichen Rechten umfassend Gebrauch machen zu können. Das ist allerdings bereits dann schon nicht mehr gewährleistet, wenn in einer unverständlichen Sprache auf das Auskunftsersuchen reagiert wird. So ist zum Beispiel darauf zu achten, dass die Auskunft auch in der richtigen Sprache erteilt wird.[262] In-

257 *Koreng* in Taeger/Gabel, DSGVO/BDSG, 3.Aufl. 2019, §34 BDSG Rn. 23.
258 *Werkmeister* in Gola/Heckmann, Bundesdatenschutzgesetz, 13.Aufl. 2019, §34 Rn. 18.
259 *Golla* in Kühling/Buchner, DS-GVO/BDSG, 3 Aufl. 2020, §34 Rn. 16.
260 *Golla* in Kühling/Buchner, DS-GVO/BDSG, 3 Aufl. 2020, §34 Rn. 17.
261 *Paal* in Paal/Pauly, DSGVO/BDSG, 2.Aufl. 2018, Art. 15 Rn. 4.
262 Dies wird im geschäftlichen Bereich die Pflicht enthalten, die Auskunft in die Sprachen der Länder zu übersetzen, in denen der Unternehmer die betreffenden

transparent ist eine Auskunft immer dann, wenn sie an einer versteckten Stelle oder zusammen mit anderen Ausführungen erteilt wird, und die betroffene Person sich den Inhalt der Auskunft fast schon selber ermitteln muss.[263]

Demgegenüber ist die Auskunft im Grundsatz formfrei. Weder in Art. 15 DSGVO noch an anderer Stelle wird eine zwingende Form für die Auskunftserteilung vorgesehen. Aus Art. 12 I S. 3 DSGVO ergibt sich vielmehr, dass auch die mündliche Erteilung der Auskunft möglich ist. Von diesem Grundsatz gibt es allerdings dann eine (gewisse) Ausnahme, wenn die betroffene Person ihren Antrag elektronisch gestellt hat. Für diesen Fall regelt Art. 12 III S. 4 DSGVO, dass der betroffenen Person ebenfalls auf elektronischem Weg Auskunft zu erteilen ist, soweit die betroffene Person nicht etwas anderes verlangt hat und dies nach den Gegebenheiten bei dem Verantwortlichen möglich ist.

Praxishinweis:

Um im Streitfall den Nachweis führen zu können, dass und welche Auskunft erteilt wurde, empfiehlt es sich, die Auskunft in einer verkörperten bzw. reproduzierbaren Form zu erteilen. Auch wenn es selbstverständlich klingt, sollte ein Exemplar der erteilten Auskunft in der eigenen Dokumentation verbleiben, um später nachvollziehen zu können, in welchem Umfang die Auskunft erteilt wurde.

Hinsichtlich der Frist der Auskunftserteilung enthält Art. 15 DSGVO erneut keine eigenständige Regelung, sodass auch hier auf Art. 12 III S. 1 DSGVO zurückgegriffen werden muss. Danach ist eine Auskunft unverzüglich zu erteilen, jedoch innerhalb eines Monats nach Eingang des entsprechenden Antrages. Diese Frist ist in Ausnahmefällen nach Art. 12 III S. 2 DSGVO um weitere zwei Monate verlängerbar,

---

Leistungen anbietet. Bei der Auswahl der „passenden“ Übersetzung für die betroffene Person wird der Unternehmer die vorhandenen Informationen über Herkunft, Staatsangehörigkeit oder Wohnsitz der betroffenen Person zugrunde legen müssen, *Paal/Hennemann* in Paal/Pauly, DSGVO/BDSG, 2. Aufl. 2018, Art. 12 Rn. 35; *Heckmann/Paschke* in Ehmann/Selmayr, Datenschutzgrundverordnung, 2. Aufl. 2018, Art. 12 Rn. 19.

263 Vgl. *Paal/Hennemann* in Paal/Pauly, DSGVO/BDSG, 2. Aufl. 2018, Art. 12 Rn. 30 ff.

sodass spätestens innerhalb von drei Monaten die Auskunft erteilt werden muss. Die betroffene Person ist allerdings nach Art. 12 III S. 3 DSGVO dann innerhalb eines Monats nach Eingang des Antrags über eine solche Verlängerung der Frist, zusammen mit den Gründen, zu unterrichten. Verspätete Auskünfte rechtfertigen nach der jüngeren Rechtsprechung, insbesondere der Arbeitsgerichte, Ansprüche auf Ersatz immaterieller Schäden.[264]

f) Auskunft gegenüber der richtigen Person (Identitätsprüfung)

Art. 15 DSGVO enthält selbst keine Regelung dazu, dass vor der Auskunftserteilung die Identität der anfragenden Person festgestellt bzw. überprüft wird. Insoweit ist erneut auf die allgemeinen Regelungen aus Art. 12 DSGVO zurückzugreifen. Verlangt die betroffene Person, dass ihr die Auskunft mündlich erteilt wird – zum Beispiel am Telefon – setzt Art. 12 I S. 3 DSGVO voraus, dass der Verantwortliche zuvor die Identität der anfragenden Person überprüft.

Bei berechtigten Zweifeln an der Identität der anfragenden Person darf das Unternehmen nach Art. 12 VI DSGVO weitergehende Informationen anfordern, um die Identität bestätigen zu können. Art. 12 VI DSGVO legt dem Verantwortlichen allerdings keine Pflicht auf, bei berechtigten Zweifeln die Identität zu bestätigen.

Praxishinweis:

Eine ordnungsgemäße Identitätsprüfung mag in der Praxis ein weiterer ressourcenbindender Schritt sein, sodass man geneigt ist, diesen Schritt aus Gründen der Praktikabilität nicht zu gehen. Zu empfehlen ist das – vor allem bei berechtigten Zweifeln – nicht, denn die Herausgabe von personenbezogenen Daten an einen Dritten stellt nicht nur einen bußgeldbewehrten Datenschutzverstoß dar. Auch die von diesem Verstoß betroffene Person kann wegen dieser unberechtigten Weitergabe ihrer personenbezogenen Daten nach Art. 82 DSGVO Schadensersatz von dem Verantwortlichen verlangen. Andererseits erscheint es ebenfalls kritisch, vollkommen anlasslos Identitätsprüfun-

264 Vgl. nur ArbG Neumünster, Urt. v. 11.8.2020 – 1 Ca 247 c/20, das einen Anspruch auf Schadensersatz in Höhe von 500,00 € für jeden Monat der verspäteten Auskunft als gerechtfertigt ansieht.

gen vorzunehmen.[265] *Eine genauere Konturierung wird noch durch die Rechtsprechung erfolgen müssen,*[266] *jedoch sollte bis dahin differenziert werden: Wird nur eine mündliche Auskunft verlangt oder gar die Anfrage von einer unbekannten Telefonnummer oder E-Mail-Adresse gestellt, sollte auf jeden Fall eine Maßnahme zur Identifizierung durchgeführt werden.*[267] *Für alle anderen Fälle sollte zumindest intern dokumentiert werden, warum oder warum nicht eine Identifizierung für erforderlich gehalten wurde, um dem Gebot der Datensparsamkeit zu entsprechen,*[268] *und sich zugleich im Streitfall bestmöglich verteidigen zu können.*

5. Folgen der Nicht-Erfüllung

Die Folgen der Nicht-Erfüllung hängen maßgeblich davon ab, ob die Nicht-Erfüllung berechtigt erfolgte, das Unternehmen sich also auf eine Ausnahmeregelung berufen durfte oder, ob die Nicht-Erfüllung unberechtigt erfolgte. Will das Unternehmen dem Auskunftsersuchen unter Hinweis auf eine Ausnahmevorschrift nicht nachkommen, muss es nach Art. 12 IV DSGVO die betroffene Person über seine Entscheidung ohne Verzögerung, jedenfalls aber innerhalb eines Zeitraums von einem Monat nach Eingang des Auskunftsersuchens, informieren. Im Rahmen dieser Mitteilung sind auch die Gründe anzugeben, warum eine Auskunft nicht erfolgt. Im Stil einer Rechtsbehelfsbelehrung muss die betroffene Person auch darüber informiert werden, dass diese sich mit einer Beschwerde an die Datenschutzbehörde wenden oder einen gerichtlichen Rechtsbehelf einlegen kann.

---

265 *Paal/Hennemann* in Paal/Pauly, DSGVO/BDSG, 2. Aufl. 2018, Art. 12 Rn. 72; *Quaas* in BeckOK, Wolff/Brink, 32. Edition 2020, Art. 12 Rn. 50.

266 *Heckmann/Paschke* in Ehmann/Selmayr, Datenschutz-Grundverordnung, 2 Aufl. 2018, Art. 12 Rn. 27.

267 *Heckmann/Paschke* in Ehmann/Selmayr, Datenschutz-Grundverordnung, 2 Aufl. 2018, Art. 12 Rn. 29.

268 Vgl. *Quaas* in Wolff/Brink BeckOK Datenschutzrecht, DSGVO, 34. Edition 2020, Art. 12 Rn. 50.

Praxishinweis:

Mögen die Gründe für die Verweigerung der Auskunft aus Sicht des Unternehmens noch so naheliegend sein, für die betroffene Person ist damit eine für sie negative Entscheidung verbunden. Das wiederum führt in nicht seltenen Fällen dazu, dass eine Beschwerde bei der Datenschutzbehörde eingelegt wird, die dann wiederum über die verweigerte Auskunft entscheiden muss. Vor diesem Hintergrund erscheint es ratsam, eine Auskunft nur dann zu verweigern, wenn mit sehr hoher Wahrscheinlichkeit auch eine Datenschutzbehörde das Eingreifen einer Ausnahmeregelung feststellen würde. Bei nur als lästig empfundenen Auskunftsersuchen sollte nicht vorschnell nach einer Ausnahmeregelung gesucht werden, um eine Auskunft nicht erteilen zu müssen. Das Risiko eines empfindlichen Bußgeldes[269] *oder eines hohen Schadensersatzes ist nicht zu unterschätzen, nachdem das Auskunftsrecht quasi die Basis dafür ist, dass die betroffene Person ihre weitergehenden Rechte geltend machen kann. Wenn aber unzweifelhaft eine Ausnahmevorschrift greift, empfiehlt es sich weiter, die Zurückweisung ausführlich und notfalls mit Nachweisen zu begründen.*

Erfolgt die Nicht-Erfüllung unberechtigt, steht es der betroffenen Person frei, diesen Vorgang im Rahmen einer Beschwerde der Datenschutzbehörde zur Kenntnis zu bringen.[270] Darüber hinaus kann die betroffene Person die Erteilung der Auskunft auf dem Klagewege erzwingen und beim zuständigen Gericht eine Klage auf Auskunft anhängig machen. Wurde eine Auskunft nicht, nicht vollständig oder verspätet erteilt, kann die betroffene Person darüber hinaus auch nach Art. 82 I DSGVO einen Anspruch auf Schadensersatz geltend machen.[271]

---

269 *Schmidt-Wudy* in Wolff/Brink BeckOK Datenschutzrecht, DSGVO, 34. Edition 2020, Art. 15 Rn. 20; *Franck* in Gola, Datenschutzgrundverordnung, 2. Aufl. 2018, Art. 15 Rn. 55; *Ehmann* in Ehmann/Selmayr, Datenschutz-Grundverordnung, 2 Aufl. 2018, Art. 15 Rn. 38.

270 *Dix* in Simitis/Hornung/Spiecker gen. Döhmann, Datenschutzrecht, 1. Aufl. 2019. Art. 15 Rn. 38; *Specht* in Sydow, Europäische Datenschutzgrundverordnung, 2. Aufl. 2018, Art. 15 Rn. 25.

271 *Schmidt-Wudy* in Wolff/Brink BeckOK Datenschutzrecht, DSGVO, 34. Edition 2020, Art. 15 Rn. 23. Zum Anspruch auf Schadensersatz unter Kap. 1. B. V. ausführlich.

Praxishinweis:

Bei der Überlegung, das Auskunftsrecht auf dem Klageweg durchzusetzen, muss berücksichtigt werden, dass der Verantwortliche zur Beantwortung des Auskunftsverlangens eine Frist von mindestens einem Monat hat. Hat der Verantwortliche zwar nicht unverzüglich die Auskunft erteilt, ist die Monatsfrist allerdings auch noch nicht abgelaufen, besteht für die betroffene Person die Gefahr, dass eine gleichwohl vor Ablauf der Frist anhängig gemachte Klage als derzeit unbegründet abgewiesen wird, wenn noch vor Fristende Entscheidungsreife vorliegen sollte. Darüber hinaus besteht für den beklagten Verantwortlichen die Möglichkeit, die Auskunft während des laufenden Prozesses zu erteilen und damit eine Erledigung in der Sache zu erreichen.

III. Recht auf Berichtigung, Art. 16 DSGVO

1. Gegenstand des Rechtes auf Berichtigung

Als spiegelbildliche Ergänzung der objektiven Verpflichtung des Verantwortlichen, für einen richtigen Datenbestand zu sorgen, gewährt Art. 16 DSGVO ein subjektives Recht, mit dem die betroffene Person Berichtigung (Art. 16 S. 1 DSGVO) und Ergänzung (Art. 16 S. 2 DSGVO) der sie betreffenden (unrichtigen) Daten verlangen kann.[272]

2. Umfang

Da es so etwas wie „vollständige personenbezogene Daten“ in der Praxis (zum Glück) nicht gibt, richtet sich der Umfang der Berichtigung und Ergänzung grundsätzlich nach dem Zweck der Datenverarbeitung.[273] Dies kann neben der Vervollständigung der eigentlichen

272 *Worms* in Wolff/Brink BeckOK Datenschutzrecht, DSGVO, 34. Edition 2020, Art. 16 Rn. 6 f.; *Herbst* in Kühling/Buchner, DS-GVO/BDSG, 3 Aufl. 2020, Art. 16 Rn. 2.

273 *Worms* in Wolff/Brink BeckOK Datenschutzrecht, DSGVO, 34. Edition 2020, Art. 16 Rn. 58.

Daten auch eine *Hinzuspeicherung* einer zusätzlichen Erklärung erfordern,[274] z. B. bei *Scorewerten* und ähnlichen Daten den Hinweis, dass es sich um Schätzdaten handelt.[275] Hiervon zu unterscheiden ist die Frage, ob der Verantwortliche die Aufnahme von Daten in seinen Bestand mit Verweis auf den Zweck ablehnen darf.[276]

3. Voraussetzungen

a) Unrichtige personenbezogene Daten

Der Umfang der personenbezogenen Daten ergibt sich aus Art. 4 Nr. 1 DSGVO. Aus dem Begriff der Unrichtigkeit folgt dabei, dass sich der Anspruch grundsätzlich auf Tatsachen, also Ereignisse und Feststellungen, bezieht, die dem Beweis zugänglich sind, da hiermit gemeint ist, dass ein Datum nicht mit der Realität übereinstimmt.[277]

Im Gegensatz zu Tatsachen können Meinungen oder Werturteile nur höchst ausnahmsweise Gegenstand des Anspruchs auf Berichtigung

---

274 *Kamlah* in Plath, DSGVO/BDSG, 3. Aufl. 2018, Art. 16 Rn. 13; *Herbst* in Kühling/Buchner, DS-GVO/BDSG, 3 Aufl. 2020, Art. 16 Rn. 29; *Paal* in Paal/Pauly, DSGVO/BDSG, 2. Aufl. 2018, Art. 16 Rn. 21.

275 Anders als in § 35 I 2 BDSG a. F. ist diese Verpflichtung in der DSGVO nicht ausdrücklich normiert, folgt aber schon daraus, dass es sich bei den gespeicherten Informationen nicht um tatsächliche Eigenschaften der Person handelt, sondern nur um solche, die mit einer gewissen Wahrscheinlichkeit auf sie zutreffen, *Reif* in Gola, Datenschutz-Grundverordnung, 2. Aufl. 2018, Art. 16 Rn. 16; *Worms* in Wolff/Brink BeckOK Datenschutzrecht, DSGVO, 34. Edition 2020, Art. 16 Rn. 57; *Dix* in Simitis/Hornung/Spiecker gen. Döhmann, Datenschutzrecht, 1. Aufl. 2019, Art. 16 Rn. 15.

276 Dies dürfte zu bejahen sein, da Art. 16 S. 2 DSGVO das Recht auf Vervollständigung nur unter Berücksichtigung des Verarbeitungszweckes gewährt, a. A *Kamlah* in Plath, DSGVO/BDSG, 3. Aufl. 2018, Art. 16 Rn. 12 mit Verweis auf Art. 7 DSGVO. Nicht zulässig ist hingegen eine Verweigerung mit der Begründung, dass der betreffende Datensatz bereits vollständig sei, weil alle vorgesehenen Felder bereits ausgefüllt seien, wie *Herbst* in Kühling/Buchner, DS-GVO/BDSG, 3 Aufl. 2020, Art. 16 Rn. 29 zutreffend feststellt.

277 *Herbst* in Kühling/Buchner, DS-GVO/BDSG, 3 Aufl. 2020, Art. 16 Rn. 7; *Kamann/Braun* in Ehmann/Selmayr, Datenschutz-Grundverordnung, 2. Aufl. 2018, Art. 16 Rn. 13 f.; *Laue* in Spindler/Schuster, Recht der elektronischen Medien, 4. Aufl. 2019, Art. 16 Rn. 6 f.; *Reif* in Gola, Datenschutz-Grundverordnung, 2. Aufl. 2018, Art. 16 Rn. 10 f.

sein.[278] Denkbar ist dies etwa, wenn sich eine Bewertung aus einer nicht reproduzierbaren falschen Faktenlage ergibt.[279] Oder wenn Werturteile einen unwahren Tatsachenkern enthalten oder keinerlei Stütze in den zugrunde liegenden Daten finden.[280]

Auf den Umfang der Unrichtigkeit kommt es dabei grundsätzlich nicht an, auch kleinere Fehler sind zu berichtigen.[281] Der Anspruch besteht unabhängig davon, ob die Unrichtigkeit auf einem Verschulden des Verantwortlichen[282] oder sogar der betroffenen Person selbst beruht.[283] Eine Berichtigung scheidet allenfalls dort aus, wo die *Unrichtigkeit* keinerlei Auswirkungen auf den Zweck der Verarbeitung hat oder schlicht technisch bedingt ist, z. B. „oe" statt „ö" verwendet wird.[284]

Ebenfalls ohne Bedeutung ist grundsätzlich der Zeitpunkt der Unrichtigkeit, also ob die Daten von Anfang an unrichtig waren oder erst durch spätere Änderung der Umstände unrichtig wurden.[285] Maßgeb-

---

278 Vgl. *Worms* in Wolff/Brink BeckOK Datenschutzrecht, DSGVO, 34. Edition 2020, Art. 16 Rn. 44 ff., der zwischen Werturteilen privater und öffentlicher Stellen differenziert: (Reine) Werturteile Privater seien schon aufgrund der Meinungsfreiheit nicht vom Anwendungsbereich der Norm erfasst; bei öffentlichen Stellen sei entscheidend, ob sich das Werturteil auf eine Ermächtigungsgrundlage stützen lasse; ähnlich auch *Veil* in Gierschmann, Kommentar Datenschutzgrundverordnung, 1. Aufl. 2018, Art. 16 Rn. 74.

279 *Worms* in Wolff/Brink BeckOK Datenschutzrecht, DSGVO, 34. Edition 2020, Art. 16 Rn. 56.

280 *Dix* in Simitis/Hornung/Spiecker gen. Döhmann, Datenschutzrecht, 1. Aufl. 2019, Art. 16 Rn. 14.

281 *Herbst* in Kühling/Buchner, DS-GVO/BDSG, 3 Aufl. 2020, Art. 16 Rn. 11.

282 *Reif* in Gola, Datenschutz-Grundverordnung, 2. Aufl. 2018, Art. 16 Rn. 13; *Worms* in Wolff/Brink BeckOK Datenschutzrecht, DSGVO, 34. Edition 2020, Art. 16 Rn. 52.

283 *Peuker* in Sydow, Europäische Datenschutzgrundverordnung, 2. Aufl. 2018 Rn. 8; *Veil* in Gierschmann, Kommentar Datenschutzgrundverordnung, 1. Aufl. 2018, Art. 16 Rn. 76.

284 *Kamann/Braun* in Ehmann/Selmayr, Datenschutz-Grundverordnung, 2. Aufl. 2018, Art. 16 Rn. 16; *Meents/Hinzpeter* in Taeger/Gabel, DSGVO/BDSG, 3. Aufl. 2019 Rn. 10.

285 *Paal* in Paal/Pauly, DSGVO/BDSG, 2. Aufl. 2018, Art. 16 Rn. 15; *Worms* in Wolff/Brink BeckOK Datenschutzrecht, DSGVO, 34. Edition 2020, Art. 16 Rn. 52.

lich ist allein die Unrichtigkeit im Zeitpunkt der Antragstellung.[286] Eine Ausnahme kann allenfalls dort gelten, wo die Daten speziell einen Zustand zu einem bestimmten Zeitpunkt erfassen sollen,[287] hier kann sich dennoch ein Anspruch auf Ergänzung aktueller Angaben ergeben.[288] Oder die Pflicht, auf Nichtaktualität hinzuweisen.[289]

b) Unvollständige personenbezogene Daten

Die Unvollständigkeit wird teilweise als Spezialfall der Unrichtigkeit kategorisiert.[290] Unabhängig von dieser Einordnung kann sich die Unvollständigkeit (wie die Unrichtigkeit auch[291]) jedenfalls nur aus einer zweckgerichteten Betrachtung der Daten ergeben.[292] So kann z. B die *objektiv richtige* Angabe, dass jemand in einer bestimmten Straße wohnt, zum Zweck der Zustellung *unvollständig* sein, wenn die Hausnummer der Adresse fehlt oder die Kreditwürdigkeit nicht zutreffend beurteilt wird, wenn zwar die Schulden der betroffenen Person erfasst werden, nicht jedoch ihre Tilgungsleistungen.[293]

---

286 *Reif* in Gola, Datenschutz-Grundverordnung, 2.Aufl. 2018, Art. 16 Rn. 11; *Kamann/Braun* in Ehmann/Selmayr, Datenschutz-Grundverordnung, 2.Aufl. 2018, Art. 16 Rn. 17.

287 Zum Beispiel bei ärztlichen Aufzeichnungen oder statistischen Erhebungen, *Herbst* in Kühling/Buchner, DS-GVO/BDSG, 2.Aufl. 2018, Art. 16 Rn. 12; *Veil* in Gierschmann, Kommentar Datenschutzgrundverordnung, 1.Aufl. 2018, Art. 16 Rn. 79.

288 *Herbst* in Kühling/Buchner, DS-GVO/BDSG, 3 Aufl. 2020, Art. 16 Rn. 12; *Peuker* in Sydow, Europäische Datenschutzgrundverordnung, 2.Aufl. 2018 Rn. 10; *Dix* in Simitis/Hornung/Spiecker gen. Döhmann, Datenschutzrecht, 1.Aufl. 2019, Art. 16 Rn. 16. Dementsprechend zum Beispiel kein Recht auf rückwirkende Änderung des Vornamens in Personalakte bei Geschlechtsumwandlung, Hamburgisches Oberverwaltungsgericht, Beschl. v. 27.5.2019 – 5 Bf 225/18.Z –, juris Rn. 22 ff.

289 Siehe dazu schon unter Kap. 1, B.II.2.

290 Differenzierend *Kamlah* in Plath, DSGVO/BDSG, 3.Aufl. 2018, Art. 16 Rn. 10.

291 *Veil* in Gierschmann, Kommentar Datenschutzgrundverordnung, 1.Aufl. 2018, Art. 16 Rn. 78.

292 *Kamann/Braun* in Ehmann/Selmayr, Datenschutz-Grundverordnung, 2.Aufl. 2018, Art. 16 Rn. 36; *Reif* in Gola, Datenschutz-Grundverordnung, 2.Aufl. 2018, Art. 16 Rn. 14; *Paal* in Paal/Pauly, DSGVO/BDSG, 2.Aufl. 2018, Art. 16 Rn. 18.

293 Vgl. *Kamlah* in Plath, DSGVO/BDSG, 3.Aufl. 2018, Art. 16 Rn. 10; siehe auch *Meents/Hinzpeter* in Taeger/Gabel, DSGVO/BDSG, 3.Aufl. 2019 Rn. 21;

4. Erfüllung

Auf Antrag[294] der betroffenen Person sind ihre[295] Daten unverzüglich zu berichtigen und zu vervollständigen[296].[297] Normhierarchisch zweifelhaft, doch in der Sache treffend,[298] meint *unverzüglich* „ohne schuldhaftes Zögern" im Sinne des § 121 I BGB.[299] Umstritten ist, ob darüber hinaus die Höchstgrenze des Art. 12 III, IV DSGVO gilt,[300] so dass für die Praxis nur empfohlen werden kann, die betroffene Person

---

Herbst in Kühling/Buchner, DS-GVO/BDSG, 3 Aufl. 2020, Art. 16 Rn. 27 jeweils mit weiteren Beispielen.

294 Genau genommen folgt das Gebot der Datenrichtigkeit schon aus Art. 5 I d) DSGVO, so dass der Antrag nicht konstitutiv ist; vgl. *Kamann/Braun* in Ehmann/Selmayr, Datenschutz-Grundverordnung, 2. Aufl. 2018, Art. 16 Rn. 30; *Worms* in Wolff/Brink BeckOK Datenschutzrecht, DSGVO, 34. Edition 2020, Art. 16 Rn. 45; *Peuker* in Sydow, Europäische Datenschutzgrundverordnung, 2. Aufl. 2018 Rn. 27.

295 Grundsätzlich bezieht sich der Anspruch auf Daten der betroffenen Person, allerdings folgt aus dem Gebot der Datenrichtigkeit (Art. 5 I d) DSGVO), dass der Verantwortliche auch Daten Dritter zu korrigieren hat, wenn er von deren Unrichtigkeit erfährt. *Worms* in Wolff/Brink BeckOK Datenschutzrecht, DSGVO, 34. Edition 2020, Art. 16 Rn. 50; *Kamann/Braun* in Ehmann/Selmayr, Datenschutz-Grundverordnung, 2. Aufl. 2018, Art. 16 Rn. 32. Bei Daten der betroffenen Person, die *auch* Daten Dritter betreffen, hat der Verantwortliche eine Abwägung zwischen den widerstreitenden Interessen vorzunehmen. Eine praxisgerechte Lösung könnte hier in einem Hinweis auf die Unrichtigkeit der Daten bestehen, *Worms* in Wolff/Brink BeckOK Datenschutzrecht, DSGVO, 34. Edition 2020, Art. 16 Rn. 51.

296 Der Begriff der Unverzüglichkeit bezieht sich dem Wortlaut nach zwar nur auf die Unrichtigkeit, erfasst aber nach seinem Sinn und Zweck auch die Unvollständigkeit, vgl. *Worms* in Wolff/Brink BeckOK Datenschutzrecht, DSGVO, 34. Edition 2020, Art. 16 Rn. 62; *Paal* in Paal/Pauly. DSGVO/BDSG, 2. Aufl. 2018, Art. 16 Rn. 20.

297 Der Antrag ist formfrei und richtet sich nach den allgemeinen Voraussetzungen des Art. 12 DSGVO, siehe hierzu schon oben unter Art. 13 f. Kap. 1, B. I. 4 b).

298 So auch *Bettinghausen/Wiemers*, DB 2018, 1277, 1282.

299 Vgl. *Worms* in Wolff/Brink BeckOK Datenschutzrecht, DSGVO, 34. Edition 2020, Art. 16 Rn. 64; *Herbst* in Kühling/Buchner, DS-GVO/BDSG, 3 Aufl. 2020, Art. 16 Rn. 22.

300 *Herbst* in Kühling/Buchner, DS-GVO/BDSG, 3 Aufl. 2020, Art. 16 Rn. 24; *Kamann/Braun* in Ehmann/Selmayr, Datenschutz-Grundverordnung, 2. Aufl. 2018, Art. 16 Rn. 33; *Reif* in Gola, Datenschutz-Grundverordnung, 2. Aufl. 2018, Art. 16 Rn. 18; a. A. *Worms* in Wolff/Brink BeckOK Datenschutzrecht, DSGVO, 34. Edition 2020, Art. 16 Rn. 64; noch strenger *Dix* in Simitis/Hornung/Spiecker gen. Döhmann, Datenschutzrecht, 1. Aufl. 2019, Art. 16 Rn. 17,

über die Gründe zu informieren, falls die Berichtigung bzw. Vervollständigung länger als einen Monat dauern.

5. Folgen der Nicht-Erfüllung

Sofern sich der Berichtigungsanspruch ausnahmsweise auf ein Werturteil bezieht, ist zumindest vorstellbar, dass hier auch die Grenze zur Schmähkritik überschritten sein kann und eine strafrechtliche Sanktionierung gem. § 185 StGB oder Unterlassungsansprüche gem. §§ 1004 analog, 823 I, II BGB in Frage kommen.[301] Liegen die Voraussetzungen für eine Berichtigung vor, kann die betroffene Person ihren Anspruch auf Berichtigung gerichtlich durchsetzen, um so das primäre Ziel eines richtigen Datensatzes beim Verantwortlichen zu erreichen. Auf der Sekundärebene kann der betroffenen Person darüber hinaus wegen der Verarbeitung unrichtiger Daten in der Vergangenheit ein Schadensersatzanspruch nach Art. 82 DSGVO zustehen, wenn ihr hierdurch auch ein nachweisbarer Schaden entstanden ist.

Daneben drohen die Sanktionen der DSGVO, namentlich ein Bußgeld bis zu 20.000.000 EUR oder im Falle eines Unternehmens bis zu 4 % seines gesamten weltweiten Jahresumsatzes, je nachdem, was höher ist.[302]

Praxishinweis:

Da auch in diesem Bereich das empfindliche Sanktionsregime der DSGVO greift, sollten Verantwortliche höchste Vorsicht walten lassen, bevor sie ein Berichtigungs- oder Vervollständigungsverlangen ablehnen oder zu zögerlich bearbeiten. Eine Gefahr kann dabei insbesondere von non-liquet-Fällen ausgehen. Die Beurteilung der Darlegungs- und Beweislast richtet sich hier nach allgemeinen Grundsätzen: Nach Bestreiten der Richtigkeit durch die betroffene Person hat der Verantwortliche die Richtigkeit der Daten zu überprüfen; bleibt es beim non li-

---

der eine Monatsfrist ohne Verlängerungsmöglichkeit als absolute Höchstgrenze sieht.

301 Vgl. *Reif* in Gola, Datenschutz-Grundverordnung, 2. Aufl. 2018, Art. 16 Rn. 23.

302 *Veil* in Gierschmann, Kommentar Datenschutzgrundverordnung, 1. Aufl. 2018, Art. 16 Rn. 100.

quet ist eine dauerhafte Einschränkung der Verarbeitung gem. Art. 18 I a) DSGVO anzunehmen.[303]

Zudem müssen etwaige Empfänger der (unrichtigen) personenbezogenen Daten gem. Art. 19 DSGVO über die Berichtigung informiert werden, sofern dies möglich und mit verhältnismäßigem Aufwand erreichbar ist.[304]

IV. Recht auf Löschung, Art. 17 DSGVO

1. Gegenstand

Art 17 DSGVO regelt im ersten Absatz sowohl die Pflicht des Verantwortlichen als auch das Recht der betroffenen Person, zu verlangen, dass Daten unter bestimmten Voraussetzungen gelöscht werden. In der Sache ist hiermit die logisch zwingende Konsequenz des Grundsatzes der Rechtmäßigkeit der Datenverarbeitung aus Art. 6 DSGVO manifestiert, da es unter der DSGVO bei Vorliegen der in Art. 17 I DSGVO genannten Tatbestandsmerkmale keine Rechtfertigung für den Verantwortlichen gibt, weiter über die Daten der betroffenen Person zu verfügen.[305]

Auf der anderen Seite ist Art. 17 I DSGVO selbst eine Rechtfertigung für die weitere Datenverarbeitung, da auch das Löschen der personenbezogenen Daten nach Art. 4 Nr. 2 DSGVO eine solche Verarbeitung darstellt.

2. Umfang

Über Art. 17 I DSGVO hinausgehend ist in Art. 17 II DSGVO das spätestens seit *Google Spain*[306] viel diskutierte, und auch in der Über-

303 Ausführlich zur Problematik: *Peuker* in Sydow, Europäische Datenschutzgrundverordnung, 2. Aufl. 2018 Rn. 14 ff.

304 *Herbst* in Kühling/Buchner, DS-GVO BDSG, 3 Aufl. 2020, Art. 16 Rn. 25; *Reif* in Gola, Datenschutz-Grundverordnung, 2. Aufl. 2018, Art. 16 Rn. 20.

305 Vgl. *Hornung/Hofmann*, JZ 2013, 163, 166, die zudem das Gebot der Datensparsamkeit (Art. 5 I c) DSGVO) zur Begründung heranziehen.

306 EuGH Urt. v. 13.5.2014, C 131/12, ECLI:EU:C:2014:317.

schrift der Norm proklamierte, „Recht auf „Vergessenwerden" geregelt. Bei näherer Betrachtung lässt sich jedoch mit einer gewissen Ernüchterung feststellen, dass zum einen die *Google-Spain*-Entscheidung keinen Bezug zur DSGVO aufweist[307] und zum anderen die Effektivität der Regelung in Art. 17 II DSGVO bezweifelt werden darf, da eben kein „umgekehrter Schneeballeffekt"[308] eintritt, sondern lediglich eine Informationspflicht aktiviert wird.

Art. 17 III DSGVO begrenzt sodann den Umfang der vorstehenden Absätze und gewährleistet damit, dass durch diese nicht unverhältnismäßig stark in entgegenstehende Rechte eingegriffen wird.

3. Voraussetzungen

a) Die einzelnen Gründe zur Löschung

Die in Art. 17 I DSGVO genannten Tatbestandsmerkmale lassen sich insofern unterscheiden, als dass sie teilweise eine Handlung der betroffenen Person voraussetzen und teilweise, unabhängig von der Mitwirkung der betroffenen Person, bestehen. Hiervon zu unterscheiden ist die voranzustellende, generelle Fragestellung, ob ein Antrag der betroffenen Person konstitutive Voraussetzung der Löschung ist. Eine ausdifferenzierte Darstellung der einzelnen Positionen würde den hier vorliegenden Rahmen sprengen. Insoweit sei nur darauf hingewiesen, dass zum Teil von einer grundsätzlichen Antragspflicht ausgegangen,[309] zum Teil eine Antragspflicht grundsätzlich abgelehnt[310] und teilweise anhand der einzelnen Tatbestandsalternativen

---

307 Das Urteil erging noch aufgrund der DS-RL und das „Recht auf Vergessenwerden" wurde hier vom EuGH aus einer Zusammenschau mehrerer Artikel kreiert, ausführlich *Trentmann*, CR 2017, 26.

308 *Hornung/Hofmann*, JZ 2013, 163, 167.

309 *Meents/Hinzpeter* in Taeger/Gabel, DSGVO/BDSG, 3. Aufl. 2019, Art. 17 Rn. 30; *Kipker/Voskamp*, DuD 2012, 737, 741.

310 *Nolte/Werkmeister* in Gola, DSGVO, 2. Aufl. 2018, Art. 17 Rn. 9; *Paal* in Paal/Pauly, DSGVO/BDSG 2. Aufl. 2018, Art. 17 Rn. 20; *Spindler/Dalby* in Spindler/Schuster, Recht der elektronischen Medien, 4. Aufl. 2019, Art. 17 Rn. 3; *Veil* in Gierschmann, DSGVO, 1. Aufl. 2018, Art. 17 Rn. 45; *Worms*, NJW 2018, 3218.

differenziert wird.[311] Soweit dem Fall des Art. 17 I f) DSGVO ein eigenständiger Anwendungsbereich zugestanden wird,[312] besteht hier zumindest Einigkeit, dass ein Antrag konstitutiv ist.[313]

Praxishinweis:

Für die Praxis kann bis auf Weiteres nur empfohlen werden, ein Datenschutz- und Informationssystem zu etablieren, mit dem die gespeicherten Daten in regelmäßigen Abständen auf das Vorliegen von Löschungsgründen überprüft werden.[314] *Liegt ein solcher vor, sollten die Daten für die weitere Verarbeitung gesperrt und die betroffene Person von einer beabsichtigten Löschung informiert werden.*[315] *Wartet das Unternehmen hingegen stets mit der Löschung, bis ein entsprechendes Löschbegehren der betroffenen Person artikuliert wird, läuft es Gefahr, bis zur endgültigen Befriedigung dieses Löschbegehrens die personenbezogenen Daten der betroffenen Person ohne ausreichende Rechtsgrundlage zu verarbeiten. Das wiederum stellt einen eigenständigen Datenschutzverstoß dar. Neben dem Löschbegehren selbst kann die betroffene Person auch Schadensersatzansprüche nach Art. 82 DSGVO geltend machen, sofern ihr durch die unterlassene rechtzeitige Löschung ein Schaden entstanden ist. Das Vorhandensein eines solchen Löschkonzepts sollte dokumentiert und stetig angepasst werden, sollte dies aufgrund neuerer Entwicklungen in der Rechtsprechung erforderlich sein.*

---

311 Eingehend *Herbst* in Kühling/Buchner, DS-GVO/BDSG, 3 Aufl. 2020, Art. 17 Rn. 9 ff.

312 A. A. *Nolte/Werkmeister* in Gola, DSGVO, 2. Aufl. 2018, Art. 17 Rn. 32.

313 Statt Vieler: *Paal* in Paal/Pauly, DS-GVO BDSG 2. Aufl. 2018, Art. 17 Rn. 20 m. w. N.

314 *Dix* in Simitis/Hornung/Spiecker gen. Döhmann, Datenschutzrecht, 1. Aufl. 2019, Art. 17 Rn. 7. Ausführlich zur praktischen Implementierung eines Löschsystems *Keppeler/Berning*, ZD 2017, 314.

315 *Dix* in Simitis/Hornung/Spiecker gen. Döhmann, Datenschutzrecht, 1. Aufl. 2019, Art. 17 Rn. 6.

aa) Zweckerfüllung

Der Löschgrund aus Art. 17 I a) DSGVO ist Ausfluss der in Art. 5 I b) DSGVO verankerten Zweckbindung der Datenverarbeitung.[316] Hiernach besteht eine Verpflichtung zur Löschung, wenn der Zweck der Verarbeitung nachträglich entfällt, z. B. Kundendaten zur Abwicklung eines Kaufvertrages nicht mehr benötigt werden[317] oder nach der Beendigung eines Arbeitsverhältnisses keine Notwendigkeit der Speicherung der Arbeitnehmerdaten besteht.[318]

Wann genau der Zweck der Verarbeitung entfällt, lässt sich nicht pauschal beantworten, sondern muss in jedem Fall gesondert geprüft werden.[319] Denkbar ist insbesondere, dass der Zweck nur teilweise entfällt[320] oder, dass die Datenverarbeitung weiterhin gem. Art. 6 IV DSGVO zulässig ist, da sich der Zweck lediglich ändert.[321]

bb) Widerruf der Einwilligung

Für den Fall, dass die betroffene Person ihre Einwilligung in die Verarbeitung (sensibler) Daten gem. Art. 6 I a) bzw. Art. 9 II a) DSGVO widerruft, besteht ein Löschgrund aus Art. 17 I b) DSGVO. Der Widerruf der Einwilligung kann dabei mit dem Löschanspruch gemeinsam geltend gemacht werden.[322]

---

316 *Worms* in Wolff/Brink BeckOK Datenschutzrecht, DSGVO, 34. Edition 2020, Art. 17 Rn. 26.

317 *Nolte/Werkmeister* in Gola, DSGVO, 2. Aufl. 2018, Art. 17 Rn. 13.

318 *Worms* in Wolff/Brink BeckOK Datenschutzrecht, DSGVO, 34. Edition 2020, Art. 17 Rn. 26.

319 *Herbst* in Kühling/Buchner, DS-GVO/BDSG, 3 Aufl. 2020, Art. 17 Rn. 17.

320 *Worms* in Wolff/Brink BeckOK Datenschutzrecht, DSGVO, 34. Edition 2020, Art. 17 Rn. 26.

321 *Paal* in Paal/Pauly, DSGVO/BDSG 2. Aufl. 2018, Art. 17 Rn. 23; *Dix* in Simitis/Hornung/Spiecker gen. Döhmann, Datenschutzrecht, 1. Aufl. 2019, Art. 17 Rn. 11; *Spindler/Dalby* in Spindler/Schuster, Recht der elektronischen Medien, 4. Aufl. 2019, Art. 17 Rn. 4; *Peuker* in Sydow, Europäische DSGVO, 2. Aufl. 2018, Art. 17. Rn. 17; ausführlich *Herbst* in Kühling/Buchner, DS-GVO/BDSG, 3 Aufl. 2020, Art. 17 Rn. 21 ff.

322 *Meents/Hinzpeter* in Taeger/Gabel, DSGVO/BDSG, 3. Aufl. 2019, Art. 17 Rn. 38; *Peuker* in Sydow, Europäische DSGVO, 2. Aufl. 2018, Art. 17. Rn. 20.

Beispielformulierung:

„[...]

Hiermit widerrufe ich die am [...] erteilte Einwilligung in die Verarbeitung meiner personenbezogenen Daten für die Zwecke der [...]. Darüber hinaus fordere ich Sie auf, die über mich gespeicherten personenbezogenen Daten unverzüglich zu löschen und mir die Löschung bis zum

[...]

schriftlich zu bestätigen.

[...]"

Ob von der betroffenen Person tatsächlich eine Löschung der Daten oder „nur" eine Einschränkung der Verarbeitung gem. Art. 18 I b) DSGVO verlangt wird, ist im Wege der Auslegung zu ermitteln.[323] Gleiches gilt für die Frage der Rückwirkung: Auch wenn die Datenverarbeitung aufgrund des Widerrufs der Einwilligung gem. Art. 7 III S. 2 DSGVO nicht rückwirkend unrechtmäßig wird, stellt sich für den Verantwortlichen die Frage, ob er auch zur „rückwirkenden" Löschung verpflichtet ist.[324] Dies wird bei Fehlen entgegenstehender Anhaltspunkte zu bejahen sein.[325]

Aus Sicht des Verantwortlichen sollte vor Löschung der Daten überprüft werden, ob er die Verarbeitung trotz widerrufener Einwilligung auf einen anderen Zulässigkeitstatbestand stützen kann.[326] Kann die weitere Verarbeitung nach dem Widerruf auf eine andere Rechtsgrundlage gestützt werden, sollte die betroffene Person darüber informiert werden, dass ihre personenbezogenen Daten trotz des Widerrufs weiter verarbeitet werden und warum.

---

323 *Meents/Hinzpeter* in Taeger/Gabel, DSGVO/BDSG, 3. Aufl. 2019, Art. 17 Rn. 38; *Peuker* in Sydow, Europäische DSGVO, 2. Aufl. 2018, Art. 17. Rn. 20.

324 Vgl. *Worms* in Wolff/Brink BeckOK Datenschutzrecht, DSGVO, 34. Edition 2020, Art. 17 Rn. 30.

325 *Dix* in Simitis/Hornung/Spiecker gen. Döhmann, Datenschutzrecht, 1. Aufl. 2019, Art. 17 Rn. 12.

326 *Kamlah* in Plath DSGVO, 3. Aufl. 2018, Art. 17 Rn. 10.

> ***Praxishinweis:***
>
> *Ist ein Widerruf erklärt worden und kann die Datenverarbeitung nicht auf einen anderen Rechtsgrund gestützt werden, sollte mit der Löschung nicht gewartet werden bis auch ein Löschbegehren artikuliert wird. Jede weitere Verarbeitung erfolgt dann ohne Rechtsgrund und ist datenschutzwidrig. Macht die betroffene Person zeitversetzt von ihrem Recht auf Auskunft Gebrauch und stellt sich sodann die Datenschutzverletzung heraus, kann sie nicht nur die Löschung nach Art. 17 DSGVO verlangen, sondern auch einen (insbesondere immateriellen) Schadensersatz nach Art. 82 DSGVO.*

cc) Widerspruchsrecht

Art. 17 I c) DSGVO regelt den Löschungsgrund nach zwei unterschiedlichen Widerspruchssituationen, nämlich dem Widerspruch gem. Art. 21 I DSGVO und dem gem. Art. 21 II DSGVO.

aaa) Widerspruch wegen besonderer Situation

Der Widerspruch gem. Art. 21 I S. 1 DSGVO bezieht sich seinerseits nur auf besondere Verarbeitungssituationen gem. Art. 6 I e) und f) DSGVO. Auffallend ist hier, dass sowohl Art. 17 I c) DSGVO als auch Art. 21 I S. 2 DSGVO eine Abwägung mit den Interessen des Verantwortlichen implizieren. Während allerdings Art. 17 I c) DSGVO „nur" „vorrangige berechtigte Gründe" fordert, um eine Löschung zu verhindern, bedarf es gem. Art. 21 I S. 2 DSGVO „zwingende[r] schutzwürdiger Gründe", um eine weitere Verarbeitung zu verhindern.

Ob an die Weiterverarbeitung deshalb höhere Anforderungen zu stellen sind als an die bloße weitere Speicherung,[327] ist umstritten. Für die Praxis kann nur empfohlen werden, sich an der restriktiveren Auslegung zu orientieren. Jedenfalls hat die betroffene Person während

---

327 Dafür: *Spindler/Dalby* in Spindler/Schuster, Recht der elektronischen Medien, 4. Aufl. 2019, Art. 17 Rn. 6; *Nolte/Werkmeister* in Gola, DSGVO, 2. Aufl. 2018, Art. 17 Rn. 18 f.; *Meents/Hinzpeter* in Taeger/Gabel, DSGVO/BDSG, 3. Aufl. 2019, Art. 17 Rn. 46. Dagegen: *Herbst* in Kühling/Buchner, DS-GVO/BDSG, 3 Aufl. 2020, Art. 17 Rn. 6; *Veil* in Gierschmann, DSGVO, 1. Aufl. 2018, Art. 17 Rn. 107 f.

der Entscheidung über den Widerspruch gem. Art. 21 I DSGVO einen Anspruch auf Beschränkung der Datenverarbeitung gem. Art. 18 I d) DSGVO.[328]

bbb) Widerspruch gegen Verarbeitung zu Werbezwecken

Anders als in den Fällen des Art. 21 I DSGVO ist bei einem Widerspruch gem. Art. 21 II DSGVO keine Abwägung erforderlich, da hier der Gesetzgeber ohnehin von einem überwiegenden Interesse der betroffenen Person ausgeht.[329] Ähnlich wie im Fall des Art. 21 I DSGVO, stellt sich allerdings auch hier die Frage, wie sich die unterschiedlichen Rechtsfolgen des Art. 17 I c) (Löschung) und 21 III (Verarbeitungsverbot) DSGVO erklären lassen.[330]

Im Ergebnis wird hier aufgrund des klaren Wortlauts von einem mehrstufigen Abwehrrecht auszugehen sein: Die betroffene Person kann zum einen der Verwendung der Daten zur Direktwerbung widersprechen gem. Art. 21 II, III DSGVO und zum anderen die Löschung der Daten verlangen und damit jede weitere Verarbeitung zu anderen Zwecken ausschließen.[331]

dd) Unrechtmäßigkeit der Verarbeitung

Entgegen des Wortlauts der deutschen Fassung: „*wurden* unrechtmäßig verarbeitet" kommt es nicht auf den Zeitpunkt der Verarbeitung, sondern auf den Zeitpunkt der Bearbeitung des Löschungsverlangens

---

328 *Worms* in Wolff/Brink BeckOK Datenschutzrecht, DSGVO, 34. Edition 2020, Art. 17 Rn. 40.

329 Vgl. *Worms* Wolff/Brink in BeckOK Datenschutzrecht, DSGVO, 34. Edition 2020, Art. 17 Rn. 41.

330 Ausführlich hierzu *Herbst* in Kühling/Buchner, DS-GVO/BDSG, 3 Aufl. 2020, Art. 17 Rn. 27; für Fälle, in denen sich die Verarbeitung neben den Direktwerbezwecken auch noch auf andere Zwecke stützen lässt, werfen *Meents/Hinzpeter* in Taeger/Gabel, DSGVO/BDSG, 3. Aufl. 2019, Art. 17 Rn. 55 ff. die Möglichkeit einer teleologischen Reduktion auf.

331 *Dix* in Simitis/Hornung/Spiecker gen. Döhmann, Datenschutzrecht, 1. Aufl. 2019, Art. 17 Rn. 13. *Kamlah* in Plath DSGVO, 3. Aufl. 2018, Art. 17 Rn. 11a weist darauf hin, dass das Löschverlangen für die betroffene Person in der Praxis kontraproduktiv sein kann, da zur Beachtung des Werbewiderspruchs die Speicherung personenbezogener Daten erforderlich sei.

an,[332] eine „Heilung“ zunächst unrechtsmäßiger Verarbeitung, z. B. durch eine spätere Einwilligung, ist mithin möglich.

Sind die Daten „nur“ unrichtig, verstößt die Verarbeitung zwar auch gegen das Gebot der Datenrichtigkeit aus Art. 5 I d) DSGVO, kann dennoch die betroffene Person hier ein Interesse an der Berichtigung haben, so dass sie benachrichtigt werden sollte, um eine entsprechende Entscheidung zu fällen.[333]

ee) Verpflichtung zur Löschung

Der Löschgrund aus Art. 17 I e) DSGVO ist an Art. 6 I c) DSGVO angelehnt. Gemeint sind hiermit Fälle, in denen eine Pflicht zur Löschung nach objektivem, hinreichend klarem und vorhersehbarem Recht im öffentlichen Interesse besteht.[334] Dies kann zum Beispiel auch Pflichten aus rechtskräftigen verwaltungsrechtlichen oder gerichtlichen Entscheidungen betreffen.[335] Nicht jedoch vertragliche Rechtspflichten gegenüber Dritten.[336]

Umstritten ist dabei, inwieweit durch die Norm dem nationalen Gesetzgeber eine Kompetenz zur Einführung weiterer Löschgründe eingeräumt werden soll.[337] Jedenfalls bestehende Löschpflichten, wie z. B. aus §§ 95 III 1, 96 I 3, 113b VIII TKG oder § 98 I UrhG, dürften erfasst sein,[338] sofern man diese Fälle nicht ohnehin unter Buchstabe d) subsumiert.

ff) Datenerhebung bei Minderjährigen

Art. 17 I f) DSGVO ermöglicht Minderjährigen einen *datenfreien Eintritt in die Volljährigkeit*.[339] Relevant ist für die Geltendmachung des

---

332 Statt aller *Veil* in Gierschmann, DSGVO, 1. Aufl. 2018, Art. 17 Rn. 111.

333 *Herbst* in Kühling/Buchner, DS-GVO/BDSG, 3 Aufl. 2020, Art. 17 Rn. 29.

334 *Kamann/Braun* in Ehmann/Selmayr, Datenschutzgrundverordnung, 2. Aufl. 2018, Art. 17 Rn. 28.

335 *Peuker* in Sydow, Europäische DSGVO, 2. Aufl. 2018, Art. 17 Rn. 27.

336 *Kamann/Braun* in Ehmann/Selmayr, Datenschutzgrundverordnung, 2. Aufl. 2018, Art. 17 Rn. 28.

337 Eingehend hierzu *Worms* in Wolff/Brink BeckOK Datenschutzrecht, DSGVO, 34. Edition 2020, Art. 17 Rn. 44 ff.

338 *Nolte/Werkmeister* in Gola, DSGVO, 2. Aufl. 2018, Art. 17 Rn. 26.

339 *Kamann/Braun* in Ehmann/Selmayr, Datenschutzgrundverordnung, 2. Aufl. 2018, Art. 17 Rn. 29.

Anspruchs, dass die Daten vor der Volljährigkeit[340] erhoben wurden, nicht dass die betroffene Person bei Geltendmachung noch minderjährig ist.[341] Ob die Norm neben Art. 17 I b) DSGVO überhaupt einen eigenständigen Anwendungsbereich hat, ist im Schrifttum umstritten,[342] allerdings für die praktische Anwendung irrelevant. Hierfür ist jedenfalls darauf zu achten, dass minderjährige Nutzer in einer klaren und einfachen Sprache gem. Art. 13 II b), 12 I 1 DSGVO über ihr Löschungsrecht informiert werden.[343]

b) Gründe für den Ausschluss der Löschung

Die Geltendmachung der Ansprüche aus Art. 17 I, II DSGVO ist ausgeschlossen, wenn und so weit einer der in Art. 17 III DSGVO genannten Ausnahmen vorliegt.

aa) Freie Meinungsäußerung und Information

Die Ausnahme des Art. 17 III a) DSGVO soll einen angemessenen Ausgleich zwischen dem Datenschutz und der Meinungs- bzw. Informationsfreiheit des Art. 11 GRCh erzeugen.[344] Anders als der Wortlaut vermuten lässt, enthält die Ausnahme keine klare Vorrangregelung, sondern einen Abwägungsauftrag an den Verantwortlichen.[345] Dieser

---

340 *Kind* meint im Anwendungsbereich des Art. 8 I DSGVO Personen, die das 18. Lebensjahr noch nicht vollendet haben. Die Rechtmäßigkeit der Datenverarbeitung setzt gem. Art. 6 I a) DSGVO ihre Einwilligung voraus. Haben sie auch das 16. Lebensjahr noch nicht vollendet, kommt es gem. Art. 8 I 2 DSGVO auf das Einverständnis der Erziehungsberechtigten an. Diese Altersgrenze kann durch die Mitgliedstaaten bis auf 13 Jahre herabgesetzt werden, Art. 8 I 3 DSGVO. Vgl. hierzu auch *Herbst* in Kühling/Buchner, DS-GVO/ BDSG, 3 Aufl. 2020, Art. 17 Rn. 33 f.; *Peuker* in Sydow, Europäische DSGVO, 2. Aufl. 2018, Art. 17 Rn. 28.

341 *Dix* in Simitis/Hornung/Spiecker gen. Döhmann, Datenschutzrecht, 1. Aufl. 2019, Art. 17 Rn. 17; *Spindler/Dalby* in Spindler/Schuster, Recht der elektronischen Medien, 4. Aufl. 2019, Art. 17 Rn. 9.

342 Eingehend hierzu *Herbst* in Kühling/Buchner, DS-GVO/BDSG, 3 Aufl. 2020, Art. 17 Rn. 31 ff. Siehe auch *Nolte/Werkmeister* in Gola, DSGVO, 2. Aufl. 2018, Art. 17 Rn. 29 ff.

343 *Worms* in Wolff/Brink BeckOK Datenschutzrecht, DSGVO, 34. Edition 2020, Art. 17 Rn. 50.

344 *Nolte/Werkmeister* in Gola, DSGVO, 2. Aufl. 2018, Art. 17 Rn. 44.

345 *Herbst* in Kühling/Buchner, DS-GVO/BDSG, 3 Aufl. 2020, Art. 17 Rn. 73;

hat in die Abwägung sowohl die Rechte der betroffenen Person, als auch seine eigenen und die etwaiger betroffener Dritter einzubeziehen und dabei einen komplexen Abwägungsvorgang vorzunehmen, der normalerweise den Aufsichtsbehörden und Gerichten vorbehalten ist.[346] Für die Praxis können sich aufgrund der weiter unten aufgeführten Rechtsfolgen[347] bei Verstößen erhebliche rechtliche Risiken ergeben.

In einem ersten Schritt sollte überprüft werden, ob die Meinungs- bzw. Informationsfreiheit überhaupt betroffen ist. Der Schutzbereich ist hier weit zu verstehen und erfasst nicht nur professionelle Medien, sondern auch Blogger oder Privatpersonen in sozialen Medien etc.[348] In die Abwägung sind sodann die widerstreitenden Gesichtspunkte aufzunehmen, von der Art der Informationen, über ihren objektiven Wahrheitsgehalt, die Sensibilität, das Interesse der Öffentlichkeit, das Vorverhalten der betroffenen Person selber, wie weit diese in der Öffentlichkeit steht, Zeitablauf, Zweck und Kontext der Veröffentlichung, Auffindbarkeit der Informationen, Identifizierbarkeit der betroffenen Person, Breitenwirkung usw.[349]

Ob sich schlussendlich eine eher EuGH-konforme Ansicht durchsetzen wird, die tendenziell von einem Vorrang des Datenschutzes ausgeht,[350] oder eine meinungsfreiheitsfreundlichere deutsche Sichtweise[351] wird sich zeigen.

Spindler/Dalby in Spindler/Schuster, Recht der elektronischen Medien, 4. Aufl. 2019, Art. 17 Rn. 21.

346 *Peuker* in Sydow, Europäische DSGVO, 2. Aufl. 2018, Art. 17 Rn. 59; Vgl. *Dix* in Simitis/Hornung/Spiecker gen. Döhmann, Datenschutzrecht, 1. Aufl. 2019, Art. 17 Rn. 31.

347 Siehe hierzu Kap. 1, 3.V5.

348 *Kamann/Braun* in Ehmann/Selmayr, Datenschutzgrundverordnung, 2. Aufl. 2018, Art. 17 Rn. 57; *Herbst* in Kühling/Buchner, DS-GVO/BDSG, 3 Aufl. 2020, Art. 17 Rn. 72.

349 Vgl. *Peuker* in Sydow, Europäische DSGVO, 2. Aufl. 2018, Art. 17 Rn. 60; *Dix* in Simitis/Hornung/Spiecker gen. Döhmann, Datenschutzrecht, 1. Aufl. 2019, Art. 17 Rn. 30; *Kamann/Braun* in Ehmann/Selmayr, Datenschutzgrundverordnung, 2. Aufl. 2018, Art. 17 Rn. 56.

350 *Peuker* in Sydow, Europäische DSGVO, 2. Aufl. 2018, Art. 17 Rn. 62; eingehende Kritik an der *Google-Spain*-Entscheidung unter anderem bei *Trentmann*, CR 2017, 26, 28 f.

351 Zum Beispiel BGH, Urt. v. 15.12.2009 – VI ZR 227/08, ZUM 2010, 247 *Sedlmayr*.

bb) Rechtliche Verpflichtung/öffentliche Aufgaben

Art. 17 III b) DSGVO sieht einen weiteren Ausschluss der Verpflichtungen aus Art. 17 I, II DSGVO für Fälle vor, in denen die Verarbeitung erforderlich ist zur Erfüllung einer rechtlichen Verpflichtung[352], der Wahrnehmung einer Aufgabe im öffentlichen Interesse oder in Ausübung öffentlicher Gewalt, die dem Verantwortlichen übertragen wurde. Die Regelung knüpft damit an die gesetzlichen Erlaubnistatbestände des Art. 6 I c) und e) DSGVO an.[353] Zur Konkretisierung möglicher öffentlicher Aufgaben kann auf Art. 23 I e) DSGVO und für die Ausübung öffentlicher Aufgaben auf Art. 23 I h) DSGVO Bezug genommen werden.[354] Allerdings ist zu beachten, dass im öffentlich-rechtlichen Bereich auch aus dem Verhältnismäßigkeitsgrundsatz oder der jeweiligen Vorschrift selbst Löschpflichten folgen können.[355]

cc) Öffentliche Gesundheit

Art. 17 III c) enthält eine weitere Ausnahme für den Bereich des Gesundheitswesens. Mit Bezug auf Art. 9 II h) und i) DSGVO werden die Pflichten aus Art. 17 DSGVO für diejenigen Datenverarbeitungen ausgeschaltet, die entgegen Art. 9 I DSGVO stattfinden dürfen.[356] Diese Verarbeitungen bedürfen einer gesonderten Rechtsgrundlage durch die Mitgliedstaaten, die ihrerseits aus Verhältnismäßigkeitsgründen eine Löschpflicht enthalten können; allerdings ist diesbezüglich ein Rückgriff auf den Löschanspruch aus Art. 17 DSGVO ausgeschlossen.[357]

---

352 Zu denken ist hierbei etwa an § 630f BGB, §§ 238, 257 HGB oder § 147 AO, *Herbst* in Kühling/Buchner, DS-GVO/BDSG, 3 Aufl. 2020, Art. 17 Rn. 76. Nicht ausreichend sind hingegen vertragliche Pflichten gegenüber Dritten, *Herbst* in Kühling/Buchner, DS-GVO/BDSG, 3 Aufl. 2020, Art. 17 Rn. 74. Allerdings steht es den Mitgliedstaaten unter den Voraussetzungen der Art. 6 II, III frei, neue Rechtsgrundlagen zu schaffen. *Herbst* in Kühling/Buchner, DS-GVO/BDSG, 3 Aufl. 2020, Art. 17 Rn. 74.

353 *Kamann/Braun* in Ehmann/Selmayr, Datenschutzgrundverordnung, 2. Aufl. 2018, Art. 17 Rn. 60.

354 *Nolte/Werkmeister* in Gola, DSGVO, 2. Aufl. 2018, Art. 17 Rn. 46.

355 *Herbst* in Kühling/Buchner, DS-GVO/BDSG, 3 Aufl. 2020, Art. 17 Rn. 78.

356 *Herbst* in Kühling/Buchner, DS-GVO/BDSG, 3 Aufl. 2020, Art. 17 Rn. 79.

357 *Herbst* in Kühling/Buchner, DS-GVO/BDSG, 3 Aufl. 2020, Art. 17 Rn. 80; *Dix* in Simitis/Hornung/Spiecker gen. Döhmann, Datenschutzrecht, 1. Aufl. 2019, Art. 17 Rn. 33.

dd) Archivzwecke, statistische und Forschungszwecke

Mit Bezug auf Art. 89 DSGVO wird hier eine weitere Ausnahme für Archiv-, Forschungs- und statistische Zwecke normiert. Nur bezüglich der Archivzwecke wird zusätzlich gefordert, dass die Verarbeitung im öffentlichen Interesse liegt, was bedeutet, dass beispielsweise das privat betriebene Internetarchiv *archive.org* nicht von der Privilegierung erfasst ist.[358]

Hinsichtlich der Forschungszwecke ist der Maßstab hingegen weniger streng. Hiervon wird sogar die privat finanzierte Markt- und Meinungsforschung erfasst, zumindest insoweit, als sie unabhängig gegenüber dem Auftraggeber und nach den anerkannten Methoden der Sozialforschung durchgeführt wird.[359]

ee) Rechtsansprüche

Der letzte normierte Ausschlussgrund bezieht sich auf die Geltendmachung, Ausübung oder Verteidigung von Rechtsansprüchen. Hiermit sind nicht nur die gerichtliche Durchsetzung, sondern auch Schiedsverfahren, E-Discovery oder sonstige außergerichtliche Rechtsdurchsetzung bzw. -verteidigung gemeint.[360]

Nicht erforderlich ist, dass die jeweiligen Verfahren bereits begonnen haben. Bei Unsicherheit über künftige Rechtsstreitigkeiten hat der Verantwortliche eine abwägende Prognose vorzunehmen, die die Wahrscheinlichkeit des Rechtsstreits, das Gewicht der jeweiligen Ansprüche und die Belange der betroffenen Person berücksichtigt.[361]

---

358 *Dix* in Simitis/Hornung/Spiecker gen. Döhmann, Datenschutzrecht, 1. Aufl. 2019, Art. 17 Rn. 34.

359 *Buchner/Tinnefeld* in Kühling/Buchner, DS-GVO/BDSG, 2. Aufl. 2018, Art. 89 Rn. 13; *Dix* in Simitis/Hornung/Spiecker gen. Döhmann, Datenschutzrecht, 1. Aufl. 2019, Art. 17 Rn. 34; a.A. *Caspar* in Simitis/Hornung/Spiecker gen. Döhmann, Datenschutzrecht, 1. Aufl. 2019, Art. 89 Rn. 16.

360 *Kamann/Braun* in Ehmann/Selmayr, Datenschutzgrundverordnung, 2. Aufl. 2018, Art. 17 Rn. 64; *Peuker* in Sydow, Europäische DSGVO, 2. Aufl. 2018, Art. 17 Rn. 69.

361 *Herbst* in Kühling/Buchner, DS-GVO/BDSG, 3 Aufl. 2020, Art. 17 Rn. 83; *Worms* in Wolff/Brink BeckOK Datenschutzrecht, DSGVO, 34. Edition 2020, Art. 17 Rn. 87.

Der Ausschlussgrund ist jedenfalls nicht mehr gegeben, wenn sämtliche Haupt- und Nebenpflichten erfüllt oder die Verjährungsfristen abgelaufen sind.[362]

> ***Praxishinweis:***
>
> *Wenn die Verarbeitung zur Rechtsverteidigung der betroffenen Person benötigt wird, kann diese vom Verantwortlichen die Einschränkung der Verarbeitung gem. Art. 18 I c) DSGVO verlangen.*[363]

ff) Weitere Ausnahmen

Weitere Ausnahmen enthält § 35 BDSG für den Fall unverhältnismäßigen Aufwands, der Beeinträchtigung schutzwürdiger Interessen des Betroffenen und satzungsmäßiger oder vertraglicher[364] Aufbewahrungsfristen.[365]

Zudem wird man in eng begrenzten Fällen über die Grenze des Rechtsmissbrauchs nachdenken können.[366]

4. Erfüllung

Soweit die Tatbestandsvoraussetzungen vorliegen und keine Rechtfertigungsgründe gegeben sind, hat der Verantwortliche die, die jeweilige Person betreffenden, Daten (a) unverzüglich (b) zu löschen (c). Soweit die personenbezogenen Daten öffentlich gemacht wurden, ist der Verantwortliche zur Information Dritter gem. Art. 17 II DSGVO (d) verpflichtet.

---

362 *Spindler/Dalby* in Spindler/Schuster, Recht der elektronischen Medien, 4. Aufl. 2019, Art. 17 Rn. 25.

363 *Peuker* in Sydow, Europäische DSGVO, 2. Aufl. 2018, Art. 17. Rn. 72

364 Dies betrifft nur Verträge mit der betroffenen Person selbst, *Spindler/Dalby* in Spindler/Schuster, Recht der elektronischen Medien, 4. Aufl. 2019, Art. 17 Rn. 28.

365 Näher hierzu: *Nolte/Werkmeister* in Gola, DSGVO, 2. Aufl. 2018, Art. 17 Rn. 50 ff.; *Spindler/Dalby* in Spindler/Schuster, Recht der elektronischen Medien, 4. Aufl. 2019, Art. 17 Rn. 26 ff.

366 Hierzu: *Kamann/Braun* in Ehmann/Selmayr, Datenschutzgrundverordnung, 2. Aufl. 2018, Art. 17 Rn. 66.

a) die Person betreffende Daten

Der Anspruch bezieht sich auf Daten, die die jeweilige Person direkt oder indirekt betreffen.[367] Im Falle des *Profiling* werden vom Anspruch sowohl die Input- als auch die Output-Daten erfasst.[368] Sofern die Daten nicht *ausschließlich* die jeweilige Person betreffen, führt dies nicht per se zu einem Ausschluss des Anspruchs, sondern ist im Rahmen einer Abwägung auf Rechtsfolgenseite zu berücksichtigen.[369]

Praxishinweis:

Da auch die fehlerhafte Löschung eine Datenverarbeitung darstellt, die die empfindlichen Bußgelder und Schadensersatzansprüche der DSGVO auslösen kann, sollte von dem Verantwortlichen ein Identifizierungsverfahren implementiert werden.[370] *Auf die automatisierte Speicherung von Personalausweisdaten sollte dabei angesichts des § 20 II PAuswG verzichtet werden.*[371]

b) Unverzüglich

Ähnlich wie im Rahmen des Art. 16 DSGVO kann auch hier *unverzüglich* als *ohne Schuldhaftes Zögern* verstanden werden.[372] Aufgrund der durch den Verantwortlichen vorzunehmenden Prüfung werden sich in der Praxis je nach Einzelfall wohl Zeiträume zwischen zwei und vier Wochen ergeben.[373]

---

367 *Kamann/Braun* in Ehmann/Selmayr, Datenschutzgrundverordnung, 2. Aufl. 2018, Art. 17 Rn. 31.

368 *Kamann/Braun* in Ehmann/Selmayr, Datenschutzgrundverordnung, 2. Aufl. 2018, Art. 17 Rn. 31.

369 *Kamann/Braun* in Ehmann/Selmayr, Datenschutzgrundverordnung, 2. Aufl. 2018, Art. 17 Rn. 32.

370 *Nolte/Werkmeister* in Gola, DSGVO, 2. Aufl. 2018, Art. 17 Rn. 76.

371 *Nolte/Werkmeister* in Gola, DSGVO, 2. Aufl. 2018, Art. 17 Rn. 76.

372 *Worms* in Wolff/Brink, BeckOK Datenschutzrecht, DSGVO, 34. Edition 2020, Art. 17 Rn. 50.

373 *Spindler/Dalby* in Spindler/Schuster, Recht der elektronischen Medien, 4. Aufl. 2019, Art. 17 Rn. 12; *Paal* in Paal/Pauly, DS-GVO BDSG 2. Aufl. 2018, Art. 17 Rn. 31.

c) Löschung

Der Begriff der Löschung ist in der DSGVO nicht definiert. In der Sache ist hier das Ergebnis der Löschungshandlung maßgeblich, nämlich, dass es nach dem Löschen niemandem mehr ohne unverhältnismäßigen Aufwand möglich sein darf, die in den zu löschenden Daten verkörperte Information wahrzunehmen.[374]

In Betracht kommen in der Praxis sämtliche effektiven Maßnahmen, von der Überschreibung der Information bis zur physikalischen Zerstörung des Datenträgers.[375] Nicht ausreichen dürfte jedenfalls die bloße Sperrung der Daten oder der Hinweis,[376] dass diese nicht mehr zu benutzen sind.[377]

In der Praxis werden noch viele Probleme[378] und Differenzierungen durch die Rechtsprechung zu erörtern sein. Hingewiesen sei hier nur auf neue Technologien, die ihren Nutzen gerade daraus ziehen, dass die Löschung nicht (ohne weiteres) möglich ist, wie die *Blockchain*[379] oder die noch ungeklärte Frage der geographischen Reichweite des Löschungsanspruchs[380] bei weltweit zugänglichen Informationen.

---

374 *Herbst* in Kühling/Buchner, DS-GVO/BDSG, 3 Aufl. 2020, Art. 17 Rn. 37; *Peuker* in Sydow, Europäische DSGVO, 2. Aufl. 2018, Art. 17. Rn. 32; *Kamann/Braun* in Ehmann/Selmayr, Datenschutzgrundverordnung, 2. Aufl. 2018, Art. 17 Rn. 34 ff.

375 Mit weiteren Beispielen *Kamann/Braun* in Ehmann/Selmayr, Datenschutzgrundverordnung, 2. Aufl. 2018, Art. 17 Rn. 38.

376 Zum Beispiel der auch als *Löschung* bezeichnete Vermerk im Grundbuch, *Herbst* in Kühling/Buchner, DS-GVO/BDSG, 3 Aufl. 2020, Art. 17 Rn. 44.

377 *Herbst* in Kühling/Buchner, DS-GVO/BDSG, 3 Aufl. 2020, Art. 17 Rn. 40.

378 Siehe beispielsweise zum *Radierverbot* des § 257 HGB: *Keppeler/Berning,* ZD 2017, 314, 316f; zur Problematik der Löschung online publizierter Daten: *Dix* in Simitis/Hornung/Spiecker gen. Döhmann, Datenschutzrecht, 1. Aufl. 2019, Art. 17 Rn. 21 ff.

379 *Spindler/Dalby* in Spindler/Schuster, Recht der elektronischen Medien, 4. Aufl. 2019, Art. 17 Rn. 9; Ausführlich zu möglichen Lösungen: *Martini/Weinzierl,* NVwZ 2017, 1251.

380 Hierzu *Kamann/Braun* in Ehmann/Selmayr, Datenschutzgrundverordnung, 2. Aufl. 2018, Art. 17 Rn. 37.

d) Informationspflicht gem. Art. 17 II DSGVO

Drittverantwortliche sind von dem Verantwortlichen unter Berücksichtigung der angesichts der verfügbaren Technologie und der Implementierungskosten angemessenen Maßnahmen (dd) über das Löschungsverlangen (aa) der betroffenen Person zu informieren (bb), wenn er die personenbezogenen Daten öffentlich gemacht hat (cc) und eine Löschpflicht nach Art. 17 I DSGVO besteht.

aa) Löschungs-/Informationsverlangen

An das Verlangen der betroffenen Person ist schon aufgrund der Erleichterungspflicht des Art. 12 II DSGVO keine hohe Anforderung zu stellen.[381] Häufig wird dies mit dem an den Verantwortlichen gerichteten Löschungsverlangen der betroffenen Person konkludent verbunden sein.[382] Ob und wieweit dies tatsächlich der Fall ist, ist wie üblich durch Auslegung und gegebenenfalls Rückfragen zu ermitteln.[383]

bb) Informationspflicht

Anders als in der Überschrift des Art. 17 DSGVO suggeriert, enthält Art. 17 II DSGVO gerade kein Recht auf „Vergessenwerden", also eine Löschpflicht für Drittverantwortliche, sondern „nur" eine Informationspflicht über das Löschverlangen der betroffenen Person.[384] Hiermit wird zwar sichergestellt, dass die Drittverantwortlichen im Falle der unrechtmäßigen Weiterverarbeitung bösgläubig sind,[385] jedoch auch die Entscheidung über die Löschung ihnen überlassen, also

---

381 *Kamann/Braun* in Ehmann/Selmayr, Datenschutzgrundverordnung, 2. Aufl. 2018, Art. 17 Rn. 45; *Nolte/Werkmeister* in Gola, DSGVO, 2. Aufl. 2018, Art. 17 Rn. 39. Insbesondere ist keine Benennung der Drittverantwortlichen durch die betroffene Person erforderlich, *Dix* in Simitis/Hornung/Spiecker gen. Döhmann, Datenschutzrecht, 1. Aufl. 2019, Art. 17 Rn. 26.

382 Vgl. *Herbst* in Kühling/Buchner, DS-GVO/BDSG, 3 Aufl. 2020, Art. 17 Rn. 52.

383 *Kamann/Braun* in Ehmann/Selmayr, Datenschutzgrundverordnung, 2. Aufl. 2018, Art. 17 Rn. 45.

384 Der Verantwortliche ist insbesondere nicht verpflichtet, auf die Drittverantwortlichen bezüglich eines Löscherfolges einzuwirken, *Kamann/Braun* in Ehmann/Selmayr, Datenschutzgrundverordnung, 2. Aufl. 2018, Art. 17 Rn. 47.

385 *Dix* in Simitis/Hornung/Spiecker gen. Döhmann, Datenschutzrecht, 1. Aufl. 2019, Art. 17 Rn. 28.

eben kein „umgekehrter Schneeballeffekt“[386] ausgelöst wird. Systemimmanent ist insoweit, dass der (Erst-) Verantwortliche die Begründetheit des Löschverlangens vor der Weiterleitung weder prüfen kann noch muss.[387]

cc) Öffentlich gemachte Daten

Der Begriff des *Öffentlichmachens* ist in der DSGVO nicht näher definiert. Gemeint ist hiermit, dass der Verantwortliche zumindest veranlasst hat, dass die Daten einem unbestimmten Personenkreis[388] zugänglich gemacht werden.[389] Dies setzt nicht zwangsläufig eine Verbreitung über das Internet voraus,[390] auch wenn dies wohl in der Praxis der häufigste Anwendungsfall sein wird.

dd) Angemessene Maßnahmen

Welche Maßnahmen schlussendlich angemessen sind, wird sich wohl erst im Rahmen einer fortschreitenden Kasuistik zeigen. Vorerst bleibt hier nur Grundsätzliches festzuhalten: Der Verantwortliche trägt die Darlegungs- und Beweislast für eine Unangemessenheit weiterer Maßnahmen.[391] Diese wird umso schwerer zu bejahen sein, je sensibler die jeweiligen personenbezogenen Daten sind und je mehr (technische) Möglichkeiten der Verantwortliche hat.[392]

Freilich wird die Drittinformationspflicht in der Praxis häufig daran scheitern, dass die Drittverantwortlichen sich nicht (mit angemessenem Aufwand) identifizieren lassen.[393] Andere Wege, wie zum Bei-

386 Siehe hierzu schon oben unter 2.

387 *Dix* in Simitis/Hornung/Spiecker gen. Döhmann, Datenschutzrecht, 1. Aufl. 2019, Art. 17 Rn. 28.

388 Zum (un-)begrenzten Rezipientenkreis: *Peuker* in Sydow, Europäische DSGVO, 2. Aufl. 2018, Art. 17. Rn. 48.

389 Ein öffentlich werden ohne Zutun des Verantwortlichen ist hierfür nicht ausreichend, *Herbst* in Kühling/Buchner, DSGVO BDSG, 3 Aufl. 2020, Art. 17 Rn. 50.

390 *Herbst* in Kühling/Buchner, DS-GVO/BDSG, 3 Aufl. 2020, Art. 17 Rn. 50.

391 *Worms* in Wolff/Brink BeckOK Datenschutzrecht, DSGVO, 34. Edition 2020, Art. 17 Rn. 75.

392 Vgl. *Paal* in Paal/Pauly, DSGVO/BDSG 2. Aufl. 2018, Art. 17 Rn. 36; *Dix* in Simitis/Hornung/Spiecker gen. Döhmann, Datenschutzrecht, 1. Aufl. 2019, Art. 17 Rn. 27.

393 *Peuker* in Sydow, Europäische DSGVO, 2. Aufl. 2018, Art. 17. Rn. 53.

spiel eine direkte Information auf der Internetpräsenz des Verantwortlichen, sind ggf. technisch umsetzbar, aber scheitern an rechtlichen Hürden[394] und laufen wegen des sogenannten *Streisand*-Effektes[395] der Intention des Art. 17 DSGVO entgegen.[396] Zu denken wäre etwa an das Setzen von Meta-Tags, die die Web-Crawler von Suchmaschinen dazu veranlassen würden, die entsprechenden Daten aus ihren Indexdateien und Caches zu entfernen.[397] Allerdings ist hiermit keine aktive Information durch den Verantwortlichen verbunden, sodass erst die zukünftige Judikatur zeigen wird, ob dies den Anforderungen des Art. 17 II DSGVO genügt. Anders als beim Löschungsrecht aus Art. 17 I DSGVO, spricht hinsichtlich der Informationspflicht aus Art. 17 II DSGVO – eben weil hiermit keine Lösch- sondern nur eine Prüfpflicht der Drittverantwortlichen einhergeht – viel dafür, diese nicht territorial zu begrenzen.[398]

Praxishinweis:

Eine gewisse Orientierung hinsichtlich der jeweils zu ergreifenden Maßnahmen können die nicht verbindlichen Empfehlungen des europäischen Datenschutzausschusses gem. Art 70 I DSGVO bieten.[399]

Der jeweilige Verantwortliche hat zudem gem. Art. 12 III DSGVO die betroffene Person über die von ihm informierten Drittverantwort-

394 *Peuker* in Sydow, Europäische DSGVO, 2. Aufl. 2018, Art. 17. Rn. 52.

395 Der Begriff geht zurück auf eine Klage der Musikerin Barbara Streisand, die versuchte, den Fotografen Kenneth Adelman auf 50 Millionen Dollar Schadensersatz in Anspruch zu nehmen, weil auf einer von ihm veröffentlichten Luftaufnahme der Küste Kaliforniens ihr Anwesen zu sehen gewesen sei. Dieser Umstand war bis dahin nicht bekannt gewesen und gelangte erst durch die Klage in den Fokus der Öffentlichkeit.

396 *Dix* in Simitis/Hornung/Spiecker gen. Döhmann, Datenschutzrecht, 1. Aufl. 2019, Art. 17 Rn. 27.

397 *Herbst* in Kühling/Buchner, DS-GVO/BDSG, 3 Aufl. 2020, Art. 17 Rn. 53.

398 *Herbst* in Kühling/Buchner, DS-GVO/BDSG, 3 Aufl. 2020, Art. 17 Rn. 54; *Spindler/Dalby* in Spindler/Schuster, Recht der elektronischen Medien, 4. Aufl. 2019, Art. 17 Rn. 18.

399 *Herbst* in Kühling/Buchner, DS-GVO/BDSG, 3 Aufl. 2020, Art. 17 Rn. 58; *Dix* in Simitis/Hornung/Spiecker gen. Döhmann, Datenschutzrecht, 1. Aufl. 2019, Art. 17 Rn. 27.

lichen in Kenntnis zu setzen, so dass sie – falls nötig – unmittelbar gegen diese vorgehen kann.[400]

5. Folgen der Nicht-Erfüllung

Der betroffenen Person steht das Recht zu, sich bei der zuständigen Aufsichtsbehörde gem. Art. 77 DSGVO zu beschweren oder gem. Art. 79 DSGVO einen Rechtebehelf einzulegen.[401] Im Falle einer behördlichen Entscheidung stehen die üblichen öffentlich-rechtlichen Rechtsbehelfe (Anfechtungs- bzw. Verpflichtungsklage) zur Verfügung, gegenüber Privaten kann Leistungs- und ggf. Unterlassungsklage erhoben werden. Für ein Nebeneinander spricht jedenfalls, dass nach einer Löschung der Verantwortliche jederzeit wieder in den „Besitz“ gleichlautender personenbezogener Daten zu der betroffenen Person gelangen kann, ohne hierfür eine ausreichende Ermächtigung zu haben. Die Leistungsklage wäre in diesem Fall darauf gerichtet, den Verantwortlichen zur Löschung der personenbezogenen Daten zu verurteilen. Fraglich ist, ob daneben eine Unterlassungsklage statthaft sein kann, die darauf abzielt, es dem Verantwortlichen zu untersagen, künftig die personenbezogenen Daten der betroffenen Person ohne ausreichende Rechtsgrundlage zu speichern und zu verarbeiten.[402] Wurde dem Löschbegehren nicht nachgekommen, obwohl eine weitere Verarbeitung nicht zulässig ist, kann die betroffene Person auch Schadensersatz nach Art. 82 DSGVO verlangen, wenn ihr durch die weitere Speicherung ein Schaden entstanden ist.

Die zuständige Aufsichtsbehörde darf hierüber hinaus den Verantwortlichen anweisen, gem. Art. 58 II c) DSGVO dem Löschungsverlangen zu entsprechen oder gem. Art. 58 II g) DSGVO die Löschung selbst anordnen.[403]

400 *Dix* in Simitis/Hornung/Spiecker gen. Döhmann, Datenschutzrecht, 1. Aufl. 2019, Art. 17 Rn. 28. Für einen im Ergebnis gleichlaufenden Informationsanspruch aus Art. 12 II DSGVO: *Herbst* in Kühling/Buchner, DS-GVO/BDSG, 3 Aufl. 2020, Art. 17 Rn. 64.

401 *Dix* in Simitis/Hornung/Spiecker gen. Döhmann, Datenschutzrecht, 1. Aufl. 2019, Art. 17 Rn. 39.

402 Siehe Ausführungen zum Prozessrecht in Kapitel 2.

403 *Dix* in Simitis/Hornung/Spiecker gen. Döhmann, Datenschutzrecht, 1. Aufl. 2019, Art. 17 Rn. 39.

Zudem steht es den Mitgliedstaaten frei, weitergehende, wirksame, verhältnismäßige und abschreckende Sanktionen gem. Art. 84 DSGVO vorzusehen.[404]

V. Anspruch auf Schadensersatz

1. Gegenstand

Art. 82 DSGVO gewährt einen eigenständigen[405] deliktischen Anspruch[406] auf Schadensersatz, der, anders als die Vorgängerregelung der DS-RL bzw. des BDSG, unzweifelhaft[407] auch einen immateriellen Schaden erfasst und diesen nicht nur in Ausnahmefällen ersetzt, wie in der bisherigen Rechtsprechung zur deliktischen Haftung bei der Verletzung des allgemeinen Persönlichkeitsrechts.[408]

> ***Praxishinweis:***
>
> *Seit Geltung der DSGVO ist zu beobachten, dass betroffene Personen zahlreiche Ansprüche auf Ersatz eines immateriellen Schadens durchzusetzen versuchen. Die hierzu veröffentlichten Entscheidungen mehren sich zusehends.*[409] *Darüber hin-*

---

404 *Dix* in Simitis/Hornung/Spiecker gen. Döhmann, Datenschutzrecht, 1. Aufl. 2019, Art. 17 Rn. 39.

405 *Becker* in Plath DSGVO, 3. Aufl. 2018, Art. 82 Rn. 1.

406 *Bergt* in Kühling/Buchner, DS-GV/ BDSG, 3 Aufl. 2020, Art. 82 Rn. 1.

407 *Spindler/Horváth* in Spindler/Schuster, Recht der elektronischen Medien, 4. Aufl. 2019, Art. 82 Rn. 1; *Bergt* in Kühling/Buchner, DS-GVO/BDSG, 3 Aufl. 2020, Art. 82 Rn. 2, 5; *Neun/Lubitzsch*, BB 2017, 2563, 2567.

408 *Wybitul/Haß/Albrecht*, NJW 2018, 113, 115.

409 Beispielhaft nur: LG Köln, Urt. v. 7.10.2020 – 28 O 71/20; ArbG Neumünster, Urt. v. 11.8.2020 – 1 Ca 247 c/20; LG Hamburg, Urt. v. 4.9.2020 – 324 S 9/19; OGH, Urt. v. 27.11.2019 – 6Ob217/19h; AG Frankfurt am Main, Urt. v. 10.7.2020 – 385 C 155/19 (70); LG Karlsruhe, Urt. v. 2.8.2019 – 8 O 26/19; LG Darmstadt, Urt. v. 26.5.2020 – 13 O 244/19; AG Diez, Urt. v. 7.11.2018 – 8 C 130/18; ArbG Düsseldorf, Urt. v. 5.3.2020 – 9 Ca 6557/18; AG Pforzheim, Urt. v. 25.3.2020 – 13 C 160/19; ArbG Lübeck, Beschl. v. 20.6.2020 – 1 Ca 538/19; ArbG Dresden, Urt. v. 26.8.2020 – 13 Ca 1046/20; LG Frankfurt am Main, Urt. v. 18.9.2020 – 2/27 O 100/20; AG Hannover, Urt. v. 9.3.2020 – 531 C 10952/19; OLG Innsbruck, Urt. v. 13.2.2020 – 1 R 182/19b; eine aktuelle Übersicht zu Urteilen zu Art. 82 DSGVO bietet die Kanzlei Latham & Watkins auf ihrer Internetseite unter Datenschutz: Latham DSGVO-Schadensersatz-

aus kommen vermehrt Anbieter auf den Markt, die sich darauf spezialisiert haben, gebündelt Schadensersatzansprüche der betroffenen Personen durchzusetzen. Diese Entwicklung zeigt, dass Unternehmen künftig bei Datenschutzverstößen nicht nur mit (hohen) Bußgeldern der Aufsichtsbehörden zu rechnen haben. Es drohen zusätzlich zivilrechtliche Klagen auf Schadensersatz. Selbst wenn dabei der Schadensersatz für die einzelne betroffene Person vergleichsweise moderat ausfallen mag, führt die gebündelte Geltendmachung von einer Vielzahl von Einzelforderungen zu einer nicht nur unerheblichen wirtschaftlichen Belastung für den in Anspruch genommenen Verantwortlichen.

2. Verhältnis zu anderen Vorschriften

Der Anspruch aus Art. 82 DSGVO tritt neben die sonstigen (deliktischen oder vertraglichen) Schadensersatzansprüche[410] und erweitert diese.[411] Dies gilt auch hinsichtlich der Passivlegitimation.[412] Diese erstreckt sich sowohl auf mehrere Verantwortliche, für die in der Sache in Art. 82 IV DSGVO eine gesamtschuldnerische Haftung[413] angeordnet wird, als auch auf Auftragsverarbeiter neben den Verantwortlichen, welche jedoch gem. Art. 82 II 2 DSGVO insoweit privilegiert sind, als dass sie nur haften, wenn sie gegen die Anweisungen des

---

tabelle gibt schnellen Überblick über aktuelle Urteile und Schadenssummen | LathamGermany, [Latham-DSGVO-Schadensersatztabelle (lw.com)], zuletzt abgerufen am 3.2.2021; weitere Übersichten finden sich bei *Leibold*, ZD-Aktuell 2021, 05043; *Wybitul*, DSB 2021, 42 ff.

410 Siehe auch Erwägungsgrund 146 S. 4 DSGVO.

411 Vgl. *Gola/Piltz* in Gola, DSGVO, 2. Aufl. 2018, Art. 82 Rn. 20 ff.

412 *Spindler/Horváth* in Spindler/Schuster, Recht der elektronischen Medien, 4. Aufl. 2019, Art. 82 Rn. 1; siehe auch *Becker* in Plath DSGVO, 3. Aufl. 2018, Art. 82 Rn. 1, der auf die zuvor bestehenden Schutzlücken bei Datenschutzverletzungen im Bagatellbereich hinweist.

413 Abs. 5 regelt zudem den Innenausgleich und geht dabei dem § 426 BGB vor. Hierüber kann sogar der Verantwortliche/Auftragsverarbeiter Ausgleich von den anderen „Gesamtschuldnern" verlangen, wenn er im Außenverhältnis mehr bezahlt hat, als es seiner Pflicht im Innenverhältnis entsprochen hätte, *Boehm* in Simitis/Hornung/Spiecker gen. Döhmann, Datenschutzrecht, 1. Aufl. 2019, Art. 82 Rn. 35 ff.

Verantwortlichen oder ihre eigenständigen Pflichten aus der DSGVO verstoßen.[414]

3. Voraussetzungen

Der Anspruch setzt neben der Aktivlegitimation (a) und Passivlegitimation (b) den kausal (c) auf einem Verstoß gegen die DSGVO (d) beruhenden Schaden (e) voraus. Zudem darf die Haftung nicht ausgeschlossen sein (f).

a) Aktivlegitimation

Der Wortlaut des Art. 82 DSGVO erfasst *jede Person*. Dies wirft für die praktische Anwendung zwei relevante Fragen auf. Zum einen, ob die Person auch *betroffen* i. S. v. Art. 4 Nr. 1 DSGVO sein muss[415] und zum anderen, ob auch *juristische* Personen aktivlegitimiert sind. Ersteres dürfte zumindest diskutabel,[416] letzteres aufgrund der Zweck-

---

414 Dazu sogleich unter 3. b).

415 So *Frenzel* in Paal/Pauly, DSGVO/BDSG 2. Aufl. 2018, Art. 82 Rn. 7; *Nemitz* in Ehmann/Selmayr, Datenschutzgrundverordnung, 2. Aufl. 2018, Art. 82 Rn. 4; *Feldmann* in Gierschmann, DSGVO, 1. Aufl. 2018, Art. 82 Rn. 3; *Becker* in Plath DSGVO, 3. Aufl. 2018, Art. 82 Rn. 2. A. A. *Wybitul/Haß/Albrecht*, NJW 2018, 113 f.; *Geissler/Ströbel* NJW 2019, 3414; *Quaas* in Wolff/Brink BeckOK Datenschutzrecht, DSGVO, 34. Edition 2020, Art. 82 Rn. 37.

416 Gegen eine notwendige *Betroffenheit* der Person ist zumindest der Wortlaut des Art. 82 DSGVO anzuführen, der dieses Adjektiv im Gegensatz zu vielen anderen Normen der DSGVO unterschlägt. Vielfach wird für die Notwendigkeit der *Betroffenheit* der Person der Wortlaut des Erwägungsgrundes 146 S. 6 angeführt, der dies ebenfalls verlangt, so *Gola/Piltz* in Gola, DSGVO, 2. Aufl. 2018, Art. 82 Rn. 10; *Spindler/Horváth* in Spindler/Schuster, Recht der elektronischen Medien, 4. Aufl. 2019, Art. 82 Rn. 7; *Kreße* in Sydow, Europäische DSGVO, 2. Aufl. 2018, Art. 82 Rn. 11. Hiergegen kann allerdings zum einen eingewandt werden, dass der Normtext verbindlich ist und nicht die Erwägungsgründe und zum anderen diese Schlussfolgerung keinesfalls zwingend. Da Erwägungsgrund 146 S. 1 selbst nur von der Person (*nicht* „betroffene Person“) spricht, könnte der Satz 6 auch systematisch so verstanden werden, dass er besonders strenge Anforderungen an die Wiedergutmachung des Schadens der betroffenen Person stellt, den Schadensersatz für andere Personen aber nicht vollständig ausschließt. Eine solche Auslegung stünde zumindest auch im Einklang mit S. 3 des Erwägungsgrundes, der im Sinne des *effet utile* einen wirksamen, d. h. möglichst abschreckenden Schadensersatz verlangt. Vgl.

richtung der DSGVO ausgeschlossen sein.[417] Eine weitere praxisrelevante Frage ist die der Abtretbarkeit, insbesondere von Ansprüchen auf Ersatz immaterieller Schäden. Gerade diese Ansprüche werden zunehmend in der Praxis von spezialisierten Anbietern, teilweise unter Nutzung von Legal-Tech-Lösungen, gebündelt geltend gemacht.

Praxishinweis:

Unbestritten ist die betroffene Person aktivlegitimiert, wenn sie ihre eigenen Ansprüche auf Schadensersatz nach Art. 82 DSGVO durchsetzen möchte. Da aber die Aktivlegitimation auch voraussetzt, dass durch den Verstoß ein Schaden bei der Person entstanden ist, können Dritte zunächst keine Schadensersatzansprüche gegen den Verantwortlichen geltend machen. Damit Dritte, wie zum Beispiel spezialisierte Anbieter, Schadensersatzansprüche gegen den Verantwortlichen im eigenen Namen überhaupt durchsetzen können, müssen diese die Forderungen von der betroffenen Person, beispielsweise im Wege eines Forderungskaufes, erwerben. Die betroffene Person tritt in diesem Zusammenhang ihre Schadensersatzforderung gegen den Verantwortlichen an den Anbieter nach §§ 398 ff. BGB ab. Der Vorteil für die betroffene Person liegt dabei darin, dass diese nicht mit der Durchführung eines gerichtlichen Verfahrens belastet wird und dennoch einen Teil des geschuldeten Schadensersatzes erhält. Der Vorteil für den Anbieter liegt demgegenüber darin, dass dieser bei einer Vielzahl vergleichbarer Fälle durch Automatisierungen einzelne Prozesse vereinfachen und so selbst bei moderaten Einzelstreitwerten einen wirtschaftlichen Vorteil generieren kann. Zugleich erhöht die Bündelung mehrerer Einzelansprüche gegen einen Verantwortlichen den Druck auf diesen, in der Sache einzulenken. Die einzelne betroffene Person würde einen solchen Druck auf den Verant-

---

Bergt in Kühling/Buchner, DS-GVO/BDSG, 3 Aufl. 2020, Art. 82 Rn. 14 f.; *Boehm* in Simitis/Hornung/Spiecker gen. Döhmann, Datenschutzrecht, 1. Aufl. 2019, Art. 82 Rn. 8 f.

417 *Bergt* in Kühling/Buchner, DS-GVO/BDSG, 3 Aufl. 2020, Art. 82 Rn. 13 ff.; *Quaas* in Wolff/Brink BeckOK Datenschutzrecht, DSGVO, 34. Edition 2020, Art. 82 Rn. 37a; *Boehm* in Simitis/Hornung/Spiecker gen. Döhmann, Datenschutzrecht, 1. Aufl. 2019, Art. 82 Rn. 8; *Frenzel* in Paal/Pauly, DSGVO/BDSG 2. Aufl. 2018, Art. 82 Rn. 7.

wortlichen nicht ausüben können mit der Folge, dass Verfahren vielfach über sämtliche Instanzen bis zu einer rechtskräftigen Entscheidung gehen müssen. Hat die betroffene Person entweder die finanziellen Mittel oder die Geduld für ein solch langwieriges Verfahren nicht, kann auch ein theoretisch aussichtsreiches Verfahren mit einem negativen Urteil für die betroffene Person enden.

Während eine Abtretung von Ansprüchen auf Ersatz materieller Schäden unzweifelhaft möglich ist, ist strittig, ob auch die Ansprüche auf Ersatz einer Geldentschädigung, also auf Ersatz der immateriellen Schäden, möglich ist. Vor allem Spittka[418] *vertritt die Auffassung, dass Ansprüche auf immateriellen Schadensersatz nicht abtretbar seien. Die mit dem Anspruch verfolgte Genugtuungsfunktion könne nur gegenüber der betroffenen Person selbst erfüllt werden, deren Daten rechtswidrig verarbeitet wurden und von der Datenschutzverletzung betroffen seien.*[419] *Zur Begründung wird auf eine „ständige Rechtsprechung zur Nichtabtretbarkeit von Entschädigungsansprüchen wegen der Verletzung des Persönlichkeitsrechts" rekurriert, die auch für den immateriellen Schaden im Sinne von Art. 82 DSGVO gelte.*[420] *Dieser Ansicht hat sich sodann unter Verweis auf Spittka auch das AG Hannover angeschlossen.*[421]

Die hierzu in Bezug genommenen Entscheidungen des BGH befassten sich im Kern allerdings gerade nicht mehr mit der Abtretbarkeit eines Geldentschädigungsanspruches, sondern letztlich nur noch mit der Frage nach der Vererblichkeit eines solchen Anspruches.[422] *Insofern ist bereits fraglich, ob der*

---

418 *Spittka*, GRUR-Prax 2019, 475, 476; *Spittka*, IPRB 2021, 24, 27.

419 *Spittka*, GRUR-Prax 2019, 475, 476; so, ohne nähere Begründung auch *Klein*, GRUR-Prax 2020, 433, 433.

420 *Spittka*, GRUR-Prax 2019, 475, 476; *Klein*, GRUR-Prax 2020, 433, 433. *Spittka* verweist hierzu auf eine Literaturfundstelle im Münchener Kommentar, nämlich *Roth/Kieninger*, MüKo-BGB, 8. Aufl. 2019, § 399 Rn. 10, die wiederum auf Entscheidungen des *BGH* verweist: *BGH*, Urt. v. 23.5.2017 – VI ZR 261/16 u. *BGH*, Urt. v. 29.4.2014 – VI ZR 246/12.

421 AG Hannover, Urt. v. 9.3.2019 – 531 C 10952/19.

422 BGH, Urt. v. 23.5.2017 – VI ZR 261/16; *BGH*, Urt. v. 29.4.2014 – VI ZR 246/12.

BGH seine Rechtsprechung, die noch auf der Geltung des mittlerweile aufgehobenen § 847 I S. 2 BGB erging, auch in Bezug auf die Frage der Abtretbarkeit eines Anspruches auf Geldentschädigung aufrechterhalten würde.

Hiergegen spricht dann auch eine recht aktuelle Entscheidung des BGH vom 18.6.2020[423]*, in welcher der Senat zu entscheiden hatte, ob ein Anspruch auf Geldentschädigung nach § 15 II AGG wegen einer Persönlichkeitsrechtsverletzung übertragbar und damit auch pfändbar ist. Der BGH hat im Rahmen dieser Entscheidung ausdrücklich den Unterschied zwischen der Vererblichkeit und der Abtretbarkeit eines Anspruches auf Geldentschädigung hervorgehoben und ist letztlich zu dem Ergebnis gekommen, dass nach Aufhebung von § 847 I S. 2 BGB*[424] *einer Übertragbarkeit eines Geldentschädigungsanspruches nichts im Wege stehe. Tatsächlich enthält auch § 253 II BGB keine mit § 847 I S. 2 BGB vergleichbare Einschränkung hinsichtlich der Übertragbarkeit, sodass es für die Ansicht, dass der Geldentschädigungsanspruch nicht übertragbar sei, bereits nach nationalem Recht an einer gesetzlichen Grundlage fehlt. Dementsprechend kommen in der datenschutzrechtlichen Literatur die Autoren derzeit überwiegend zu dem Schluss, dass auch der Anspruch auf Ersatz des immateriellen Schadens nach Art. 82 I DSGVO übertragbar ist.*[425] *Begründet wird dies überwiegend damit, dass bei dem Anspruch auf Geldentschädigung nach Art. 82 I DSGVO die Genugtuungsfunktion, auf welche der BGH seine Entscheidungen in der Vergangenheit stützte, nicht im Vordergrund stehe, sondern vielmehr die Abschreckungsfunktion.*[426] *Hiervon ausgehend seien die Feststellungen des BGH nicht auf den datenschutzrechtlichen Geldentschädi-*

423 BGH, Beschl. v. 18.6.2020 – IX ZB 11/19.

424 § 847 Abs. 1 S. 2 BGB lautete: *„Der Anspruch ist nicht übertragbar und geht nicht auf die Erben über, es sei denn, daß er durch Vertrag anerkannt oder daß er rechtshängig geworden ist."*

425 *Bergt* in Kühling/Buchner, DSGVO, 3. Aufl. 2020, Art. 82, Rn. 65; *Moos/Schefzig* in Taeger/Gabel, DSGVO/BDSG, 3. Aufl. 2019, Art. 82 Rn. 58; *Kohn*, ZD 2019, 498, 499; *Boehm* in Simitis/Hornung/Spiecker gen. Döhmann, Datenschutzrecht, 1. Aufl. 2019, Art. 82 Rn. 7.

426 *Bergt* in Kühling/Buchner, DS-GVO, 3. Aufl. 2020, Art. 82 Rn. 65.

gungsanspruch übertragbar.[427] *Und selbst wenn man auf die Genugtuungsfunktion abstellen wollte, spricht nichts dagegen, dass diese Funktion auch dann erfüllt werden kann, wenn die betroffene Person ihren Anspruch auf Geldentschädigung an einen spezialisierten Anbieter verkauft und zumindest einen Teil der geschuldeten Geldentschädigung erhält. Es spricht sogar viel dafür, dass die Genugtuung umso höher ist, wenn die betroffene Person weiß, dass der Verantwortliche sich bei einem größeren Datenschutzvorfall nicht nur einem, sondern gleich mehrerer, gebündelt geltend gemachter Ansprüche ausgesetzt sieht. Dogmatisch dürfte es hierauf allerdings bereits gar nicht ankommen, da weder die DSGVO noch das nationale Recht ausdrücklich regeln, dass eine Übertragung des Geldentschädigungsanspruches ausgeschlossen ist. Durch die ausdrückliche Streichung von § 847 BGB und die Einfügung von § 253 II BGB ohne ein Übertragungsverbot analog zu § 847 I S. 2 BGB, spricht sogar vielmehr einiges dafür, dass der nationale Gesetzgeber die Übertragbarkeit von Ansprüchen auf Geldentschädigung gewollt hat.*

b) Passivlegitimation

Der Anspruch richtet sich gegen Verantwortliche im Sinne des Art. 4 Nr. 7 DSGVO und Auftragsverarbeiter gem. 4 Nr. 8 DSGVO, nicht jedoch gegen deren Mitarbeiter oder Datenschutzbeauftragte.[428] Diese haften möglicherweise nach nationalem Recht.[429]

Hinsichtlich des Verantwortlichen reicht für eine Haftung jede Beteiligung am Verarbeitungsvorgang, ohne dass es insoweit auf die schädigende Handlung selbst ankommt.[430]

---

427 *Bergt* in Kühling/Buchner, DS-GVO, 3. Aufl. 2020, Art. 82 Rn. 65.

428 *Boehm* in Simitis/Hornung/Spiecker gen. Döhmann, Datenschutzrecht, 1. Aufl. 2019, Art. 82 Rn. 15; *Frenzel* in Paal/Pauly, DSGVO/BDSG 2. Aufl. 2018, Art. 82 Rn. 12.

429 *Bergt* in Kühling/Buchner, DS-GVO/BDSG, 3 Aufl. 2020, Art. 82 Rn. 16; *Boehm* in Simitis/Hornung/Spiecker gen. Döhmann, Datenschutzrecht, 1. Aufl. 2019, Art. 82 Rn. 15.

430 *Frenzel* in Paal/Pauly, DSGVO/BDSG 2. Aufl. 2018, Art. 82 Rn. 13; *Quaas* in Wolff/Brink BeckOK Datenschutzrecht, DSGVO, 34. Edition 2020, Art. 82 Rn. 39.

Der Auftragsverarbeiter haftet grundsätzlich[431] gem. Art. 82 I DSGVO im gleichen Umfang wie der Verantwortliche, ist allerdings durch Art. 82 II 2 DSGVO privilegiert.[432] Dem Wortlaut nach haftet der Auftragsverarbeiter insoweit nur, als er[433] gegen seine Pflichten aus der DSGVO verstößt oder entgegen oder unter Nichtbeachtung der Anweisungen gehandelt hat. Die Pflichten des Auftragsverarbeiters nach der DSGVO sind zu umfangreich, um hier im Detail dargestellt werden zu können.[434]

Von besonderer praktischer Bedeutung ist die Frage, ob sich der Auftragsverarbeiter auch dann seiner Haftung entziehen kann, wenn die Anweisung des Verantwortlichen offensichtlich oder erkennbar rechtswidrig ist.[435] Dies dürfte zu verneinen sein, da der Auftragsverarbeiter in Fällen der offensichtlichen Rechtswidrigkeit schon aufgrund des § 275 I BGB nicht zur Leistung verpflichtet ist[436] und den Verantwortlichen gem. Art. 28 III 3 DSGVO über die Rechtswidrigkeit zu informieren hat.[437] In Zweifelsfällen ist dem Auftragsverarbeiter jedoch eher anzuraten, die Weisung auszuführen, da er jedenfalls dann haftet,

---

431 Allerdings kann er sich gegebenenfalls auf das Providerprivileg der Art. 12 ff. der E-Commerce-Richtlinie berufen, die gem. Art. 2 IV DSGVO ausdrücklich anwendbar sind, siehe hierzu *Bergt* in Kühling/Buchner, DS-GVO/BDSG, 2. Aufl. 2018, Art. 82 Rn. 40, *Moos/Schefzig* in Taeger/Gabel, DSGVO/BDSG, 3. Aufl. 2019, Art. 82 Rn. 69.

432 Eingehende Kritik an dem grundsätzlichen Modell, das implizit von einer strukturellen Unterlegenheit der Auftragsverarbeiter ausgeht, übt *Nemitz* in Ehmann/Selmayr, Datenschutzgrundverordnung, 2. Aufl. 2018, Art. 82 Rn. 22 ff.

433 Der Einsatz von Unterauftragsverarbeitern führt – soweit er nicht gegen die Weisung des Verantwortlichen verstößt – nicht zum Ausschluss der Entlastungsmöglichkeit, siehe hierzu *Bergt* in Kühling/Buchner, DS-GVO/BDSG, 3 Aufl. 2020, Art. 82 Rn. 39.

434 Einen Überblick gibt *Bergt* in Kühling/Buchner, DS-GVO/BDSG, 3 Aufl. 2020, Art. 82 Rn. 27; siehe auch *Boehm* in Simitis/Hornung/Spiecker gen. Döhmann, Datenschutzrecht, 1. Aufl. 2019, Art. 82 Rn. 17 ff.

435 *Boehm* in Simitis/Hornung/Spiecker gen. Döhmann, Datenschutzrecht, 1. Aufl. 2019, Art. 82 Rn. 19.

436 Siehe zur rechtlichen Unmöglichkeit: *Ernst* in MüKo-BGB, 8. Aufl. 2019, § 275 Rn. 41.

437 *Boehm* in Simitis/Hornung/Spiecker gen. Döhmann, Datenschutzrecht, 1. Aufl. 2019, Art. 82 Rn. 19; *Spindler/Horváth* in Spindler/Schuster, Recht der elektronischen Medien, 4. Aufl. 2019, Art. 82 Rn. 10; *Bergt* in Kühling/Buchner, DS-GVO/BDSG, 3 Aufl. 2020, Art. 82 Rn. 30.

wenn er eine Weisung (die er für rechtswidrig hält) nicht ausführt und sich diese später als rechtmäßig erweist.[438]

Praxishinweis:

Sowohl dem Verantwortlichen als auch dem Auftragsverarbeiter kann nur geraten werden, ein Dokumentationssystem für sämtliche erteilten Weisungen einzurichten.[439] *Der Verantwortliche kann sich hierdurch zwar nicht entlasten, aber zumindest Beweise für etwaige Regressansprüche sichern.*[440] *Auch wenn diese zulässig sind, sollte deshalb in der Praxis im Interesse aller Beteiligten auf formlose/mündliche Weisungen verzichtet werden und ein fälschungssicheres System zur Aufzeichnung der Weisungen eingerichtet werden, z. B. mittels fortlaufend nummerierter Tickets.*[441]

Praxishinweis:

Nimmt die betroffene Person nur den Verantwortlichen oder nur den Auftragsverarbeiter gerichtlich in Anspruch, sollte darüber nachgedacht werden, dem jeweils anderen nach § 72 ZPO den Streit zu verkünden. Hierdurch kann auf der ersten Stufe erreicht werden, dass man sich gemeinsam gegen die erhobene Forderung verteidigt. Kommt es gleichwohl zu einer Verurteilung und will der Verurteilte den anderen in einem Folgeprozess in Regress nehmen, gelten die Feststellungen aus dem Vorprozess nach §§ 74, 68 ZPO auch im Verhältnis zwischen den Parteien des Folgeprozesses.

c) Kausalität

Schon aus dem Wortlaut des Art. 82 I DSGVO „wegen eines Verstoßes“ folgt das Kausalitätserfordernis.[442] Dieses ist europarechtlich nicht näher definiert, so dass auf mitgliedstaatliche Kausalitätstheori-

---

438 *Bergt* in Kühling/Buchner, DS-GVO/BDSG, 3 Aufl. 2020, Art. 82 Rn. 36.

439 *Bergt* in Kühling/Buchner, DS-GVO/BDSG, 3 Aufl. 2020, Art. 82 Rn. 37; *Moos/Schefzig* in Taeger/Gabel, DSGVO/BDSG, 3. Aufl. 2019, Art. 82 Rn. 67.

440 *Bergt* in Kühling/Buchner, DS-GVO/BDSG, 3 Aufl. 2020, Art. 82 Rn. 37.

441 *Bergt* in Kühling/Buchner, DS-GVO/BDSG, 3 Aufl. 2020, Art. 82 Rn. 37.

442 *Frenzel* in Paal/Pauly, DSGVO/BDSG, 2. Aufl. 2018, Art. 82 Rn. 11; *Boehm*

en zurückgegriffen werden kann und muss.[443] Diese sind ihrerseits im Lichte des Unionsrechts, insbesondere des Effektivitäts- und Äquivalenzgedanken, zu verstehen.[444] Teilweise wird mit Verweis auf Erwägungsgrund 146 S. 3 der DSGVO auf die Rechtsprechung des EuGH in Kartellsachen abgestellt.[445] Im Kartellrecht geht der EuGH zum einen von einer notwendigen Abschreckungswirkung des Schadensersatzes aus, zum anderen lässt er ebenso aus Gesichtspunkten der Effektivität jeden ursächlichen Zusammenhang zwischen Rechtsverstoß und dem Schaden genügen und hält einen „unmittelbaren Kausalzusammenhang nicht für erforderlich.[446] Ausreichend sei ein „ursächlicher Zusammenhang", der nach nationalem Recht zu bestimmen sei.[447] Allerdings ist dies gerade in Bezug auf die Kausalität keinesfalls zwingend, da hier ohnehin nur vom „Begriff des Schadens" die Rede[448] ist.

Somit bleibt im Grunde die Äquivalenztheorie als Ausgangspunkt der Kausalität,[449] die sodann aufgrund ihres umfassenden Charakters durch Adäquanz-,[450] Schutzzweck-[451] oder sonstige Erwägungen[452]

---

in Simitis/Hornung/Spiecker gen. Döhmann, Datenschutzrecht, 1. Aufl. 2019, Art. 82 Rn. 13.

443 Vgl. *Bergt* in Kühling/Buchner, DS-GVO/BDSG, 3 Aufl. 2020, Art. 82 Rn. 44 m. w. N.

444 *Boehm* in Simitis/Hornung/Spiecker gen. Döhmann, Datenschutzrecht, 1. Aufl. 2019, Art. 82 Rn. 14; *Quaas* in Wolff/Brink BeckOK Datenschutzrecht, DSGVO, 34. Edition 2020, Art. 82 Rn. 26.

445 Vgl. *Wybitul/Haß/Albrecht*, NJW 2018, 113, 115 f.; *Neun/Lubitzsch,* BB 2017, 2563, 2568; *Quaas* in Wolff/Brink BeckOK Datenschutzrecht, DSGVO, 34. Edition 2020, Art. 82 Rn. 26; *Bergt* in Kühling/Buchner, DS-GVO/BDSG, 3 Aufl. 2020, Art. 82 Rn. 41; a.A *Moos/Schefzig* in Taeger/Gabel, DSGVO/BDSG, 3. Aufl. 2019, Art. 82 Rn. 39.

446 Siehe nur *EuGH,* Urt. v. 5.6.2014 – C 557/12 *Kone* Rn. 24 ff. mwN.

447 EuGH, Urt. v. 5.6.2014 – C 557/12 *Kone* Rn. 32.

448 A.A. Vgl. *Bergt* in Kühling/Buchner, DS-GVO/BDSG, 3 Aufl. 2020, Art. 82 Rn. 41.

449 Vgl. *Boehm* in Simitis/Hornung/Spiecker gen. Döhmann, Datenschutzrecht, 1. Aufl. 2019, Art. 82 Rn. 13; *Quaas* in Wolff/Brink BeckOK Datenschutzrecht, DSGVO, 34. Edition 2020, Art. 82 Rn. 26. Mit ausführlichem Beispiel *Bergt* in Kühling/Buchner, DS-GVO/BDSG, 3 Aufl. 2020, Art. 82 Rn. 42 f.

450 *Bergt* in Kühling/Buchner, DS-GVO/BDSG, 3 Aufl. 2020, Art. 82 Rn. 45; *Quaas* in Wolff/Brink BeckOK Datenschutzrecht, DSGVO, 34. Edition 2020, Art. 82 Rn. 26.

451 *Moos/Schefzig* in Taeger/Gabel, DSGVO/BDSG, 3. Aufl. 2019, Art. 82 Rn. 38.

452 „Hinreichende Unmittelbarkeit", *Frenzel* in Paal/Pauly, DSGVO/BDSG

einzuschränken ist. Da gerade diese Einschränkungen der Äquivalenztheorie zwingend mit einer Wertung einhergehen, wird die Rechtssicherheit in diesem Bereich erst mit der Anzahl der Gerichtsentscheidungen zunehmen.

d) Verstoß gegen die DSGVO

Der weit formulierte Wortlaut „Verstoß gegen diese Verordnung" impliziert die Frage, ob auch Verstöße, die nicht die Verarbeitung selbst betreffen, wie zum Beispiel solche, die vor der Verarbeitung stattfinden oder nur organisatorischer Natur sind, wie die fehlende Bestellung eines Datenschutzbeauftragten, für sich genommen ausreichen.[453] Allerdings ist kaum vorstellbar, wie ein solcher Verstoß kausal für einen Schaden der betroffenen Person sein soll, so dass dieser Streit wohl akademischer Natur bleiben wird.[454]

Praxisrelevanter könnte sich hingegen die Fragestellung entwickeln, inwieweit Verstöße gegen nationale Normen, die etwa aufgrund des Art. 85 II oder 23 DSGVO erlassen wurden, entsprechend Art. 82 DSGVO sanktioniert werden können.[455]

---

2. Aufl. 2018, Art. 82 Rn. 11 mit Verweis auf Rechtsprechung des EuGHs; ebenso *Bergt* in Kühling/Buchner, DS-GVO/BDSG, 3 Aufl. 2020, Art. 82 Rn. 44 f.

453 So *Boehm* in Simitis/Hornung/Spiecker gen. Döhmann, Datenschutzrecht, 1. Aufl. 2019, Art. 82 Rn. 10; ähnlich *Bergt* in Kühling/Buchner, DS-GVO/BDSG, 3 Aufl. 2020, Art. 82 Rn. 23; *Quaas* in Wolff/Brink BeckOK Datenschutzrecht, DSGVO, 34. Edition 2020, Art. 82 Rn. 14; a. A. *Nemitz* in Ehmann/Selmayr, Datenschutzgrundverordnung, 2. Aufl. 2018, Art. 82 Rn. 8; *Gola/Piltz* in Gola, DSGVO, 2. Aufl. 2018, Art. 82 Rn. 4.

454 Vgl. *Moos/Schefzig* in Taeger/Gabel, DSGVO/BDSG, 3. Aufl. 2019, Art. 82 Rn. 22. Siehe auch *Feldmann* in Gierschmann, DSGVO, 1. Aufl. 2018, Art. 82 Rn. 12.

455 Hierzu *Frenzel* in Paal/Pauly, DSGVO/BDSG 2. Aufl. 2018, Art. 82 Rn. 9, der davon ausgeht, dass nur diejenigen Regelungen sanktioniert werden können, die ihrerseits die DSGVO präzisieren; ebenso *Boehm* in Simitis/Hornung/Spiecker gen. Döhmann, Datenschutzrecht, 1. Aufl. 2019, Art. 82 Rn. 10; *Becker* in Plath DSGVO 3. Aufl. 2018, Art. 82 Rn. 2 und *Moos/Schefzig* in Taeger/Gabel, DSGVO/BDSG, 3. Aufl. 2019, Art. 82 Rn. 24.

e) Schaden

Die betroffene Person muss einen Schaden erlitten haben.[456] Erfasst sind hierbei sowohl materielle als auch immaterielle Schäden, sie müssen jedoch tatsächlich entstanden sein und nicht lediglich befürchtet werden.[457]

Der von den Passivlegitimierten zu leistende Schadensersatz umfasst materielle und immaterielle Schadenspositionen. Der Begriff des Schadens sollte dabei gem. Erwägungsgrund 146 S. 3 DSGVO im Lichte der Rechtsprechung des EuGH weit auf eine Art und Weise ausgelegt werden, die den Zielen der DSGVO im vollen Umfang entspricht.[458]

Der materielle Schaden wird sich dabei nach dem nationalen Recht, also den §§ 249 ff. BGB richten, wobei freilich der Effektivitäts- und Äquivalenzgrundsatz berücksichtigt werden muss.[459]

Typische erfasste materielle Schäden sind etwa die Kosten der Rechtsverfolgung, z. B. Anwaltskosten zur Rechtsverfolgung oder die Kosten für einen IT-Spezialisten zur Ermittlung des Verletzers.[460] Je nach Lebenssachverhalt können auch Kosten entstehen, weil eine betroffene Person aufgrund fehlerhafter Datenverarbeitung nicht eingestellt oder entlassen wurde, wegen eines schlechten Scorings keinen Kredit oder nur zu schlechteren Bedingungen einen Kredit erhalten hat oder sonstige Nachteile beim Abschluss eines Vertrages erlitten hat.[461] Für die betroffene Person kann es in diesen Fällen aber schwierig werden,

---

456 *Eichelberger* in Festschrift für Taeger, S. 137, 147 („Kein Schadensersatzanspruch ohne Schaden")

457 *Boehm* in Simitis/Hornung/Spiecker gen. Döhmann, Datenschutzrecht, 1. Aufl. 2019, Art. 82 Rn. 11 f.; *Nemitz* in Ehmann/Selmayr, Datenschutzgrundverordnung, 2. Aufl. 2018, Art. 82 Rn. 11 ff. Vgl. auch Erwägungsgründe 75 und 146 S. 3 DSGVO; *Eichelberger* in Festschrift für Taeger, S. 137, 147.

458 *Eichelberger* in Festschrift für Taeger, S. 137, 142 f.

459 *Nemitz* in Ehmann/Selmayr, Datenschutzgrundverordnung, 2. Aufl. 2018, Art. 82 Rn. 16.

460 *Bergt* in Kühling/Buchner, DS-GVO/BDSG, 3 Aufl. 2020, Art. 82 Rn. 19.

461 *Bergt* in Kühling/Buchner, DS-GVO/BDSG, 3 Aufl. 2020, Art. 82 Rn. 19; *Boehm* in Simitis/Hornung/Spiecker gen. Döhmann, Datenschutzrecht, 1. Aufl. 2019, Art. 82 Rn. 28; mit weiteren Beispielen: *Wybitul/Haß/Albrecht,* NJW 2018, 113, 114. Zu weiteren materiellen und immateriellen Schadensrisiken siehe auch Erwägungsgrund 75 DSGVO.

den Nachweis zu erbringen, dass dieser Schaden tatsächlich auch kausal auf den Datenschutzverstoß zurückzuführen ist und gerade nicht auch auf anderen Umständen beruht.

Zudem kommt auch der Wert des betroffenen (unrechtmäßig verarbeiteten oder weitergegebenen) Datensatzes selbst in Betracht. Hier ist denkbar, dass sich die Höhe des zu ersetzenden Schadens am objektiven Wert des Datensatzes selbst bemisst bzw. im Wege einer Lizenzanalogie ermittelt wird oder man auf den Gewinn des Verantwortlichen oder den Wert für die betroffene Person abstellt.[462] Problematisch ist insofern, dass Daten gerade durch ihre Vollständigkeit einen Wert erfahren und dementsprechend die Daten einer einzelnen Person bedeutend weniger wert sind, als komplette Datensätze, beispielsweise einer Bevölkerungsgruppe.[463] Diesem Umstand wird man nicht zuletzt[464] durch die Gewährung eines entsprechend hohen immateriellen Schadensersatzes Rechnung tragen müssen, um den Schadensersatz effektiv auszugestalten.[465] Das bedeutet freilich nicht, dass die Schwierigkeiten beim Nachweis eines konkreten materiellen Schadens dadurch kompensiert werden, dass der betroffenen Person im Gegenzug ein immaterieller Schadensersatz zugesprochen wird. Dieser stellt eine eigene Schadensposition dar und nicht nur einen Auffangschadensersatz.

Die Höhe des immateriellen Schadensersatzes wird sich erst mit zunehmender Rechtsprechung entwickeln.[466] Für die Bemessung bietet es sich an, auf die Kriterien des Art. 83 II DSGVO für die Bemessung von Bußgeldern zurückzugreifen,[467] wobei stets die Umstände des Einzelfalles zu berücksichtigen sind.[468] Die bisherige zurückhaltende

---

462 *Nemitz* in Ehmann/Selmayr, Datenschutzgrundverordnung, 2. Aufl. 2018, Art. 82 Rn. 17; *Dickmann*, r+s 2018, 345, 350.

463 Ausführlich *Dickmann*, r+s 2018, 345, 348 ff.

464 Für Begleitumstände, die für die Berechnung des Datenwertes relevant sind, kann die betroffene Person auf den Auskunftsanspruch aus Art. 15 DSGVO zurückgreifen, *Dickmann*, r+s 2018, 345, 350 f.

465 *Becker* in Plath DSGVO, 3. Aufl. 2018, Art. 82 Rn. 4a.

466 Vgl. *Wybitul/Neu/Strauch*, ZD 2018, 202, 207.

467 *Boehm* in Simitis/Hornung/Spiecker gen. Döhmann, Datenschutzrecht, 1. Aufl. 2019, Art. 82 Rn. 27; so auch eingehend *Dickmann*, r+s 2018, 345, 353, der hierbei primär auf den Kompensations- statt auf den Strafcharakter der Bußgeldvorschriften abstellen will.

468 *Eichelberger* in Festschrift für Taeger, S. 137, 152.

Rechtsprechung der deutschen Gerichte wird sich auf mittelfristige Sicht wohl nicht halten können.[469] Dennoch ist nicht ausgeschlossen, dass auch in Zukunft Gerichte *Bagatellschäden* annehmen werden, die nicht zu einem Ersatz des immateriellen Schadens führen.[470]

Es dürfte allerdings fraglich sein, ob die in der Rechtsprechung zunehmende Ansicht, Bagatellverstöße seien von Art. 82 DSGVO ausgenommen,[471] tatsächlich auch dem Sinn und Zweck der Vorschrift entspricht.[472] Die Begrenzung eines Ersatzanspruches nur auf solche Schäden, die eine Bagatellgrenze überschritten haben, widerspricht dem Wortlaut von Erwägungsgrund 146 S. 3 („*Der Begriff des Schadens sollte im Lichte der Rechtsprechung des Gerichtshofs weit auf eine Art und Weise ausgelegt werden, die den Zielen dieser Verordnung in vollem Umfang entspricht.*“), wonach der Begriff des Schadens zunächst weit auszulegen ist. Erwägungsgrund 146 S. 6 verlangt zudem, dass die betroffene Person den vollständigen Schaden ersetzt erhalten soll („*Die betroffenen Personen sollten einen vollständigen und wirksamen Schadenersatz für den erlittenen Schaden erhalten.*“). Das spricht nicht dafür, dass der Verordnungsgeber für einen Schadensersatzanspruch nach Art. 82 DSGVO eine Bagatellgrenze vorgesehen hat.[473] Eine solche Bagatellgrenze führt im Ergebnis zudem zu einer Rechtszersplitterung, da die Gerichte diese unterschiedlich begründen können. So führte die versehentliche Weiterleitung von Bewerbungsdaten an einen Dritten vor dem *Landgericht Darmstadt*[474] zu einer Verurteilung des Verantwortlichen zur Zahlung eines immateriellen Schadensersatzes in Höhe von insgesamt 1.000,00 EUR. In einer Entscheidung des *Landgerichts* Köln[475] wurde von der Klägerin

469 *Bergt* in Kühling/Buchner, DS-GVO/BDSG, 3 Aufl. 2020, Art. 82 Rn. 18; in diese Richtung auch *Feldmann* in Gierschmann, DSGVO, 1. Aufl. 2018, Art. 82 Rn. 15 f., der hierdurch mögliche Gefahren für die Presse- und Meinungsfreiheit erkennt und eine präzise Regelung durch den deutschen Gesetzgeber befürwortet.

470 Ausführlich: *Becker* in Plath, DSGVO, 3. Aufl. 2018, Art. 82 Rn. 4cf.

471 So zum Beispiel OLG Dresden, Hinweisbeschluss vom 11.6.2019 – 4 U 760/19; AG Diez, Urt. v. 7.11.2018 – 8 C 130/18.

472 *Eichelberger* in Festschrift für Taeger, S. 137, 147 f. spricht sich klar gegen die Annahme einer solchen Bagatellgrenze aus.

473 So auch *Eichelberger* in Festschrift für Taeger, S. 137, 147 f.

474 LG Darmstadt, Urt. v. 26.5.2020 – 13 O 244/19.

475 LG Köln, Urt. v. 7.10.2020 – 28 O 71/20.

vorgetragen, welche emotionale Belastung die versehentliche Versendung von Kontoauszügen an einen Dritten für sie bedeutet hatte. Soweit ersichtlich, erfolgte ein solcher Vortrag zu den emotionalen Folgen der fehlerhaften Versendung der personenbezogenen Daten vor dem *Landgericht Darmstadt* nicht, vielmehr reichte hier die Wahrscheinlichkeit für einen Schadenseintritt aus. Das *Landgericht Darmstadt* berücksichtigte zudem, dass der Verantwortliche es versäumt hatte, die betroffene Person von der versehentlichen Versendung zu informieren. Auch in dem Fall vor dem *Landgericht Köln* erlangte die Klägerin Kenntnis vom Verstoß nicht von der Beklagten, sondern dadurch, dass ihr der Brief von dem Dritten, einer Rechtsanwaltskanzlei, zugeleitet wurde. Obwohl beide Sachverhalte in wesentlichen Aspekten vergleichbar waren, zog das *Landgericht Köln* eine Bagatellgrenze und versagte einen Schadensersatz, während das *Landgericht Darmstadt* eine vergleichsweise hohe Entschädigungssumme zusprach.

Verletzt der Verantwortliche seine Auskunftspflicht nach Art. 15 DSGVO, beispielsweise indem die Auskunft zu spät erteilt wird, wird jedenfalls überwiegend von den angerufenen Arbeitsgerichten pauschal von einem schadensbegründenden Ereignis gesprochen, das ebenso pauschal einen Schadensersatz in Höhe von 500,00 EUR pro Monat der Verspätung rechtfertigen soll.[476] Hier wird nicht unterschieden, ob die personenbezogenen Daten der betroffenen Person im Übrigen rechtmäßig verarbeitet werden oder (aus Versehen) an Dritte weitergeleitet werden. Eine Erheblichkeitsprüfung findet ebenfalls gar nicht statt. Es ist allerdings nicht ersichtlich, warum die um einen Monat verspätete Beantwortung eines Auskunftsbegehrens eine schwerere Beeinträchtigung des Persönlichkeitsrechts der betroffenen Person darstellen soll als die erwiesene Versendung von personenbezogenen Daten an einen unberechtigten Dritten. Es erscheint sachgerechter, die Schwere eines Verstoßes bei der Höhe des Schadensersatzes zu berücksichtigen.[477] Werden bei weniger schweren Verletzungen dann regelmäßig auch nur geringe Schadenssummen zugesprochen, droht den Gerichten perspektivisch auch nicht eine Flut an zahlreichen Einzelverfahren wegen der Verletzung von Datenschutzrechten. Das Problem bei der Einführung einer Bagatellgrenze ist, dass bis zu

---

476 ArbG Neumünster, Urt. v. 11.8.2020 – 1 Ca 247 c/20.
477 So im Ergebnis auch das *LG Lüneburg*, Urt. v. 14.7.2020 – 9 O 145/19.

einer höchstrichterlichen Klärung jedes Gericht diese in einem gewissen Rahmen nach eigenem Ermessen selbst bestimmen kann. Wie der Vergleich zwischen der Entscheidung des *Landgerichts* Köln[478] und der Entscheidung des *Landgerichts Darmstadt*[479] deutlich zeigt, können dabei vergleichbare Fallkonstellationen unterschiedlich entschieden werden. Ein solches Auseinanderfallen der Entscheidungspraxis steht allerdings im Widerspruch zu dem Ziel, jeder betroffenen Person einen wirksamen und vollständigen Anspruch auf Geldentschädigung zu gewähren.

Praxishinweis:

Wie den ersten gerichtlichen Entscheidungen zu entnehmen ist, muss man bei der Bewertung der Erfolgsaussichten einer Klage auf Ersatz immaterieller Schäden berücksichtigen, dass die Spruchpraxis der ordentlichen Gerichte deutlich von der der Arbeitsgerichte abweicht. Während Arbeitsgerichte teilweise großzügig einen Schadensersatz zusprechen, scheitern entsprechende Klagen vor ordentlichen Gerichten oftmals entweder an einer vom Gericht angenommenen Bagatellgrenze oder an sehr hohen Anforderungen hinsichtlich der Darlegungs- und Beweislast. Für Kläger vor ordentlichen Gerichten besteht vor diesem Hintergrund derzeit ein höheres Risiko, mit einer Klage auf Ersatz immaterieller Schäden, trotz Vorliegens eines Datenschutzvorfalles, nicht durchzudringen.

Praxishinweis:

Bis zu einer höchstrichterlichen Klärung der Frage, ob im Anwendungsbereich des Art. 82 DSGVO eine durch die Rechtsprechung zu entwickelnde Bagatellgrenze eingezogen wird, ist es aus Sicht des Verantwortlichen durchaus legitim, sich bei nur leichten Verstößen damit zu verteidigen, der konkrete Verstoß bewege sich noch unterhalb der Bagatellgrenze.[480]

---

478 LG Köln, Urt. v. 7.10.2020 – 28 O 71/20.

479 LG Darmstadt, Urt. v. 26.5.2020 – 13 O 244/19.

480 Das BVerfG hat mit Beschluss vom 14.1.2021 (1 BvR 2853/19) festgestellt, dass das Amtsgericht Goslar (Urt. v. 27.9.2019 – 28 C 7/19) die Frage, ob Art. 82 DSGVO eine Bagatellgrenze kennt, dem EuGH hätte vorlegen müssen. Nach Auffassung des *BVerfG* hätte das Amtsgericht Goslar einen Anspruch auf

Auch die Berücksichtigung eines etwaigen Mitverschuldens der betroffenen Person ist auf Rechtsfolgenseite denkbar.[481]

Praxishinweis:

Der bis jetzt noch vor allem auf Rechtsfolgenseite diffuse Schadensersatzanspruch des Art. 82 DSGVO birgt erhebliche unternehmerische Risiken.[482] Umso mehr ein Grund, die Datenverarbeitung im eigenen Unternehmen zu überdenken und nicht alles zu speichern, was geht,[483] sondern nur die wirklich benötigten Daten zu erfassen und gleichzeitig genau zu erfassen, welche Abteilungen welche Daten zu welchen Zwecken verarbeiten.[484] Das ergibt sich zwar bereits aus dem Grundsatz der Datensparsamkeit bzw. der Datenminimierung nach Art. 5 I b) DSGVO. Die Nichteinhaltung dieses Grundsatzes kann sich aber gerade im Schadensersatzanspruch der betroffenen Person besonders negativ auswirken.

f) Haftungsausschluss

Der akademische Streit, ob es sich bei Art. 82 DSGVO um eine Gefährdungshaftung[485] oder eine Haftung für vermutetes Verschulden[486] handelt, kann für die Praxis ignoriert werden, da es hier allein darauf

---

Geldentschädigung nach Art. 82 DSGVO nicht an einem Tatbestandsmerkmal (hier: Erheblichkeit) scheitern lassen, welches sich so nicht aus dem Wortlaut der betreffenden Vorschrift ergibt.

481 *Boehm* in Simitis/Hornung/Spiecker gen. Döhmann, Datenschutzrecht, 1. Aufl. 2019, Art. 82 Rn. 30; *Frenzel* in Paal/Pauly, DSGVO/BDSG 2. Aufl. 2018, Art. 82 Rn. 19; a. A. *Bergt* in Kühling/Buchner, DS-GVO/ BDSG, 3 Aufl. 2020, Art. 82 Rn. 59.

482 Vgl. *Wybitul/Haß/Albrecht*, NJW 2018, 113, 118; *Wybitul/Neu/Strauch*, ZD 2018, 202, 207.

483 *Dickmann*, r+s 2018, 345, 355.

484 *Wybitul/Haß/Albrecht*, NJW 2018, 113, 118.

485 *Geissler/Ströbel*, NJW 2019, 3414; *Wybitul*, ZD 2016, 253, 254; *Frenzel* in Paal/Pauly, DSGVO/BDSG, 2. Aufl. 2018, Art. 82 Rn. 9.

486 *Spindler*, DB 2017, 937, 947; *Quaas* in Wolff/Brink BeckOK Datenschutzrecht, DSGVO, 34. Edition 2020, Art. 82 Rn. 17.1; *Gola/Piltz* in Gola, DSGVO, 2. Aufl. 2018, Art. 82 Rn. 18.

ankommt, dass bzw. ob sich der Verantwortliche (oder Auftragsverarbeiter) gem. Art. 82 III DSGVO exkulpieren kann.[487]

Für eine Exkulpation ist jedenfalls notwendig, dass der Passivlegitimierte *nachweist, dass er in keinerlei Hinsicht für den Umstand, durch den der Schaden eingetreten ist, verantwortlich ist.* Der Begriff der „Verantwortlichkeit" ist für die deutsche Übersetzung[488] sicher nicht optimal gewählt, da er einen Bezug zu Art. 4 Nr. 7 DSGVO nahelegt, der so nicht gemeint ist.[489]

In der Sache dürfte es hier um (fehlendes) Verschulden gehen, was die Folgefrage aufwirft, ob dieses gem. § 276 BGB[490] oder unionsautonom[491] zu bestimmen ist. Jedenfalls deutet der Wortlaut hier auf einen sehr strengen Maßstab[492] hin, der sämtliche Formen der Fahrlässigkeit erfasst.[493] Eine Entlastung kommt daher wohl nur in ganz engen Ausnahmefällen, wie zum Beispiel bei höherer Gewalt[494] oder einem nicht vermeidbaren Hackerangriff, in Betracht.[495]

---

487 *Neun/Lubitzsch*, BB 2019, 2563, 2568; *Becker* in Plath, DSGVO, 3. Aufl. 2018, Art. 82 Rn. 5; *Bergt* in Kühling/Buchner, DS-GVO/BDSG, 3 Aufl. 2020, Art. 82 Rn. 12; *Dickmann*, r+s 2018, 345, 347.

488 Im Englischen klarer: *responsible for the event giving rise to the damage*, siehe *Bergt* in Kühling/Buchner, DS-GVO/BDSG, 2. Aufl. 2018, Art. 82 Rn. 49; *Quaas* in Wolff/Brink BeckOK Datenschutzrecht, DSGVO, 34. Edition 2020, Art. 82 Rn. 17.2.

489 *Frenzel* in Paal/Pauly, DSGVO/BDSG 2. Aufl. 2018, Art. 82 Rn. 15; *Bergt* in Kühling/Buchner, DS-GVO/ BDSG, 3 Aufl. 2020, Art. 82 Rn. 49.

490 *Becker* in Plath DSGVO, 3. Aufl. 2018, Art. 82 Rn. 5a; *Gola/Piltz* in Gola, DSGVO, 2. Aufl. 2018, Art. 82 Rn. 18; *Quaas* in Wolff/Brink BeckOK Datenschutzrecht, DSGVO, 34. Edition 2020, Art. 82 Rn. 18.

491 Hierfür *Boehm* in Simitis/Hornung/Spiecker gen. Döhmann, Datenschutzrecht, 1. Aufl. 2019, Art. 82 Rn. 22; *Nemitz* in Ehmann/Selmayr, Datenschutzgrundverordnung, 2. Aufl. 2018, Art. 82 Rn. 14.

492 *Moos/Schefzig* in Taeger/Gabel, DSGVO/BDSG, 3. Aufl. 2019, Art. 82 Rn. 76; *Nemitz* in Ehmann/Selmayr, Datenschutzgrundverordnung, 2. Aufl. 2018, Art. 82 Rn. 19: „Verschuldensquote 0 %".

493 *Bergt* in Kühling/Buchner, DS-GVO/BDSG, 3 Aufl. 2020, Art. 82 Rn. 54; *Dickmann*, r+s 2018, 345, 347.

494 *Moos/Schefzig* in Taeger/Gabel, DSGVO/BDSG, 3. Aufl. 2019, Art. 82 Rn. 82 weist zu Recht darauf hin, dass die Haftungsbefreiung aufgrund höherer Gewalt ebenso wenig wie ein Fehlverhalten der betroffenen Person als Ausschlussgründe in die endgültige Fassung der DSGVO übernommen wurden.

495 Vgl. *Quaas* in Wolff/Brink BeckOK Datenschutzrecht, DSGVO, 34. Edition 2020, Art. 82 Rn. 18; *Frenzel* in Paal/Pauly, DSGVO/BDSG, 2. Aufl. 2018,

Für die praktische Anwendung dürfte vor allem relevant sein, ob sich der Verantwortliche das Verschulden seiner Mitarbeiter, des Datenschutzbeauftragten oder des Auftragsverarbeiters zurechnen lassen muss.

Das Verschulden seiner Mitarbeiter wird sich der Passivlegitimierte zurechnen lassen müssen.[496] Vereinzelt wird eine Exkulpationsmöglichkeit gem. § 831 I 2 BGB vorgeschlagen.[497] Diese dürfte jedoch dem unionsrechtlichen Äquivalenzgebot widersprechen und nicht mit Erwägungsgrund 146 S. 3 DSGVO zu vereinbaren sein.[498]

Zwar ist der Datenschutzbeauftragte in seiner Arbeit grundsätzlich unabhängig, nichtsdestotrotz haftet der Verantwortliche bzw. Auftragsverarbeiter für dessen Fehler wie für eigene.[499]

Dass der Verantwortliche im Außenverhältnis grundsätzlich für von ihm beauftragte Auftragsverarbeiter haftet, ergibt sich generell schon aus Art. 82 I, II, IV DSGVO.[500] Allerdings ließe sich erwägen, ob die Voraussetzung des Art. 82 III DSGVO für den Verantwortlichen erfüllt ist, wenn sich der Auftragsverarbeiter der rechtmäßig erteilten Weisung des Verantwortlichen widersetzt.

Hiergegen spricht aber schon, dass die betroffene Person womöglich das Insolvenzrisiko eines Dritten tragen müsste, den sie sich nicht ausgesucht hat und vermutlich nicht kennt, der womöglich sogar im Ausland sitzt, was die Rechtsverfolgung erheblich erschweren würde und

---

Art. 82 Rn. 15; *Bergt* in Kühling/Buchner, DS-GVO/BDSG, 3 Aufl. 2020, Art. 82 Rn. 54.

496 *Boehm* in Simitis/Hornung/Spiecker gen. Döhmann, Datenschutzrecht, 1. Aufl. 2019, Art. 82 Rn. 23; *Bergt* in Kühling/Buchner, DS-GVO/BDSG, 3 Aufl. 2020, Art. 82 Rn. 55.

497 *Becker* in Plath DSGVO, 3. Aufl. 2018, Art. 82 Rn. 5b; vgl. *Quaas* in Wolff/Brink BeckOK Datenschutzrecht, DSGVO, 34. Edition 2020, Art. 82 Rn. 20.

498 Vgl. *Quaas* in Wolff/Brink BeckOK Datenschutzrecht, DSGVO, 34. Edition 2020, Art. 82 Rn. 20; *Nemitz* in Ehmann/Selmayr, Datenschutzgrundverordnung, 2. Aufl. 2018, Art. 82 Rn. 20; Vgl. *Dickmann*, r+s 2018, 345, 347.

499 *Quaas* in Wolff/Brink BeckOK Datenschutzrecht, DSGVO, 34. Edition 2020, Art. 82 Rn. 21; *Nemitz* in Ehmann/Selmayr, Datenschutzgrundverordnung, 2. Aufl. 2018, Art. 82 Rn. 20; a. A. im Einzelfall *Becker* in Plath DSGVO, 3. Aufl. 2018, Art. 82 Rn. 5c.

500 Vgl. *Bergt* in Kühling/Buchner, DS-GVO/BDSG, 3 Aufl. 2020, Art. 82 Rn. 55.

damit insgesamt dem Gedanken eines *wirksamen Schadensersatzes* (Erwägungsgrund 146 S. 3 DSGVO) zuwiderlaufen würde.[501]

Individualvertragliche und (erst recht) in AGB vereinbarte Haftungsausschlüsse werden aufgrund des Schutzzwecks der DSGVO überwiegend für unzulässig gehalten.[502] Möglich ist hingegen der nachträgliche Erlass eines einmal entstandenen Schadensersatzanspruchs durch die betroffene Person.[503]

Praxishinweis:

Verantwortliche bzw. Auftragsverarbeiter sollten die Maßnahmen zur Sicherstellung des Datenschutzes möglichst genau dokumentieren, wenn sie eine Chance haben wollen, sich wirksam zu exkulpieren.[504] *Zertifizierungen nach Art. 42, 43 DSGVO und die Unterwerfung unter Verhaltensregeln gem. Art. 40, 41 DSGVO können dabei die Beweisführung erleichtern, schließen eine Verantwortlichkeit jedoch für sich genommen nicht aus.*[505] *Nur wer nahezu lückenlos dokumentiert, welche Maßnahmen zum Schutz der personenbezogenen Daten getroffen wurden, hat überhaupt eine Chance, sich bei einem unstreitig vorliegenden Datenschutzvorfall auf der Ebene der „Verantwortlichkeit" zu exkulpieren. Und selbst wenn am Ende eine Exkulpation nicht (vollständig) gelingen sollte, kann eine lückenlose*

501 Zu Recht *Bergt* in Kühling/Buchner, DS-GVO/BDSG, 3 Aufl. 2020, Art. 82 Rn. 55; *Boehm* in Simitis/Hornung/Spiecker gen. Döhmann, Datenschutzrecht, 1. Aufl. 2019, Art. 82 Rn. 24; a. A. *Moos/Schefzig* in Taeger/Gabel, DSGVO/BDSG, 3. Aufl. 2019, Art. 82 Rn. 72.

502 *Boehm* in Simitis/Hornung/Spiecker gen. Döhmann, Datenschutzrecht, 1. Aufl. 2019, Art. 82 Rn. 25; *Bergt* in Kühling/Buchner, DS-GVO/BDSG, 3 Aufl. 2020, Art. 82 Rn. 56; in engen Grenzen zulässig hält diese *Spindler/Horváth* in Spindler/Schuster, Recht der elektronischen Medien, 4. Aufl. 2019, Art. 82 Rn. 12; ähnlich *Becker* in Plath DSGVO, 3. Aufl. 2018, Art. 82 Rn. 11. a. A. *Moos/Schefzig* in Taeger/Gabel, DSGVO/ BDSG, 3. Aufl. 2019, Art. 82 Rn. 53ff, die Haftungsbeschränkungen *grundsätzlich* für möglich halten.

503 *Bergt* in Kühling/Buchner, DS-GVO/BDSG, 3 Aufl. 2020, Art. 82 Rn. 56; *Becker* in Plath, DSGVO, 3. Aufl. 2018, Art. 82 Rn. 11.

504 *Quaas* in Wolff/Brink BeckOK Datenschutzrecht, DSGVO, 34. Edition 2020, Art. 82 Rn. 19.

505 *Bergt* in Kühling/Buchner, DS-GVO/BDSG, 3 Aufl. 2020, Art. 82 Rn. 50; vgl. *Quaas* in Wolff/Brink BeckOK Datenschutzrecht, DSGVO, 34. Edition 2020, Art. 82 Rn. 19.

Dokumentation gerade bei der Geltendmachung immaterieller Schäden dazu dienen, die Schadenshöhe so gering wie möglich ausfallen zu lassen. Berücksichtigt man, dass der immaterielle Schadensersatz auch einen Abschreckungseffekt bezwecken soll, muss diese Abschreckung bei demjenigen Verantwortlichen deutlich höher ausfallen, der zum einen nur wenige Maßnahmen zum Schutz personenbezogener Daten ergreift und diese zum anderen nicht einmal dokumentiert. Je enger das Netz der Maßnahmen ist und je detaillierter die Dokumentation dieser Maßnahmen ausfällt, umso eher lässt sich gegenüber dem erkennenden Gericht glaubwürdig argumentieren, dass es sich bei diesem Vorfall um einen bedauerlichen Einzelfall gehandelt hat, der gerade nicht auf grober Fahrlässigkeit beruht.

VI. Anspruch auf Unterlassung

1. Gegenstand

Wurden personenbezogene Daten in der Vergangenheit unrechtmäßig verarbeitet, besteht ein Bedürfnis bei der betroffenen Person, sicherzustellen, dass sich dies künftig nicht wiederholt. Dieses Bedürfnis kann grundsätzlich mit einem in die Zukunft gerichteten Unterlassungsanspruch gestillt werden und ist für Verletzungen des allgemeinen Persönlichkeitsrechts in Literatur[506] und Rechtsprechung[507] anerkannt. Inwieweit aber auch die DSGVO einen solchen Unterlassungsanspruch gewährt bzw. zulässt, wird wohl bis zu einer endgültigen Entscheidung durch den *EuGH* umstritten bleiben.

Dies beruht zum einen auf divergierenden dogmatischen Ansätzen: So ist das durch *Google Spain*[508] prominent gewordene *De-Listing* in der deutschen Dogmatik wohl als Unterlassungsanspruch zu klassifizieren, da es in der Sache darum geht, dass bestimme Suchergebnisse *in Zukunft* nicht mehr angezeigt werden. Der *EuGH* spricht hier hingegen – vielleicht weniger präzise, doch griffiger – von einem

---

506 Statt vieler nur *Raff* in MüKomm BGB, 8. Aufl. 2020, § 1004 Rn. 37.
507 Vgl. nur BGH, Urt. v. 10.7.2018 – VI ZR 225/17.
508 EuGH, Urt. v. 13.5.2014, C 131/12.

Recht auf Vergessenwerden[509]. Dieses bzw. die Entscheidung *Google Spain* diente der DSGVO dann auch als Blaupause für den Art. 17 DSGVO[510] und wird in dessen Überschrift plakativ genannt. Daraus folgern einige deutsche Gerichte einen auf Art. 17 DSGVO gestützten Unterlassungsanspruch.[511]

Zum anderen ist bislang noch nicht geklärt, inwieweit die Regelungen bzw. Sanktionen der DSGVO abschließenden Charakter haben.[512] Dementsprechend wird erwogen, ob betroffenen Personen ein Unterlassungsanspruch aus §§ 1004 analog, 823 BGB i. V. m. den Regelungen der DSGVO[513] bzw. sonstigen Berechtigten[514] aus §§ 8, 3a UWG i. V. m. dem Regelungen der DSGVO[515] zusteht.

2. Umfang

Der Umfang des Unterlassungsanspruchs richtet sich nach der materiellen Rechtslage. Unabhängig davon, auf welche Anspruchsgrundlage man den Unterlassungsanspruch stützt, wird sich dessen Reichweite aus einer Abwägung der widerstreitenden Interessen ergeben.[516] Zu beachten ist dabei, dass es sich in der Sache oft um mehrpolige Abwä-

---

509 EuGH, Urt. v. 13.5.2014, C 131/12.

510 Zur Entstehungsgeschichte m. w. N. *Worms* in Wolff/BeckOK Datenschutzrecht, Wolff/Brink 32. Edition, Art. 17 Rn. 6ff; *Kamann/Braun* in Ehmann/Selmayr, Datenschutzgrundverordnung, 2. Aufl. 2018, Art. 17 Rn. 4 ff.

511 OLG Frankfurt a. M., Urt. v. 6.9.2018 – 16 U 193/17, GRUR 2018, 1283 Rn. 41 ff. (= BGH VI ZR 405/18 v. 27.2.2020); OLG Dresden, Urt. v. 7.1.2019 – 4 W 1149/18, MDR 2019, 349; LG Frankfurt a. M., Urt. v. 28.6.2019 – 2 03 O 315/17, CR 2019, 741; offen gelassen von OLG Karlsruhe, Urt. v. 10.6.2020 – 6 U 129/18, GRUR-RS 2020, 12143 Rn. 48 ff.

512 Hierzu eingehend mit Bezug auf das UWG *Laoutoumai/Hoppe*, K&R 2018, 533, 534.

513 So beispielsweise LG Hamburg, Urt. v. 13.2.2020 – 312 O 372/18, ZD 2020, 477 mit Einordnung des Art. 6 DSGVO als Schutzgesetz i. S. d. § 823 II BGB; ebenso OLG Köln, Urt. v. 14.11.2019 – I 15 U 89/19, CR 2020, 112 Rn. 39 ff.

514 Die in § 8 III UWG genannten: Mitbewerber, Interessenverbände, qualifizierte Einrichtungen und Industrie- Handels- oder Handwerkskammern. Differenzierend und teilweise ablehnend hierzu *Uebele* GRUR 2019, 694.

515 Siehe hierzu; so grundsätzlich für Möglichkeit von DSGVO–Verstößen durch das UWG: OLG Stuttgart, Urt. v. 27.2.2020 – 2 U 257/19, ZD 2020, 472, Rn. 33 ff.

516 Vgl. OLG Dresden, Beschl. v. 7.1.2019 – 4 W 1149/18, ZD 2019, 172, 174 (zu

gungsverhältnisse handeln wird, bei denen die Interessen des Betroffenen, die des Vermittlers, die des Verfassers der personenbezogenen Daten und das Informationsinteresse der Öffentlichkeit gegeneinander abzuwägen sind.[517]

3. Voraussetzungen

Soweit der Unterlassungsanspruch auf Art. 17 DSGVO gestützt wird, kann auf die bereits erfolgte Erläuterung seiner Voraussetzungen[518] verwiesen werden. Begründet man den Unterlassungsanspruch unter Zuhilfenahme der §§ 1004 analog, 823 BGB, so setzt dies zum einen voraus, dass die Regelungen der DSGVO nicht abschließend sind (a), zum anderen, dass sie Schutzgesetze oder absolute Rechte i. S. d. § 823 BGB darstellen (b) und des Weiteren, dass die grundsätzlichen Voraussetzungen des Unterlassungsanspruches aus §§ 1004 analog, 823 BGB vorliegen (c).

a) Abschließender Charakter der DSGVO

Der (nicht-)abschließende Charakter der DSGVO wird, soweit ersichtlich, im Schrifttum hauptsächlich im Hinblick auf eine Sperrwirkung gegenüber dem UWG diskutiert.[519] Dennoch lassen sich auch den hierzu erläuterten Argumenten zielführende Erwägungen im Hinblick auf eine Sperrwirkung zulasten betroffener Personen entnehmen.

Eine tragende Begründung ist sowohl im Hinblick auf eine Sperrwirkung gegenüber Mitbewerbern[520] als auch betroffenen Personen[521], dass die Art. 77 ff. DSGVO ein abgeschlossenes Sanktionssystem bildeten. Hierfür könnte in Bezug auf letztere insbesondere der Art. 79 DSGVO sprechen: „*Jede betroffene Person hat unbeschadet eines*

Art. 17 DSGVO); LG Frankfurt a. M., Urt. v. 28.6.2019 – 2 03 O 315/17, CR 2019, 741, 744.

517 Eingehend (in Bezug auf *Google Spain*) *Trentmann*, CR 2017, 26, 28 ff. Siehe hierzu auch BGH VI ZR 405/18.

518 Siehe hierzu Kap. 1. B. IV.

519 *Köhler*, WRP 2018, 1269; *Laoutoumai/Hoppe*, K&R 2018, 533; *Diercks*, CR 2018, 1.

520 *Köhler*, WRP 2018, 1269, 1272 ff.

521 *Diercks*, CR 2018, 1.

[...] verwaltungsrechtlichen oder außergerichtlichen Rechtsbehelfs [...] das Recht auf einen wirksamen gerichtlichen Rechtsbehelf, wenn sie der Ansicht ist, dass die ihr aufgrund dieser Verordnung zustehenden Rechte [...] verletzt wurden.".

Allerdings hängt dies entscheidend davon ab, wie man den Art. 79 DSGVO versteht. Einerseits könnte man die Norm als Beschränkung in Form einer Art *Klagebefugnis* verstehen, die der betroffenen Person die gerichtliche Geltendmachung ihrer Ansprüche nur gestattet, wenn sie der Ansicht ist, dass eine Rechtsverletzung stattgefunden hat. Hierbei spricht insbesondere die Formulierung „*verletzt wurden*" gegen die Geltendmachung eines vorbeugenden Unterlassungsanspruchs.

Andererseits lässt sich die Norm auch als eine Art Mindestgarantie verstehen, die Rechtsschutzmöglichkeiten der betroffenen Personen erweitern und nicht einschränken soll.[522] Hierfür spricht insbesondere die Formulierung „*unbeschadet eines [anderen] Rechtsbehelfs*", die sich auch in Art. 77, 78 DSGVO findet.[523]

Gegen die erste Auslegung sprechen insbesondere die Erwägungsgründe 1 und 2 DSGVO, die den Schutz der betroffenen Personen in den Vordergrund stellen. Zudem spricht gegen eine Auslegung der Norm als Einschränkung der Rechtschutzmöglichkeiten, dass der letzte Halbsatz nicht wie z.B. § 42 II VwGO auf die *Möglichkeit einer Rechtsverletzung* abstellt, sondern nur auf die entsprechende *Ansicht* der betroffenen Person, so dass schon nicht klar ist, wie ein Gericht das Vorliegen dieses Merkmals überhaupt überprüfen sollte. Somit spricht viel dafür, dass der Art. 79 DSGVO überhaupt keine eigenständige und wenn, dann nur klarstellende, Funktion hat.[524]

Ein anderes Argument für den abschließenden Charakter der DSGVO ist die gewünschte Harmonisierung des Schutzniveaus, die insbesondere in den Erwägungsgründen 9, 11 und 13 DSGVO zum Ausdruck kommt.[525] Jedoch spricht gegen diese Auffassung schon, dass die

522 Siehe Ausarbeitung der Wissenschaftlichen Dienste des Bundestages, Ausarbeitung WD 7-3000-116/18, S. 7.

523 Vgl. *Laoutoumai/Hoppe*, K&R 2018, 533, 535.

524 So im Ergebnis auch *Werkmeister* in Gola, DS-GVO, 2. Aufl. 2018, Art. 79, Rn. 1: „*Abs. 1 [hat] keine praktischen Auswirkungen.*"

525 *Köhler*, WRP 2018, 1269, 1272 ff. (ohne Nennung des Erwägungsgrundes 9 der DSGVO).

DSGVO an verschiedenen Stellen Öffnungsklauseln für national abweichende Regelungen enthält, insbesondere für abweichende Sanktionen in Art. 84 I DSGVO, und daher nur als Mindeststandard verstanden werden kann.[526] Hierzu passt auch, dass der *EuGH* in *Google II*[527] zur geografischen Reichweite des *Auslistungsanspruchs* aus Art. 17 I DSGVO ausgeführt hat, *„dass das öffentliche Interesse am Zugang zu einer Information auch innerhalb der Union [...] variieren kann, so dass das Ergebnis der Abwägung [...] nicht unbedingt für alle Mitgliedstaaten gleich ist [...].“*[528]

Somit lässt sich auch aus diesem Gedanken kein zwingendes Argument für den abschließenden Charakter der DSGVO herleiten, so dass vorbehaltlich anderweitiger höchstrichterlicher Entscheidungen von einer grundsätzlich freien Anspruchskonkurrenz ausgegangen werden sollte, die eine effektive Durchsetzung des Datenschutzrechts[529] garantiert.

Praxishinweis:

Auch wenn die letztinstanzliche Entscheidung irgendwann einen abschließenden Charakter der DSGVO ausurteilen sollte, werden die Compliance-Abteilungen gut darin beraten sein, im Unternehmen nichtsdestotrotz auf eine möglichst weitgehende Datenschutzkonformität zu achten, da in jedem Falle Rechtsverfolgung durch die betroffenen Personen und Aufsichtsbehörden droht.[530] *Im vorliegenden Kontext würde die betroffene Person lediglich keinen Unterlassungsanspruch erhalten. Die übrigen Ansprüche aus der DSGVO stünden ihr freilich auch weiterhin zu.*

526 *Laoutoumai/Hoppe*, K&R 2018, 533, 535.
527 EuGH, Urt. v. 24.9.2019 – C 507/17.
528 EuGH, Urt. v. 24.9.2019 – C 507/17.
529 Mit Bezug auf das UWG: *Laoutoumai/Hoppe*, K&R 2018, 533, 535 f.
530 *Uebele* GRUR 2019, 694, 699.

b) Regelungen der DSGVO als Schutzgesetze/absolute Rechte

aa) absolute Rechte

Das allgemeine Persönlichkeitsrecht ist allgemein als *sonstiges Recht* im Sinne des § 823 I BGB anerkannt[531] und kann damit mit dem quasinegatorischen Unterlassungsanspruch aus 1004 I BGB gegen Beeinträchtigungen geschützt werden.[532] Umfasst ist hiervon unter anderem das Recht auf informationelle Selbstbestimmung, also das Recht, selbst über die Erhebung, Speicherung, Preisgabe und Verwendung seiner persönlichen Daten zu bestimmen.[533] In der Praxis ist damit kein Fall denkbar, in dem eine unrechtmäßige Datenverarbeitung unter der DSGVO nicht auch einen unterlassungspflichtigen Eingriff in das allgemeine Persönlichkeitsrecht der betroffenen Person darstellen würde. Anders als bei Art. 82 DSGVO reicht hier somit nicht bereits die Verletzung einer Vorschrift der DSGVO aus. Vielmehr muss konkret das Recht auf informationelle Selbstbestimmung der betroffenen Person verletzt worden sein.

bb) Schutzgesetz

Ein Schutzgesetz ist jede materielle Rechtsnorm[534], die zumindest auch dem Schutz des Einzelnen[535] zu dienen bestimmt ist. Ob dies der Fall ist, ist anhand der üblichen Auslegungsmethoden für jede geltend gemachte Norm im konkreten Einzelfall zu ermitteln.[536] Bedenkt man jedoch, dass die DSGVO insgesamt dem Schutz des Einzelnen und seiner Daten dienen soll (vgl. nur Erwägungsgründe 1 und 2 DSGVO), dürfte dies auf eine Vielzahl der enthaltenen Vorschriften zutreffen.

---

531 Statt aller: *Förster* in Hau/Poseck BeckOK BGB, 55. Edition 2018, § 823 Rn. 176.

532 *Fritzsche* in Hau/Poseck BeckOK BGB, 55. Edition 2018, § 1004 Rn. 4.

533 *Mann* in Spindler/Schuster, Recht der elektronischen Medien, 4. Aufl. 2019, § 823 BGB Rn. 43.

534 Jede materielle Rechtsnorm i. S. d. Art. 2 EGBGB, *Spindler* in BeckOGK, Stand: 1.8.2020, § 823 Rn. 255. Dies trifft auf Verordnungen als unmittelbar geltendes EU-Recht zweifelsfrei zu.

535 Dies schließt Normen aus, die nur dem Schutz der Allgemeinheit oder der (Verfahrens-) Ordnung dienen, wie etwa Kompetenznormen oder solche, die den Einzelnen nur Reflexhaft schützen, *Spindler* in BeckOGK, Stand: 1.8.2020, § 823 Rn. 263.

536 *Spindler* in BeckOGK, Stand: 1.8.2020, § 823 Rn. 263.

Beispielsweise wurde schon der Art. 6 DSGVO ohne Umschweife als Schutzgesetz angewandt.[537]

c) Grundsätzliche Voraussetzungen des Anspruchs aus §§ 1004 I analog, 823 BGB

Der quasi-negatorische Unterlassungsanspruch richtet sich gegen den jeweiligen Störer (aa) und setzt neben einer bevorstehenden oder fortdauernden Störung (bb) des geschützten Rechtsguts die Rechtswidrigkeit des Eingriffs bzw. das Nichtbestehen einer Duldungspflicht voraus (cc).

d) Störer

Der Begriff des Störers ist schon für die Anwendung auf analoge Fallgestaltungen stark umstritten.[538] So weit digitale Problemstellungen betroffen sind, hat sich eine weiter verästelte Rechtsprechung zu Hostprovidern, Bewertungsportalen,[539] Suchmaschinen[540] oder der WLAN-Störerhaftung[541] entwickelt, deren Darstellung in ihren Einzelheiten den vorliegenden Rahmen sprengen würde. Für den Bereich der DSGVO stellt sich zudem die Frage, ob und wieweit die Wertungen des Art. 4 Nr. 7 und 8 DSGVO mit einbezogen werden können oder sollten. Für die praktische Anwendbarkeit scheint es daher geboten, nur auf die rudimentärsten Grundsätze einzugehen:

Störer ist derjenige, der willentlich und adäquat-kausal einen Beitrag zur Rechtsverletzung eines anderen leistet, unabhängig davon, welcher Art dieser Beitrag ist.[542] Diese Voraussetzungen treffen unproblematisch auf Verantwortliche und Auftragsverarbeiter im Sinne der DSGVO zu.

---

537 LG Hamburg, Urt. v. 13.2.2020 – 312 O 372/18, ZD 2020, 477; *OLG Köln*, Urt. v. 14.11.2019 – I 15 U 89/19, CR 2020, 112 Rn. 39 ff.

538 Siehe nur *Raff* in Münchener Kommentar zum BGB, 8. Aufl. 2020, § 1004 Rn. 157 ff. m. w. N.

539 *Büscher*, GRUR 2017, 433 m. w. N.

540 *Volkmann* in Spindler/Schuster, Recht der elektronischen Medien, 4. Aufl. 2019, § 1004 Rn. 49 ff.

541 *Hoeren/Jakopp*, ZRP 2014, 72 m. w. N.

542 Siehe schon BGH, Urt. 10.10.1996 – I ZR 129/94, GRUR 1997, 313, 315.

Fraglich ist hingegen, was bezüglich derjenigen Intermediären gilt, die formal die obige Störerdefinition erfüllen, auch wenn sie den Verstoß „nicht selbst begangen" haben. Hierzu hat die Rechtsprechung im Laufe der Jahre die Anforderungen derart entwickelt, dass sie an eine Verletzung von Prüfpflichten anknüpft. Die Prüfpflichten sind dabei so ausgestaltet, dass sie erlaubte Geschäftsmodelle nicht wirtschaftlich unmöglich machen.[543]

Praxishinweis:

In der Praxis hat sich hierbei im Grundsatz die notice & takedown-Rechtsprechung durchgesetzt,[544] wonach Intermediäre, wie zum Beispiel Suchmaschinen oder Host-Provider, nicht gehalten sind, fremde[545] Inhalte anlasslos zu überprüfen. Etwas anderes kann nur hinsichtlich offensichtlich rechtswidriger Inhalte gelten.[546] Ansonsten entsteht eine Störereigenschaft erst dann, wenn die betroffene Person durch hinreichend substantiierten Hinweis ein Einschreiten in zumutbarer Weise ermöglicht.[547]

---

543 *Redeker* in ders. IT-Recht, 7. Aufl. 2020, Rn. 1415.

544 *Solmecke* in Hoeren/Sieber/Holznagel, Multimediarecht, Werkstand: 52. EL April 2020, Teil 21.1 Rn. 85.

545 Etwas anderes gilt für Inhalte, die sich die Adressaten des Unterlassungsanspruches *zu eigen* gemacht haben, etwa durch eigene redaktionelle Aufbereitung und Kontrolle, ausführlich *Redeker* in ders. IT-Recht, 7. Aufl. 2020, Rn. 1406 ff.

546 *Redeker* in ders. IT-Recht, 7. Aufl. 2020, Rn. 1423. Siehe hierzu *OLG Dresden*, Beschl. v. 7.1.2019 – 4 W 1149/18, ZD 2019, 172 zum Unterlassungsanspruch gegen einen Suchmaschinenbetreiber als *mittelbarer Störer* bezüglich einer Äußerung: „Erpresser" (mit Bezug zu sachlicher Auseinandersetzung) nicht *offensichtlich rechtswidrig,* da Abwägung erforderlich, anders „Kinderschänder", da Formalbeleidigung, nicht hingegen: „gewöhnlicher Verbrecher *gleichzusetzen* mit Kinderschändern", a. a. O. Rn. 16.

547 Der Grad der notwendigen Substantiierung orientiert sich dabei naturgemäß an den Umständen des Einzelfalles. Zu verlangen ist jedenfalls, dass der Hinweis so konkret gefasst ist, dass der Adressat den Rechtsverstoß unschwer – das heißt ohne eingehende rechtliche und tatsächliche Überprüfung – feststellen kann, vgl. hierzu ausführlich BGH, Urt. v. 17.8.2011 – I ZR 57/09, GRUR 2011, 1038; BGH, Urt. v. 27.2.2018 – VI ZR 489/16, NJW 2018, 2324 Rn. 38 ff. Siehe mit explizitem Hinweis auf die neue Rechtslage unter der DSGVO und w. N LG Frankfurt a. M., Urt. v. 28.6.2019 – 2 03 O 315/17, CR 2019, 741, 744.

Für die Anwendung bedeutet dies, dass Unternehmen entsprechende Hinweise ernst nehmen und überprüfen sollten, wobei die Verfahrensweise unternehmensintern standardisiert wird und die Verfahrensschritte protokolliert werden sollten.

Betroffenen Personen ist hingegen vor Geltendmachung von Unterlassungsansprüchen aus anwaltlicher Perspektive jedenfalls zu empfehlen, den Gegner auf vermeintliche Rechtsverstöße hinreichend substantiiert[548] aufmerksam zu machen.

e) bevorstehende oder fortdauernde Störung

Weitere Voraussetzung des Unterlassungsanspruchs ist eine Wiederholungs- bzw. Erstbegehungsgefahr der Störung. Die Wiederholungsgefahr ist grundsätzlich durch die Erstbegehung indiziert.[549] An ihre Ausräumung sind sehr hohe Anforderungen zu richten. Die bloße Einstellung des Verhaltens oder nur die Zusicherung, dieses in Zukunft zu unterlassen, wird hierfür nicht ausreichen.[550] In der Praxis wird die Wiederholungsgefahr in der Regel durch Abgabe einer strafbewehrten Unterlassungserklärung beseitigt werden.[551] Der Umstand, dass ein Bußgeld oder Schadensersatz geleistet wurde bzw. zu leisten ist, wird hierfür ebenfalls nicht ausreichen.

Hinsichtlich der Erstbegehungsgefahr trägt der Anspruchssteller die volle Beweislast und muss darlegen, dass eine Rechtsverletzung droht.[552] Diesbezüglich zeigt sich auch einer der wenigen anwendungsrelevanten Unterschiede zwischen einem auf Art. 17

548 Siehe hierzu *BGH*, Urt. v. 17.12.2010 – V ZR 44/10, ZUM 2011, 325, 327.

549 *Volkmann* in Spindler/Schuster, Recht der elektronischen Medien, 4. Aufl. 2019, § 1004 Rn. 65.

550 BGH, Urt. v. 8.2.1994 – VI ZR 286/93, NJW 1994, 1281, 1282.

551 Dieser Grundsatz wurde vor allem für das Wettbewerbsrecht entwickelt. Der BGH (Urt. v. 8.2.1994 – VI ZR 286/93,) hat in NJW 1994, 1281, 1282 ausgeführt, dass dies für den deliktischen Bereich nicht zwangsläufig mit gleicher Strenge gelten müsse, da hier mit der Verletzung nicht zwangsläufig starke wirtschaftliche Motive verfolgt würden. Überträgt man diesen Gedanken jedoch auf (drohende) Verstöße gegen die DSGVO, spricht dies für einen strengen Maßstab, da aufgrund des finanziellen Wertes von Datensätzen hier auch oft wirtschaftliche Interessen verfolgt werden.

552 *Volkmann* in Spindler/Schuster, Recht der elektronischen Medien, 4. Aufl. 2019, § 1004 Rn. 66; *Raff* in Mü-Ko-BGB, 8. Aufl. 2020, § 1004 Rn. 304 f.

DSGVO und einem auf §§ 1004 I analog, 823 BGB gestützten Unterlassungsanspruch: Ersterer erfordert eine bereits erfolgte Datenschutzverletzung,[553] während Letzterer vollkommen präventiv geltend gemacht werden kann.[554] Freilich ist fraglich, ob es in der Praxis überhaupt Fälle geben wird, in denen noch keine Verletzung erfolgt ist, aber so sicher bevorsteht, dass eine Erstbegehungsgefahr anzunehmen ist und dies tatsächlich gerichtlich durchgesetzt werden wird. Anders aber als bei der Wiederholungsgefahr ist bei der Erstbegehungsgefahr nämlich nicht erforderlich, dass eine strafbewehrte Unterlassungserklärung abgegeben wird. Vielmehr ist ausreichend, wenn ausdrücklich und ernsthaft erklärt wird, dass von dem beanstandeten Vorhaben Abstand genommen wird.

f) keine Duldungspflicht

Der Anspruch ist ausgeschlossen, soweit eine Duldungspflicht besteht. Für das Vorliegen einer solchen rechtshindernden und von Amts wegen zu prüfender Einwendung trägt der Verantwortliche schon nach allgemeinen Regeln die Darlegungs- und Beweislast.[555] Ob man die Erlaubnistatbestände der DSGVO an dieser Stelle prüft oder dies schon innerhalb der Störung selbst erledigt, ist für das Ergebnis ohne Bedeutung.

4. Erfüllung

Die Erfüllung des Unterlassungsanspruchs verlangt, dass der Verantwortliche das vorgeworfene Verhalten in Zukunft unterlässt. Paradoxerweise kann dies eine weitere Datenverarbeitung erforderlich machen, etwa, wenn der Verantwortliche eine *Blacklist* einführt, auf der diejenigen Daten-sätze erfasst werden, die in Zukunft nicht mehr gespeichert, erfasst oder aktualisiert werden sollen. Diese Datenverarbeitung dürfte zur Erfüllung einer rechtlichen Verpflichtung erforder-

553 Siehe LG Frankfurt a. M., Urt. v. 28.6.2019 – 2 03 O 315/17, CR 2019, 741, 744.
554 Vgl. *Kreße* in Sydow, Europäische DSGVO, 2. Aufl. 2018, Art. 79, Rn. 29.
555 Vgl. *Fritzsche* in Hau/Poseck BeckOK BGB, 55. Edition 2020, § 1004 Rn. 105.

lich und damit gem. Art. 6 I c) DSGVO gestattet sein und daher nicht von einem etwaigen Unterlassungstenor erfasst sein.

5. Folgen der Nicht-Erfüllung

Hat der Verantwortliche auf eine außergerichtliche Abmahnung hin eine strafbewehrte Unterlassungserklärung abgegeben und verstößt in der Folge gegen die Pflichten aus dieser Erklärung, verwirkt er die versprochene Vertragsstrafe. Die betroffene Person kann sodann von dem Verantwortlichen die Zahlung der Vertragsstrafe einfordern und notfalls auch gerichtlich geltend machen.

Verweigert der Verantwortliche die Abgabe einer strafbewehrten Unterlassungserklärung und räumt hierdurch nicht die Wiederholungsgefahr aus, muss die betroffene Person befürchten, dass auch künftig vergleichbare Verstöße drohen. Um das zu verhindern, kann die betroffene Person ihren Unterlassungsanspruch gerichtlich geltend machen; in Eilfällen auch im Wege des einstweiligen Rechtsschutzes.[556] Die gerichtliche Durchsetzung bzw. Vollstreckung des Unterlassungstenors richtet sich dann nach den allgemeinen Regelungen der §§ 890, 892 ZPO. Hiernach wird die Nichterfüllung ein Ordnungsgeld und im äußersten Falle eine Ordnungshaft nach sich ziehen.

556 Hierzu unter Kap. 2, C.IV ausführlich.

2. Kapitel
Die Durchsetzung von Ansprüchen

A. Einleitung

Ist für die betroffene Person klar, dass sie einen materiellen Anspruch gegen den Verantwortlichen hat, wird sie nur dann zu ihrem Recht kommen, wenn sie die Erfüllung dieses Anspruches durch den Verantwortlichen ausdrücklich von diesem verlangt. Im für die betroffene Person besten Fall erledigt sich diese Geltendmachung von Rechten bereits außergerichtlich. Ist der Verantwortliche jedoch der Ansicht, das geltend gemachte Recht besteht nicht, wird er den Anspruch zurückweisen und es lässt sich ein gerichtlicher Streit hierüber nicht vermeiden.

B. Die außergerichtliche Geltendmachung von Ansprüchen

I. Die einfache Geltendmachung von Betroffenenrechten

Die DSGVO sieht in Art. 12 II S. 1 DSGVO vor, dass die betroffene Person ihre Rechte aus Art. 15 ff. DSGVO auf einem einfachen und unkomplizierten Weg gegenüber dem Verantwortlichen geltend machen können muss. Ein einfacher Antrag der betroffenen Person genügt, um die Pflicht des Verantwortlichen zur Auskunftserteilung nach Art. 15 DSGVO oder zur Berichtigung nach Art. 16 DSGVO auszulösen. Ein solcher Antrag ist umgekehrt allerdings auch erforderlich, denn eine Auskunft nach Art. 15 DSGVO wird ebenso wenig anlasslos durch den Verantwortlichen erteilt, wie eine Berichtigung nach Art. 16 DSGVO oder eine Löschung nach Art. 17 DSGVO vorgenommen wird. Nur wer seine Rechte gegenüber dem Verantwortlichen ausdrücklich einfordert, wird von dem Verantwortlichen eine entsprechende Reaktion erhalten.

Zur Geltendmachung der einzelnen Betroffenenrechte finden sich mittlerweile zahlreiche, online verfügbare Muster und Beispiele,[557]

---

557 Zum Beispiel auf der Internetseite der Verbraucherzentrale, abrufbar unter https://www.verbraucherzentrale.de/wissen/digitale-welt/datenschutz/ihre-

sodass es in der Regel nicht zwingend ist, zur einfachen Geltendmachung der Betroffenenrechte bereits einen Rechtsanwalt zu beauftragen.

Praxishinweis:

Je umfangreicher der betroffene Datensatz ist oder je komplexer die Unternehmensstrukturen des Verantwortlichen sind, umso eher kann sich im Einzelfall die Notwendigkeit ergeben, schon bei der Geltendmachung von Betroffenenrechten einen Rechtsanwalt hinzuzuziehen. Das gilt erst recht, wenn dem Ersuchen nicht oder nur in nicht leicht verständlicher Form entsprochen wird.

II. Die förmliche Aufforderung

Kommt der Verantwortliche seiner Pflicht zur Erteilung einer Auskunft oder zur Berichtigung oder Löschung der gespeicherten personenbezogenen Daten nicht nach oder sollen nach einem bekannt gewordenen Datenschutzverstoß Ansprüche auf Unterlassung und Schadensersatz geltend gemacht werden, hat dies zur Vermeidung eines gerichtlichen Verfahrens zunächst außergerichtlich zu erfolgen.

1. Ziele und Funktionen der außergerichtlichen Aufforderung

Ziel einer jeden außergerichtlichen Aufforderung[558] ist es, die Befriedigung der eigenen Ansprüche zu erreichen und hierdurch ein ge-

daten-ihre-rechte-die-datenschutzgrundverordnung-dsgvo-25152, zuletzt abgerufen am 20.1.2021.

558 Da der Begriff der Abmahnung sich gem. § 13 I UWG und § 97a I UrhG nur auf Unterlassungsansprüche bezieht und auch § 314 II BGB zwischen *Frist zur Abhilfe* und *Abmahnung* differenziert, im folgenden Kontext aber auch das Verlangen einer Handlung (z. B. „Recht auf Kopie" Art. 15 III DSGVO) mitbehandelt werden soll, wird zur leichteren Lesbarkeit auf den Oberbegriff der *außergerichtlichen Aufforderung* zurückgegriffen.

richtliches Verfahren zu vermeiden.[559] Zu unterscheiden ist jedoch, ob nur erneut, und nunmehr unter Fristsetzung, die Erfüllung von Betroffenenrechten nach den Art. 15 ff. DSGVO verlangt wird oder, ob mit einer förmlichen, erstmaligen Aufforderung die Beseitigung und künftige Unterlassung eines erkannten Datenschutzverstoßes verlangt werden bzw. ob von dem Verantwortlichen die Zahlung eines Schadensersatzes verlangt wird.

Bei der außergerichtlichen Aufforderung handelt es sich um die Mitteilung der betroffenen Person gegenüber dem Verantwortlichen, dass dieser durch ein bestimmtes Verhalten die Rechte der betroffenen Person verletzt, verbunden mit der Aufforderung, dieses Verhalten in der Zukunft zu unterlassen.[560] Mit der Aufforderung werden regelmäßig verschiedene Ziele verfolgt. Zum einen soll sie den Verantwortlichen auf ein rechtswidriges Verhalten aufmerksam machen,[561] hier also auf eine datenschutzwidrige Verarbeitung personenbezogener Daten der betroffenen Person. Darüber hinaus soll damit eine außergerichtliche Beilegung des Streits erreicht und so eine Überlastung der Gerichte von unnötigen Gerichtsverfahren vermieden werden.[562] Die Vermeidung eines Gerichtsverfahrens hat zur Folge, dass hierdurch unnötige Kosten vermieden werden können.[563]

---

559 *Bornkamm/Feddersen* in Köhler/Bornkamm/Federsen, UWG, 39. Aufl. 2021, § 13 Rn. 4.

560 *Sosnitza* in Ohly/Sosnitza, UWG, 7. Aufl. 2016, § 12 Rn. 2; *Büscher* in Fezer/Büscher/Obergfell, Lauterkeitsrecht, UWG, 3. Aufl. 2016, § 13 Rn. 3; *Bornkamm/Feddersen* in Köhler/Bornkamm/Federsen, UWG, 39. Aufl. 2021, § 13 Rn. 4.

561 *Sosnitza* in Ohly/Sosnitza, UWG, 7. Aufl. 2016, § 12 Rn. 2; *Büscher* in Fezer/Büscher/Obergfell, Lauterkeitsrecht, UWG, 3. Aufl. 2016, § 13 Rn. 3; *Bornkamm/Feddersen* in Köhler/Bornkamm/Federsen, UWG, 39. Aufl. 2021, § 13 Rn. 4.

562 *Sosnitza* in Ohly/Sosnitza, UWG, 7. Aufl. 2016, § 12 Rn. 2; *Büscher* in Fezer/Büscher/Obergfell, Lauterkeitsrecht, UWG, 3. Aufl. 2016, § 13 Rn. 3; *Bornkamm/Feddersen* in Köhler/Bornkamm/Federsen, UWG, 39. Aufl. 2021, § 13 Rn. 4.

563 *Sosnitza* in Ohly/Sosnitza, UWG, 7. Aufl. 2016, § 12 Rn. 2; *Büscher* in Fezer/Büscher/Obergfell, Lauterkeitsrecht, UWG, 3. Aufl. 2016, § 13 Rn. 3; *Bornkamm/Feddersen* in Köhler/Bornkamm/Federsen, UWG, 39. Aufl. 2021, § 13 Rn. 4.

Praxishinweis:

Die außergerichtliche Aufforderung dient auch in prozessualer Hinsicht zum Schutz der betroffenen Person. Ist der geltend gemachte Anspruch in der Sache berechtigt und klagt die betroffene Person diesen Anspruch ohne eine vorherige außergerichtliche Aufforderung direkt gerichtlich ein, so kann der Verantwortliche den klageweise geltend gemachten Anspruch sofort anerkennen. Hat der Verantwortliche nicht durch sein sonstiges Verhalten Anlass zu dieser direkten Klage gegeben, muss die betroffene Person nach § 93 ZPO die Kosten für die Klage tragen, selbst wenn sie in der Sache den Prozess aufgrund des Anerkenntnisses gewinnt. Wird der Verantwortliche allerdings zuvor außergerichtlich aufgefordert und kommt er der entsprechenden Forderung nicht nach, gibt er Anlass für eine nachfolgende Klageerhebung und kann nach einem Anerkenntnis nicht mehr die positive Kostenfolge des § 93 ZPO für sich beanspruchen. Die außergerichtliche Aufforderung ist gleichwohl keine Prozessvoraussetzung,[564] *sodass eine Klage auch dann zulässig ist, wenn ihr keine Aufforderung vorausgegangen ist.*

2. Inhalt und Form der außergerichtlichen Aufforderung

Die außergerichtliche Aufforderung muss entweder die begehrte Handlung (Auskunft, Berichtigung etc.) oder die Verletzungshandlung, welche einen Datenschutzverstoß begründen soll, konkret bezeichnen.[565] In tatsächlicher Hinsicht muss bei der Beanstandung eines Datenschutzverstoßes konkret dargelegt werden, welches Verhalten des Verantwortlichen die Annahme eines Datenschutzverstoßes begründet. In rechtlicher Hinsicht ist es hingegen ausreichend, wenn

564 *Loschelder* in Gloy/Loschelder/Danckwerts, Wettbewerbsrecht, 5. Aufl. 2019, § 92 Kosten, Rn. 2.

565 OLG Stuttgart, Beschl. v. 12.7.1996 – 2 W 39/96, BeckRS 1996, 06161; *Sosnitza* in Ohly/Sosnitza, UWG, 7. Aufl. 2016, § 12 Rn. 15.

der Verantwortliche das beanstandete Verhalten unter den rechtlich in Betracht kommenden Gesichtspunkten überprüfen kann.[566]

Praxishinweis:

Sowohl im Urheberrecht in § 97a II UrhG als auch im Recht des unlauteren Wettbewerbs in § 13 II UWG werden an die außergerichtliche Aufforderung strenge inhaltliche Anforderungen gestellt. Die Nichteinhaltung dieser Vorgaben führt im Falle des § 97a II UrhG nach § 97a II 2 UrhG zur Unwirksamkeit und im Falle des § 13 II UWG nach § 13 IV UWG dazu, dass der in Anspruch genommene Erstattung der Kosten für die Verteidigung verlangen kann. Vergleichbare Regelungen sieht die DSGVO ausdrücklich nicht vor, folglich sind an eine Aufforderung durch eine betroffene Person wegen eines Datenschutzverstoßes keine derart strengen Anforderungen zu stellen. Macht allerdings ein Mitbewerber einen Datenschutzverstoß über § 3a UWG geltend, muss dieser sich bei der Abfassung seiner Aufforderung an die Vorgaben des § 13 II UWG halten.

Auch wenn es sich fast von selbst erklärt, so muss die außergerichtliche Aufforderung auch den richtigen Adressaten der begehrten Handlung bzw. der begehrten Unterlassung bezeichnen. Adressat einer außergerichtlichen Aufforderung kann danach nur der Verantwortliche als Schuldner der Auskunfts-, Berichtigungs-, Löschungs- oder Unterlassungsverpflichtung sein.[567]

Aus der außergerichtlichen Aufforderung muss sich für den Verantwortlichen eindeutig ergeben, was von ihm zur Vermeidung eines Gerichtsverfahrens konkret verlangt wird. Wird die Unterlassung einer bestimmten Handlung verlangt, muss der Verantwortliche darauf hingewiesen werden, dass von ihm die Abgabe einer strafbewehrten Unterlassungserklärung verlangt wird.[568]

---

566 OLG Stuttgart, Beschl. v. 12.7.1996 – 2 W 39/96, BeckRS 1996, 06161; *Sosnitza* in Ohly/Sosnitza, UWG, 7. Aufl. 2016, § 12 Rn. 15.

567 So für das Wettbewerbsrecht bereits *Bornkamm/Feddersen* in Köhler/Bornkamm/Feddersen, UWG, 39. Aufl. 2021, § 13 Rn. 25a.

568 *Sosnitza* in Ohly/Sosnitza, UWG, 7. Aufl. 2016, § 12 Rn. 16.

Für eine außergerichtliche Aufforderung ist keine bestimmte Form vorgesehen.[569] Gleichwohl sollte sie schriftlich verfasst und auf einem Weg zugestellt werden, der den Nachweis des Zuganges der außergerichtlichen Aufforderung ermöglicht. Steht in einem gerichtlichen Verfahren, ob der Beklagte zuvor förmlich außergerichtlich zur Vornahme einer Handlung oder zur Unterlassung aufgefordert wurde, ist für diesen Umstand regelmäßig der Kläger darlegungs- und beweisbelastet.

Das Setzen einer Frist zur Beantwortung einer außergerichtlichen Aufforderung ist keine Wirksamkeitsvoraussetzung, empfiehlt sich allerdings. Wird eine Frist gesetzt, muss diese jedenfalls den Umständen entsprechend so bemessen sein, dass der Verantwortliche eine realistische Möglichkeit hat, das beanstandete Verhalten zu prüfen und sich im Zweifel den Rat eines Rechtsanwaltes einholen zu können. Ist die gesetzte Frist hingegen zu kurz, setzt diese eine zumindest angemessene Frist in Gang.

3. Die Unterlassungserklärung

Macht eine betroffene Person einen Unterlassungsanspruch geltend, weil der Verantwortliche in der Vergangenheit datenschutzrechtlich geschützte Rechte der betroffenen Person verletzt hat, ist das Ziel einer solchen Aufforderung stets die Abgabe einer strafbewehrten Unterlassungserklärung.

Mit der Unterlassungserklärung soll sich der Verantwortliche vertraglich gegenüber der betroffenen Person verpflichten, das mit der Aufforderung beanstandete Verhalten künftig zu unterlassen. Da allerdings die einfache Unterlassungserklärung in der Regel nicht geeignet ist, den Verantwortlichen ernsthaft davon abzuhalten, das beanstandete Verhalten tatsächlich zu unterlassen, muss die Unterlassungserklärung zusätzlich das Versprechen enthalten, im Falle einer Wiederholung an die betroffene Person eine Vertragsstrafe zu zahlen.[570]

569 *Sosnitza* in Ohly/Sosnitza, UWG, 7. Aufl. 2016, § 12 Rn. 10; *Bornkamm/Feddersen* in Köhler/Bornkamm/Feddersen, UWG. 39. Aufl. 2021, § 13 Rn. 26.

570 Bei der strafbewehrten Unterlassungserklärung handelt es sich nach der Rechtsprechung des BGH, Urt. v. 17.9.2009 – I ZR 217/07 um ein abstraktes Schuldanerkenntnis.

Gibt der Verantwortliche eine Unterlassungserklärung ohne ein solches Vetragsstrafenversprechen ab, ist diese Erklärung nicht geeignet, die Wiederholungsgefahr auszuräumen. Der Unterlassungsanspruch würde in diesem Fall nicht erlöschen, sondern weiterhin bestehen und könnte von der betroffenen Person gerichtlich durchgesetzt werden.

Praxishinweis:

Ist der Verantwortliche der Auffassung, dass ein Unterlassungsanspruch nicht besteht, möchte dieser gleichwohl ein gerichtliches Verfahren vermeiden, wird oftmals eine strafbewehrte Unterlassungserklärung abgegeben, jedoch mit dem Zusatz „ohne Anerkenntnis einer Rechtspflicht, gleichwohl rechtsverbindlich". Trotz dieses Zusatzes kann mit einer solchen Unterlassungserklärung die Wiederholungsgefahr ausgeräumt und ein gerichtliches Verfahren vermieden werden. Wichtig ist allerdings, dass dieser Zusatz vollständig ist, insbesondere die Erklärung „gleichwohl rechtsverbindlich" enthält. Wird die Erklärung nicht als gleichwohl rechtsverbindlich abgegeben, mangelt es der Erklärung nach der Rechtsprechung an der Ernsthaftigkeit, mit der Folge, dass die Wiederholungsgefahr nicht ausgeräumt wird und ein gerichtliches Verfahren gleichwohl möglich bleibt.[571]

Praxishinweis:

Durch die Einordnung der Unterlassungserklärung als abstraktes Schuldanerkenntnis sollte aus Sicht des Verantwortlichen stets sehr genau überlegt werden, ob zur Vermeidung eines Rechtsstreites die Abgabe einer Unterlassungserklärung ratsam ist. Das gilt insbesondere dann, wenn unklar ist, ob auf das konkret beanstandete Verhalten tatsächlich ein Anspruch auf Unterlassung besteht. Gibt der Verantwortliche trotz dieser Unsicherheit eine Unterlassungserklärung ab, begründet diese eine eigenständige vertragliche Verpflichtung, künftig dieses oder ein vergleichbares Verhalten nicht zu wiederholen. Das

571 LG Frankenthal, Urt. v. 3.11.2020 – 6 O 145/20.

gilt also selbst dann, wenn die betroffene Person wegen dieses Verhaltens keinen Anspruch auf Unterlassung hat.[572]

Die Vertragsstrafe kann bereits der Höhe nach in der Unterlassungserklärung beziffert werden. In diesem Fall muss diese so bemessen sein, dass sie ernsthaft den Verantwortlichen davon abhält, das beanstandete Verhalten zu wiederholen. Gibt der Verantwortliche beispielsweise eine modifizierte Unterlassungserklärung ab, in welcher er die Vertragsstrafe von vormals 10.000,00 EUR je Zuwiderhandlung auf nur noch 250,00 EUR je Zuwiderhandlung reduziert hat, spricht dies dafür, dass dieser Erklärung jede Ernsthaftigkeit fehlt. In diesem Fall wäre die abgegebene Erklärung trotz eines Vertragsstrafeversprechens nicht geeignet, die Wiederholungsgefahr auszuräumen.

Praxishinweis:

Empfindet der Verantwortliche die von der betroffenen Person angesetzte Vertragsstrafe als zu hoch und möchte die Erklärung in dieser Hinsicht modifizieren, ohne das Risiko einzugehen, bei einer zu niedrig angesetzten Vertragsstrafe gerichtlich in Anspruch genommen zu werden, kann er die Vertragsstrafe nach dem sog. Hamburger Brauch formulieren.[573] *Danach verpflichtet sich der Verantwortliche zu einer angemessenen Vertragsstrafe, welche einseitig von der betroffenen Person für den jeweiligen Einzelfall beziffert und die im Streitfall durch das zuständige Gericht hinsichtlich ihrer Angemessenheit überprüft werden kann.*[574] *Das hat den Vorteil, dass im Zeitpunkt der Abgabe der Unterlassungserklärung noch keine konkret bezifferte Vertragsstrafe versprochen werden muss, und im Falle einer als unangemessen empfundenen Vertragsstrafe ein Gericht angerufen werden kann. Gleichzeitig ist dieses Vorgehen durch die Rechtsprechung anerkannt, um die Wiederholungsgefahr ernsthaft auszuräumen.*[575]

---

572 OLG Brandenburg, Urt. v. 29.4.2014 – 6 U 10/13.

573 Hierzu ausführlich *Brüning* in Harte-Bavendamm/Henning-Bodewig, UWG, 4. Aufl. 2016, § 12 Rn. 202 ff.

574 *Brüning* in Harte-Bavendamm/Henning-Bodewig, UWG, 4. Aufl. 2016, § 12 Rn. 202.

575 BGH, Urt. v. 14.10.1977 – I ZR 19/76; *BGH*, Urt. v. 17.9.2009 – I ZR 217/07.

4. Reaktion des Verantwortlichen

Die Reaktion auf eine außergerichtliche Aufforderung kann vielfältig ausfallen. Beeinflusst wird die Reaktion jedenfalls zum einen von der Frage, ob die außergerichtliche Aufforderung berechtigt oder unberechtigt ist, die betroffene Person also einen Anspruch auf die begehrte Handlung oder Unterlassung hat. Zum anderen können auch wirtschaftliche oder unternehmenspolitische Erwägungen die Reaktion auf eine außergerichtliche Aufforderung beeinflussen.

Praxishinweis:

Wird nach einem Datenschutzverstoß die Abgabe einer Unterlassungserklärung verlangt, kommt es nicht selten vor, dass die Abgabe einer solchen Unterlassungserklärung aus unternehmenspolitischen Gründen kategorisch verweigert wird.

Ist die außergerichtliche Aufforderung berechtigt, kommt es in den meisten Fällen zu einer gütlichen Einigung, um ein gerichtliches Verfahren zu vermeiden. Ist die außergerichtliche Aufforderung nicht berechtigt, weil der geltend gemachte Anspruch entweder nicht besteht oder sich durch Erfüllung oder anderweitig erledigt hat, werden die geltend gemachten Forderungen regelmäßig zurückgewiesen.

Praxishinweis:

Auch wenn der Verantwortliche im Rahmen seiner Zurückweisung nicht verpflichtet ist, diese ausführlich zu begründen, empfiehlt es sich, den Grund der Zurückweisung sowohl in tatsächlicher als auch in rechtlicher Hinsicht darzulegen. Basierte die außergerichtliche Aufforderung auf einer nachweislich falschen tatsächlichen Grundlage, kann das gegenüber der betroffenen Person dargelegt werden, um so zu verhindern, dass sie nach der Zurückweisung auf dieser falschen tatsächlichen Grundlage den Klageweg beschreitet. Das Gleiche gilt im Ergebnis auch dann, wenn die außergerichtliche Aufforderung auf einer offensichtlich falschen rechtlichen Würdigung der tatsächlichen Umstände basiert. Vertritt man allerdings nur eine andere Rechtsauffassung als die betroffene Person, kann dies als Begründung für die Zurückweisung angeführt werden. Freilich wird das die betroffene Person in diesem Fall nicht davon abhalten, zu versuchen, ihren Anspruch gerichtlich durchzusetzen.

5. Kostenerstattung

Macht die betroffene Person ihre Ansprüche außergerichtlich eigenständig geltend, fallen hierfür naturgemäß keine nennenswerten Kosten an. Beauftragt sie allerdings einen Rechtsanwalt, wird eine Geschäftsgebühr nach Nr. 2300 ff. VV-RVG fällig.[576] Es ist nachvollziehbar, dass die betroffene Person diese Kosten im Ergebnis nicht selbst tragen möchte. Sie ist bestrebt, sich diese von dem Verantwortlichen erstatten zu lassen. Das allerdings setzt voraus, dass die betroffene Person einen entsprechenden materiellen Anspruch auf Erstattung der außergerichtlichen Rechtsanwaltskosten hat. Die DSGVO sieht in den Art. 15 ff. DSGVO einen solchen Kostenerstattungsanspruch nicht vor.

Dort, wo die Erstattung der Kosten für eine außergerichtliche Aufforderung nicht gesetzlich ausdrücklich geregelt ist (also anders als in § 97a III UrhG oder in § 13 III UWG), kann die betroffene Person nach nationalem Recht teilweise nach der Rechtsprechung vom Verantwortlichen die Erstattung dieser außergerichtlichen Rechtsanwaltskosten über die Grundsätze der Geschäftsführung ohne Auftrag nach den §§ 683 S. 1, 677, 670 BGB erstattet verlangen.[577] Ob diese Rechtsprechung auf die außergerichtliche Geltendmachung der Ansprüche aus den Art. 15 ff. DSGVO übertragbar ist, ist allerdings fraglich und begegnet erheblichen Zweifeln.

Hintergrund einer Kostenerstattung über die Grundsätze der Geschäftsführung ohne Auftrag ist dabei der Gedanke, dass die Aufforderung zumindest auch im Interesse des Abgemahnten liegt, denn so könne ein kostenintensives gerichtliches Verfahren vermieden werden.[578] Ausgangspunkt der Kostenerstattung ist allerdings stets die Verletzung eines Rechts (z. B. Markenrecht etc.) des Abmahnenden.

576 *Sefrin* in v. Steltmann BeckOK RVG, 50. Edition 2020, RVG VV 2300, Rn. 9 f.
577 BGH, Urt. v. 12.4.1984 – I ZR 45/82.
578 *Hellfeld*, Verfahrensrecht im gewerblichen Rechtsschutz, 1. Aufl. 2016, S. 47, Rn. 200.

Der Geltendmachung eines Rechtes aus den Art. 15 ff. DSGVO geht allerdings nicht zwangsläufig eine Rechtsverletzung voraus. Dies wird deutlich, wenn man bedenkt, dass der Anspruch auf Auskunft nach Art. 15 DSGVO auch dann besteht und geltend gemacht werden kann, wenn die Verarbeitung personenbezogener Daten rechtmäßig erfolgt. Der Verantwortliche ist nach Art. 15 I DSGVO sogar zur Erteilung einer Negativauskunft verpflichtet, wenn er also überhaupt keine personenbezogenen Daten über die auskunftsersuchende betroffene Person verarbeitet. Ändern sich die Kontaktdaten der betroffenen Person, weil diese beispielsweise umgezogen ist, geht dem dann anschließenden Berichtigungsverlangen nach Art. 16 DSGVO auch keine Rechtsverletzung durch den Verantwortlichen voraus, da dieser erst mit diesem Hinweis und dem korrespondierenden Berichtigungsverlangen davon erfährt, dass die durch ihn gespeicherten personenbezogenen Daten zu der betroffenen Person nunmehr unrichtig sind. Das Gleiche gilt im Ergebnis auch dort, wo eine Verarbeitung aufgrund einer Einwilligung erfolgt. Widerruft die betroffene Person diese Einwilligung und verbindet diese Erklärung zugleich mit einem Löschbegehren nach Art. 17 DSGVO, liegt auch diesem Löschbegehren nicht zwangsläufig eine rechtswidrige Verarbeitung personenbezogener Daten und damit eine Rechtsverletzung zugrunde. Die DSGVO sieht im Gegenzug in Art. 12 V b) DSGVO und in Art. 15 III S. 2 DSGVO sogar vor, dass der Verantwortliche von der betroffenen Person im Einzelfall ein Entgelt für die Bearbeitung des Antrages verlangen kann. Bereits diese unterschiedlichen Ausgangskonstellationen verbieten es, die Rechtsprechung zur Erstattung der Kosten über die Grundsätze der Geschäftsführung ohne Auftrag auf die außergerichtliche Geltendmachung der Rechte aus den Art. 15 ff. DSGVO zu übertragen. Macht also eine betroffene Person erstmalig eines der ihr nach den Art. 15 ff. DSGVO zustehenden Rechte geltend, ohne dass dem zugleich auch eine Rechtsverletzung zugrunde liegt, kann sie von dem Verantwortlichen nicht die Erstattung der Kosten verlangen, wenn sie hierfür einen Rechtsanwalt beauftragt hat.

Etwas anderes kann sich allerdings für den Fall ergeben, dass der Geltendmachung eines Rechtes nach den Art. 15 ff. DSGVO eine Rechtsverletzung vorausgegangen ist. Eine solche Rechtsverletzung liegt insbesondere dann vor, wenn der Verantwortliche auf ein Auskunfts-,

Berichtigungs- oder Löschbegehren nicht oder nicht vollständig reagiert.[579] In diesem Fall ist die betroffene Person gezwungen, ihren Anspruch erneut gegenüber dem Verantwortlichen geltend zu machen und darf dabei auch die Hinzuziehung eines Rechtsanwalts für erforderlich halten.[580] Die hierdurch entstandenen Kosten stellen sich für die betroffene Person als unfreiwilliges Vermögensopfer dar, mithin als Schaden. Diese Rechtsverfolgungskosten können einen nach Art. 82 I DSGVO ersatzfähigen materiellen Schaden darstellen,[581] wenn die weiteren Voraussetzungen des Art. 82 DSGVO von der betroffenen Person dargelegt und auch nachgewiesen werden können. Angesichts der eigenen Regelungen in Art. 82 DSGVO ist ein Rückgriff auf die nationalen Regelungen zum Verzugsschaden nach §§ 286, 280 BGB oder zur Geschäftsführung ohne Auftrag, welche beide in der vorliegenden Konstellation ebenfalls denkbar sind, nicht erforderlich.

Macht die betroffene Person nach einem Datenschutzverstoß (z. B. unberechtigte Veröffentlichung personenbezogener Daten) außergerichtliche Ansprüche auf Unterlassung und Ersatz immaterieller Schäden geltend, stellen die hierfür angefallenen außergerichtlichen Rechtsanwaltskosten ebenfalls einen ersatzfähigen materiellen Schaden nach Art. 82 DSGVO dar.

---

579 *Frank* in Gola, Datenschutz-Grundverordnung, 2. Aufl. 2018, Art. 15, Rn. 60 geht im Falle des Verzuges von einer Kostenerstattung nach §§ 280 I, III, 286 BGB aus.

580 Das LAG Köln, Urt. v. 14.9.2020 – 2 Sa 358/20 hatte hierzu festgestellt, dass ein Anspruch auf Kostenerstattung nach Art. 82 DSGVO für ein Löschbegehren, das direkt durch einen Rechtsanwalt geltend gemacht wurde, nicht besteht, da die nachvertragliche Treupflicht zum ehemaligen Arbeitgeber es gebiete, diesen vor der Einschaltung eines Rechtsanwaltes selbst zur Löschung aufzufordern. Die sofortige Einschaltung eines Rechtsanwalts sei nach Auffassung des *LAG Köln* nicht erforderlich gewesen.

581 *Bergt* in Kühling/Buchner, DSGVO BDSG, 3. Aufl. 2020, Art. 82, Rn. 19; *Moos/Schefzig* in Taeger/Gabel DSGVO/BDSG, 3. Aufl. 2019, Art. 82, Rn. 29; *Wybitul/Haß/Albrecht*, NJW 2018, 113, 114; *Wybitul/Neu/Strauch*, ZD 2018, 202, 205; *Laue* in Laue/Kremer, Das neue Datenschutzrecht in der betrieblichen Praxis, 2. Aufl. 2019, § 11 Rn. 5; *Kohn*, ZD 2019, 498, 501.

Praxishinweis:

Bestellt sich außergerichtlich bereits für das erste Auskunfts-, Berichtigungs- oder Löschbegehren ein Rechtsanwalt und verlangt zugleich die Erstattung der außergerichtlichen Rechtsanwaltsgebühren, kann mit sehr guten Gründen die Zahlung dieser außergerichtlichen Rechtsanwaltsgebühren verweigert werden. Die zu Unrecht verlangten Rechtsanwaltsgebühren dürfen allerdings nicht dazu verleiten, das Begehren insgesamt zurückzuweisen, denn der materiell-rechtliche Anspruch aus den Art. 15 ff. DSGVO besteht hiervon losgelöst weiterhin.

6. Die Zuwiderhandlung gegen eine Unterlassungs- und Verpflichtungserklärung

Der identische Verstoß gegen eine Unterlassungs- und Verpflichtungserklärung führt zunächst dazu, dass der Verantwortliche die in der Erklärung versprochene Vertragsstrafe verwirkt hat. Wurde die Vertragsstrafe konkret beziffert, ist die bezifferte Vertragsstrafe als pauschalierter Schadensersatz an die betroffene Person zu zahlen. Wurde die Vertragsstrafe nicht konkret beziffert, sondern das Vertragsstrafenversprechen nach dem Hamburger Brauch abgegeben, so kann die betroffene Person nach § 315 I BGB die Vertragsstrafe zunächst nach billigem Ermessen bestimmen, wobei die Bestimmung nach § 315 II BGB gegenüber dem Verantwortlichen zu erfolgen hat. In der Praxis erfolgt die Bestimmung schriftlich, in dem zunächst darauf hingewiesen wird, dass ein Verstoß gegen die Unterlassungspflicht festgestellt wurde. Sodann wird die hierfür als angemessen erachtete Vertragsstrafe beziffert und unter Fristsetzung vom Verantwortlichen verlangt.

Hält der Verantwortliche die von der betroffenen Person bestimmte Vertragsstrafe für unangemessen, erfolgt die gerichtliche Überprüfung der Angemessenheit zumeist im Rahmen einer Leistungsklage auf Zahlung der einseitig bestimmten Vertragsstrafe.

Der Verstoß gegen eine Unterlassungs- und Verpflichtungserklärung hat allerdings eine weitere Folge, welche von den Parteien zu berücksichtigen ist. Begeht der Verantwortliche als Schuldner einer Unterlassungs- und Verpflichtungserklärung nach deren Abgabe einen erneuten, identischen Verstoß, entsteht ein neuer Unterlassungsanspruch.[582] Hieraus ergibt sich dann, dass die korrespondierende Wiederholungsgefahr nur durch die Abgabe einer neuen Unterlassungs- und Verpflichtungserklärung ausgeräumt werden kann, wobei zu berücksichtigen ist, dass dann ein im Vergleich zur ersten Unterlassungs- und Verpflichtungserklärung erheblich höheres Vertragsstrafenversprechen abgegeben werden muss.[583] Wurde also in der ersten Unterlassungs- und Verpflichtungserklärung beispielsweise eine Vertragsstrafe von 5.000,00 EUR je Verstoß vereinbart, so muss die Vertragsstrafe in der zweiten Unterlassungs- und Verpflichtungserklärung diesen Betrag erheblich übersteigen. Wurde die erste Unterlassungs- und Verpflichtungserklärung mit einer Vertragsstrafenregelung nach dem Hamburger Brauch abgegeben, so kann die erforderliche Verschärfung durch Versprechen einer Vertragsstrafe ebenfalls nach dem Hamburger Brauch erfolgen, allerdings durch Hinzufügen einer Mindestsumme („*nicht unter…*“).[584]

Gibt der Verantwortliche nach dem erneuten Verstoß keine Unterlassungs- und Verpflichtungserklärung mit einer erhöhten Vertragsstrafe ab, wird die Wiederholungsgefahr nicht ausgeräumt und der Unterlassungsanspruch besteht weiter fort. In diesem Fall kann die betroffene Person ihren Unterlassungsanspruch gerichtlich gegen den Verantwortlichen durchsetzen, sei es als normale Klage oder im Wege des Eilrechtsschutzes.

C. Das gerichtliche Hauptsacheverfahren

Immer dann, wenn der Verantwortliche einem außergerichtlichen Begehren einer betroffenen Person ganz oder teilweise nicht nachkommt, sieht sich diese gezwungen, ihre Ansprüche gerichtlich durchzusetzen. In der Regel begehrt die betroffene Person von dem Verantwortlichen sodann eine konkrete Leistung (z. B. Auskunft, Berichtigung, Löschung oder Schadensersatz), sodass eine Inanspruchnahme des Verantwortlichen im Rahmen eines Verfahrens auf Erlass einer einstweiligen Verfügung aufgrund des Verbotes der Vorwegnahme

582 OLG Köln, Urt. v. 5.12.2014 – 6 U 57/14.
583 OLG Köln, Urt. v. 5.12.2014 – 6 U 57/14.
584 OLG Köln, Urt. v. 5.12.2014 – 6 U 57/14.

der Hauptsache von Anfang an ausscheidet.[585] Für die Mehrzahl der Ansprüche, die eine betroffene Person gegen einen Verantwortlichen gerichtlich durchsetzen will, ist somit grundsätzlich nur das Hauptsacheverfahren eröffnet. Einstweiliger Rechtsschutz kommt folglich nur im Falle eines Unterlassungsanspruches in Betracht.

I. Die erste Instanz

1. Vorüberlegungen

Die Durchsetzung von Ansprüchen nach einem Verstoß gegen datenschutzrechtliche Vorschriften, insbesondere Vorschriften nach der DSGVO, setzt voraus, dass man sich zuvor darüber vergewissert, ob man zur Geltendmachung von Ansprüchen überhaupt berechtigt ist. Während vor Geltung der DSGVO in Literatur und Rechtsprechung anerkannt war, dass Mitbewerber und Verbraucherschutzverbände bei einem Verstoß gegen eine datenschutzrechtliche Vorschrift klagebefugt waren, ist diese Frage unter Geltung der DSGVO noch gänzlich ungeklärt. Darüber hinaus stellt sich die Frage, ob spezialisierte Anbieter, die gebündelt Ansprüche, zumeist auf Schadensersatz, geltend machen, ebenfalls hierzu befugt sind. Vor diesem Hintergrund ist es erforderlich, dass man sich für jede Konstellation einmal Gedanken darüber macht, ob man selbst überhaupt befugt ist, die angedachte Klage zu erheben. Umgekehrt bedeuten diese noch offenen Fragen aus prozesstaktischer Sicht für den verklagten Verantwortlichen, dass auch dieser, je nach Fallkonstellation, die Aktivlegitimation des jeweiligen Angreifers rügen sollte. Solange es hinsichtlich der Klagebefugnis beispielsweise eines Mitbewerbers keine letztinstanzliche Entscheidung gibt, ist es legitim und prozesstaktisch geboten, die Aktivlegitimation desselben in Frage zu stellen.

a) Individuelle Durchsetzung durch die betroffene Person

Nach Art. 79 I DSGVO hat jede betroffene Person das Recht auf einen wirksamen gerichtlichen Rechtsbehelf. Ziel der Vorschrift ist es, durch

585 Auf die Grundzüge des einstweiligen Rechtsschutzes wird unter Kap. 2, D. näher eingegangen.

ein direktes Vorgehen der betroffenen Person gegen den Verantwortlichen oder den Auftragsverarbeiter schneller und effektiver Rechtsfrieden zwischen den Parteien herzustellen, als es ein behördliches Verfahren je könnte.[586]

Praxishinweis:

Auch wenn ein direktes Vorgehen gegen den Verantwortlichen oder den Auftragsverarbeiter in der Regel schneller umzusetzen ist als ein behördliches Verfahren, kann es sich für eine betroffene Person aus taktischer Sicht lohnen, zunächst den Ausgang eines behördlichen Verfahrens abzuwarten. Das ist insbesondere bei komplexen Sachverhalten der Fall, bei denen die betroffene Person mangels Fachkenntnisse aus eigenem Wissen, den Datenschutzverstoß nicht sicher wird darlegen und nachweisen können. Steht der objektive Verstoß nach einem behördlichen Verfahren bereits fest, reduzieren sich die tatsächlichen Fragen bei der Durchsetzung eigener Rechte gegen den Verantwortlichen oder den Auftragsverarbeiter darauf, festzustellen, ob sich der Verstoß auf die Rechte der betroffenen Person subjektiv ausgewirkt, also zum Beispiel zu einem konkreten Schaden geführt, hat.

Aus der Vorschrift wird abgeleitet, dass Art. 79 I DSGVO die Befugnis zur Erhebung einer Klage, sprich die Klagebefugnis, regelt.[587] Danach gilt, dass die betroffene Person immer dann klageberechtigt ist, wenn sie der Ansicht ist, durch eine Verarbeitung sie betreffender personenbezogener Daten seitens eines Verantwortlichen oder eines Auftragsverarbeiters, in eigenen, von der DSGVO geschützten, Rechten verletzt worden zu sein. Popularklagen sollen hierdurch

---

586 *Nemitz* in Ehrmann/Selmayr, Datenschutzgrundverordnung, 2. Aufl. 2018, DSGVO, Art. 79 Rn. 2.

587 *Moos/Schefzig* in Taeger/Gabel, 3. Aufl. 2019, DSGVO, Art. 79 Rn. 6; *Spindler/Dalby* in Spindler/Schuster, Recht der elektronischen Medien, 4. Aufl. 2019, DSGVO, Art. 79 Rn. 18; *Schneider* in Schwartmann/Jaspers/Thüsing/Kugelmann, DSGVO/BDSG, 2. Aufl. 2020, DSGVO, Art. 79 Rn. 12; *Mundil* in Wolff/Brink, BeckOK Datenschutzrecht, 34. Edition 2020, DSGVO, Art. 79 Rn. 3.

ausgeschlossen werden.[588] Dementsprechend ist das Klagerecht auch dann ausgeschlossen, wenn es sich um die Verletzung von objektiven Vorschriften handelt, die sich gerade nicht auf subjektive Rechte der betroffenen Person ausgewirkt hat.[589]

Dass es tatsächlich zu einer Verletzung eigener Rechte gekommen ist, ist im Rahmen von Art. 79 I DSGVO noch nicht erheblich.[590] Ob eine Rechtsverletzung vorliegt, ist vielmehr eine Frage der Begründetheit der Klage. Ausreichend ist an dieser Stelle, wenn die betroffene Person eine solche Verletzung schlüssig darlegt, wobei die Anforderungen an diese Darlegung nicht überspannt werden dürfen.[591] Im Gegenzug wird es aber auch nicht ausreichen können, wenn die betroffene Person eine Rechtsverletzung vollkommen unsubstantiiert behauptet, eine solche vor allem auch nach dem Vortrag der betroffenen Person nicht möglich erscheint.[592] Der Vortrag muss vielmehr jedenfalls insoweit schlüssig sein, dass sich hieraus die Möglichkeit einer Rechtsverletzung ableiten lässt.[593]

Die behauptete Rechtsverletzung muss letztlich auch auf einer Datenverarbeitung beruhen, die nicht im Einklang mit den Vorgaben der DSGVO steht.[594] Erfasst wird aber nicht nur die DSGVO selbst, sondern auch delegierte Rechtsakte, Durchführungsakte sowie Rechtsvorschriften der Mitgliedstaaten zur Präzisierung von Bestimmungen der DSGVO.[595] In Betracht kommt zudem jede Art der Verarbeitung.

588 *Boehm* in Simits/Hornung/Spiecker gen. Döhmann, Datenschutzrecht, 1. Aufl. 2019, DSGVO, Art. 79 Rn. 10; *Bergt* in Kühling/Buchner, DS-GVO/BDSG, 3 Aufl. 2020, DSGVO, Art. 79 Rn. 5.

589 *Bergt* in Kühling/Buchner, DS-GVO/BDSG, 3 Aufl. 2020, DSGVO, Art. 79 Rn. 5; *Martini* in Paal/Pauly, DSGVO, 2. Aufl. 2018, Art. 79 Rn. 21.

590 *Bergt* in Kühling/Buchner, DS-GVO/BDSG, 3 Aufl. 2020, DSGVO, Art. 79 Rn. 7.

591 *Bergt* in Kühling/Buchner, DS-GVO/BDSG, 3 Aufl. 2020, Art. 79 Rn. 5.

592 So auch *Schneider* in Schwartmann/Jaspers/Thüsing/Kugelmann, DSGVO/BDSG, 2. Aufl. 2020, DSGVO, Art. 79 Rn. 12.

593 *Schneider* in Schwartmann/Jaspers/Thüsing/Kugelmann, DSGVO/BDSG, 2. Aufl. 2020, DSGVO, Art. 79 Rn. 12; *Mundil* in Wolff/Brink, BeckOK Datenschutzrecht, 34. Edition 2020, DSGVO, Art. 79 Rn. 6.

594 *Martini* in Paal/Pauly, DSGVO, 2. Aufl. 2018, Art. 79 Rn. 19.

595 *Mundil* in Wolff/Brink, BeckOK Datenschutzrecht, 34. Edition 2020, DSGVO, Art. 79 Rn. 4.

Allerdings muss zwischen der Verarbeitung und der Rechtsverletzung Kausalität bestehen („infolge").[596]

b) Individuelle Durchsetzung durch Mitbewerber

Eine der für die zivilrechtliche Durchsetzung von Rechten wahrscheinlich größten Streitfragen[597] ist in Deutschland seit Geltung der DSGVO die Frage, ob Mitbewerber Datenschutzverstöße über das Gesetz gegen den unlauteren Wettbewerb (UWG), konkret über §§ 8 II, 3a UWG, neben der betroffenen Person verfolgen dürfen.[598] Die Beantwortung dieser Frage hat auch erhebliche Auswirkungen auf die Praxis und vor allem auf die Risiken der Verantwortlichen, denn bei Bejahung derselben sähen sich Verantwortliche nicht nur Verfahren durch Aufsichtsbehörden und betroffene Personen ausgesetzt, sondern eben auch wettbewerbsrechtlichen Verfahren von Mitbewerbern und gegebenenfalls den übrigen durch § 8 III UWG Aktivlegitimierten[599, 600].

596 *Martini* in Paal/Pauly, DSGVO, 2. Aufl. 2018, Art. 79 Rn. 22a.

597 Eine sehr gute Übersicht zu dem Streit liefert die Entscheidung des BGH „*App-Zentrum*", vom 28. Mai 2020 – I ZR 186/17 (dort Rn. 33 ff.), mit welcher der Senat die Frage zum EuGH vorlegt, ob auch Verbraucherschutzverbänden eine eigene Klagebefugnis zur Verfolgung von Verstößen gegen die DSGVO zustehen.

598 Gut dargestellt ist der Streitstand, inklusiver aktueller Entwicklungen in der Gesetzgebung bei *Löffel/Abrar* unter https://loeffel-abrar.com/newsblog/sind-verstoesse-gegen-die-datenschutz-grundverordnung-wettbewerbswidrig/.

599 Interessenverbände, qualifizierte Einrichtungen und Industrie-, Handels- oder Handwerkskammern. Hierzu differenzierend in Hinblick auf die Sperrwirkung der DSGVO *Uebele* GRUR 2019, 694.

600 Obwohl oft von sog. Abmahnwellen gesprochen wird, blieben massenhafte Abmahnungen und Verfahren, die von Mitbewerbern angestrengt wurden, seit Geltung der DSGVO aus. Das ist auch durchaus nachvollziehbar, denn die rechtskonforme Umsetzung der Vorgaben der DSGVO stellt für jedes Unternehmen eine Herausforderung dar, die dadurch erschwert wird, dass die DSGVO in vielen Punkten noch unklar ist. Hieraus resultiert auch für den potenziellen Angreifer das Risiko, aufgrund der fehlenden DSGVO-Compliance in eigener Sache ebenfalls Adressat einer entsprechenden Abmahnung zu werden, denn die Gegenabmahnung stellt in der Praxis ein probates Mittel dar, sich am Ende auf eine friedliche Koexistenz zu einigen. Obwohl es bis zuletzt nicht zu der befürchteten Abmahnwelle gekommen ist, sah sich der Freistaat Bayern genötigt, eine Initiative zu starten, wonach Verstöße gegen die DSGVO künftig nicht über das UWG verfolgt werden dürften (Gesetzesantrag des Frei-

aa) Keine Klagebefugnis für Mitbewerber

Ausgangspunkt des Streits ist die Auffassung, dass die DSGVO eine abschließende Regelung zur Durchsetzung von Rechten nach einem Datenschutzverstoß enthalte.[601] Hierdurch sei eine Anwendung von §§ 8 II, 3a UWG und damit auch ein Vorgehen durch Mitbewerber ausgeschlossen.[602] Dieser Auffassung haben sich in der Folge zahlreiche Stimmen in der Literatur mit gewichtigen Argumente angeschlossen.[603] Konsequenz dieser Ansicht ist auch, dass der weitere Streit, ob die Vorschriften der DSGVO Marktverhaltensregelungen im Sinne von § 3a UWG sind, obsolet ist.[604]

Wesentliche Argumente dieser Ansicht:

Ziel des Unionsgesetzgebers sei es, innerhalb der Union eine vereinheitlichte Rechtsdurchsetzung zu regeln, um ein einheitliches Datenschutzniveau in sämtlichen Mitgliedstaaten zu schaffen.[605] Die Rechtsdurchsetzung von Verstößen gegen die DSGVO sei aber in der Verordnung abschließend geregelt, nämlich in einer Durchsetzung durch die Aufsichtsbehörden auf der einen Seite und durch die betroffenen Personen auf der anderen Seite.[606] Würde man es zulassen, dass beliebig viele Mitbewerber neben den Aufsichtsbehörden Verstöße gegen die DSGVO durchsetzen dürften, käme es zwangsläufig zu einer Konkurrenz der Durchsetzung des objektiven Datenschutzrechts durch die Aufsichtsbehörden auf der einen und die Zivilgerichte auf der anderen Seite.[607]

---

staates Bayern abrufbar unter: https://www.bundesrat.de/SharedDocs/drucksachen/2018/0301-0400/304-18.pdf?__blob=publicationFile&v=1).

601 So wohl zuerst *Köhler* in: Köhler/Bornkamm/Feddersen, UWG, 36. Aufl. 2018, § 3a Rn. 1.40a – In der aktuellen Auflage vertieft *Köhler* seinen Standpunkt, 39. Aufl. 2021, § 3a Rn. 1.40a. u. 1.74b.

602 *Köhler* in Köhler/Bornkamm/Feddersen, UWG, 39. Aufl. 2021, § 3a Rn. 1.40a u. 1.74b; *Köhler*, ZD 2018, 337 ff.

603 Vgl. nur *Barth*, WRP 2018, 794 ff.; *Spittka*, GRUR-Prax 2019, 4 ff.; *Ohly*, GRUR 2019, 686 ff.

604 So dann letztlich auch *Köhler*, WRP 2018,1269, 1272.

605 *Köhler*, WRP 2018, 1269, 1272.

606 *Köhler*, WRP 2018, 1269, 1272; *Schmitt*, WRP 2019, 27, 30; *Ohly*, GRUR 2019, 686, 688.

607 *Köhler*, WRP 2018, 1269, 1274; Dieses Argument von *Köhler* überzeugt nicht, denn dieses vermeintlich bestehende Konkurrenzverhältnis ist der DSGVO be-

bb) Rechtsdurchsetzung in der DSGVO nicht abschließend geregelt

Andere Stimmen in der Literatur halten die innerhalb der DSGVO zur Rechtsdurchsetzung getroffenen Bestimmungen dagegen nicht für abschließend, mit der Folge, dass auch Mitbewerber Datenschutzverstöße über §§ 8 II, 3a UWG verfolgen können.[608]

Wesentliche Argumente dieser Ansicht:

Zur effektiveren Durchsetzung von Datenschutzverstößen sei es erforderlich, auch Mitbewerbern ein eigenes Klagerecht zuzusprechen.[609] Ein höheres Datenschutzniveau könne vor allem dadurch erreicht werden, dass Verantwortliche einen weiteren Anreiz für die Einhaltung der Vorgaben aus der DSGVO erhalten.[610] Die DSGVO habe zwar zum Ziel, ein einheitliches Datenschutzniveau innerhalb der Mitgliedstaaten zu erreichen, die Zulassung von Mitbewerbern zur Durchsetzung von Verstößen würde allerdings nicht zu einer Absenkung des Datenschutzniveaus führen, sondern im Gegenteil ein höheres Datenschutzniveau bewirken.[611]

Praxishinweis:

Folge der Ansicht, dass auch Mitbewerber Verstöße gegen die DSGVO verfolgen können, ist, dass auch die weitere Streitfrage zu klären ist, ob die Vorschriften der DSGVO Marktverhal-

---

reits immanent. Unbestritten steht den betroffenen Personen ein eigenes Klagerecht bei Verstößen gegen die DSGVO gegen den Verantwortlichen zu. Für Klagen der betroffenen Personen sind allerdings bereits jetzt die Zivil- bzw. Arbeitsgerichte zuständig, sodass es kein zusätzliches Konkurrenzverhältnis gäbe, würde man auch den Mitbewerbern ein Klagerecht zugestehen. Gerade im Rahmen von Klagen nach Art. 82 DSGVO würde auf der ersten Stufe zunächst das Vorliegen eines (objektiven) Datenschutzverstoßes geprüft. Erst wenn ein solcher bejaht wird, kann auf einer zweiten Stufe geprüft werden, ob sich dieser in subjektiver Hinsicht bei der betroffenen Person ausgewirkt hat.

608 Vgl. nur *Wolff*, ZD 2018, 248 ff.; *Schreiber*, GRUR-Prax 2018, 371 ff.; *Aßhoff*, CR 2018, 720 ff.; *Laoutoumai/Hoppe*, K&R 2018, 533 ff.

609 *Wolff*, ZD 2018, 248 ff.; *Schreiber*, GRUR-Prax 2018, 371 ff.; *Aßhoff*, CR 2018, 720 ff.; *Laoutoumai/Hoppe*, K&R 2018, 533 ff.

610 *Wolff*, ZD 2018, 248 ff.; *Schreiber*, GRUR-Prax 2018, 371 ff.; *Aßhoff*, CR 2018, 720 ff.; *Laoutoumai/Hoppe*, K&R 2018, 533 ff.

611 *Wolff*, ZD 2018, 248 ff.; *Schreiber*, GRUR-Prax 2018, 371 ff.; *Aßhoff*, CR 2018, 720 ff.; *Laoutoumai/Hoppe*, K&R 2018, 533 ff.

tensregelungen im Sinne von § 3a UWG darstellen. Diese Frage war bereits vor Geltung der DSGVO höchst umstritten, wobei damals wie heute die besseren Gründe für eine vermittelnde Ansicht sprechen und der Charakter einer Vorschrift als Marktverhaltensregelung nur im Einzelfall bejaht werden kann. Danach stellt nicht jede Vorschrift aus der DSGVO auch zugleich eine Marktverhaltensregel dar, sondern nur solche, die auch tatsächlich das Marktverhalten der einzelnen Akteure regeln sollen.[612] *Hierfür spricht auch, dass der Verordnungsgeber in seinen Erwägungsgründen*[613] *den Marktbezug ausdrücklich klargestellt hat. Eine Aufgabe der Rechtsprechung wird es sein – sofern die Klagebefugnis von Mitbewerbern ausdrücklich bejaht werden sollte – den Katalog der Marktverhaltensregelungen innerhalb der DSGVO zu konkretisieren.*

cc) Bisherige Rechtsprechung

Für die in der Praxis erforderliche Risikobewertung sind allerdings weniger die Stimmen aus der Literatur maßgeblich als vielmehr die Entscheidungen der angerufenen Gerichte. Aber auch hier ist das Bild uneinheitlich. So vertreten das *LG Bochum*[614], das *LG Wiesbaden*[615] als auch das *LG Stuttgart*[616] die Auffassung, dass die Regelungen der DSGVO zur Durchsetzung von Rechten nach einem Verstoß abschließend sind. Demgegenüber stehen die Entscheidungen des *OLG Hamburgs*[617] und des *OLG Stuttgarts*[618], welche Klagen von Mitbewerbern zulassen. Wie die Literatur, ist sich auch die Rechtsprechung in dieser Frage nicht einig. Man könnte sich zwar zum Zwecke der Abgabe einer Risikobewertung auf den Standpunkt stellen, dass sich der einen Auffassung immerhin zwei Oberlandesgerichte angeschlossen haben.

---

612 So auch *Aßhoff*, CR 2018, 720 ff.

613 Vgl. nur Erwägungsgrund 9 S. 3: *„Diese Unterschiede im Schutzniveau können daher ein Hemmnis für die unionsweite Ausübung von Wirtschaftstätigkeiten darstellen, den Wettbewerb verzerren und die Behörden an der Erfüllung der ihnen nach dem Unionsrecht obliegenden Pflichten hindern."*

614 LG Bochum, Urt. v. 7.8.2018 – I 12 O 85/18.

615 LG Wiesbaden, Urt. v. 5.11.2018 – 5 O 214/18.

616 LG Stuttgart, Urt. v. 20.5.2019 – 35 O 68/18.

617 OLG Hamburg, Urt. v. 25.10.2018 – 3 U 66/17.

618 OLG Stuttgart, Urt. v. 27.2.2020 – 2 U 257/19.

Da aber die Entscheidung über die Auslegung der DSGVO letztlich beim *EuGH* liegt und nicht bei den nationalen Gerichten, ist bis zu einer finalen Entscheidung durch eben diesen gerade nicht sichergestellt, dass die von den beiden Oberlandesgerichten vertretene Auffassung letztlich Bestand hat. Vor diesem Hintergrund wäre es zu wünschen, dass diese, für die Praxis höchst relevante, Frage alsbald vom *EuGH* entschieden wird.

Praxishinweis:

Bis zu einer Entscheidung des EuGH kann in einem Rechtsstreit rein theoretisch jede der hier dargestellten Ansichten mit guten Gründen vertreten werden. Für den angreifenden Mitbewerber verbleibt allerdings das Risiko, dass er mit seiner Klage nicht durchdringt und am Ende die Kosten für das von ihm angestrengte Verfahren zu tragen hat. Ist der mit einer solchen Klage erhobene Vorwurf eines Datenschutzverstoßes berechtigt, ist die Abweisung der Klage nur aufgrund fehlender Klagebefugnis gleichwohl kein Anlass für den verklagten Verantwortlichen, sich übermäßig in Sicherheit zu wiegen. Die zuständige Aufsichtsbehörde und die jeweils betroffenen Personen bleiben auch weiterhin berechtigt, diesen Datenschutzverstoß zu ahnden. Die beste Verteidigung bleibt also, stets die größtmögliche Datenschutz-Compliance im eigenen Unternehmen zu schaffen. Gleichzeitig sollten sämtliche Maßnahmen zur Einhaltung der Vorgaben der DSGVO beweissicher dokumentiert werden.[619]

c) Kollektive Durchsetzung durch Verbraucherschutzverbände

Neben der Frage, ob Mitbewerber Verstöße gegen die DSGVO aus eigenem Recht geltend machen können, ist ebenfalls höchst umstritten, ob eine kollektive Durchsetzung durch Verbraucherschutzverbände

---

619 So auch *Tim Wybitul* in einem Interview im *Handelsblatt „Wie sich Unternehmen gegen Datenschutz-Klagen wappnen können."*, abrufbar unter https://www.handelsblatt.com/technik/sicherheit-im-netz/privacy-shield-gestoppt-wie-sich-unternehmen-gegen-datenschutz-klagen-wappnen-koennen/26130196.html?ticket=ST-107374-RydlNZWGxKS5flei2vry-ap3, zuletzt abgerufen am 7.9.2020.

möglich ist.[620] Ausgangspunkt ist dabei Art. 80 DSGVO, der sich zu einer Klagebefugnis von Verbraucherschutzverbänden ausdrücklich verhält, allerdings zwei unterschiedliche Konstellationen regelt.[621] Art. 80 I DSGVO regelt den Fall, in dem eine betroffene Person einen Verbraucherschutzverband damit beauftragt, dessen individuellen Rechte durchzusetzen. Art. 80 II DSGVO gibt den Mitgliedstaaten die Befugnis, eine echte Verbandsklage auf nationaler Ebene zu etablieren, die es z. B. Verbraucherschutzverbänden erlaubt, auch ohne eine konkrete Beauftragung durch eine betroffene Person datenschutzrechtliche Rechte durchzusetzen. Bezweckt wird hierdurch, ein vermeintliches Vollzugsdefizit im Datenschutzrecht zu beheben.[622]

Praxishinweis:

Die Zulassung einer echten Verbandsklage dürfte in der Tat den Druck auf die Verantwortlichen zur Einhaltung der Vorgaben nach der DSGVO erhöhen.[623] Die einzelnen betroffenen Personen scheuten bislang den Weg zum Gericht, um eigene Rechte gegenüber einem Verantwortlichen geltend zu machen. Die Gründe hierfür sind unterschiedlich und reichen von einem ungünstigen Kosten-Nutzen-Verhältnis,[624] über fehlende technische und rechtliche Kenntnisse, um einen Verstoß richtig einzuordnen bis hin zu der Sorge, durch ein Vorgehen gegen den Verantwortlichen sonstige Nachteile zu erleiden.[625] Nachdem der BGH die Frage der Klagebefugnis von Verbraucherschutzverbänden dem EuGH bereits vorgelegt hat, wird diese Frage in nächster Zeit geklärt werden.

---

620 Diese Frage hat der BGH nun in seiner Entscheidung *„App-Zentrum"* vom 28. Mai 2020 (Az. I ZR 186/17) dem EuGH zur Beantwortung vorgelegt.
621 *Moos/Schefzig* in Taeger/Gabel, DSGVO, 3. Aufl. 2019, Art. 80 Rn. 1.
622 *Moos/Schefzig* in Taeger/Gabel, DSGVO, 3. Aufl. 2019, Art. 80 Rn 1.
623 Vgl. *Frenzel* in Paal/Pauly, DS-GVO BDSG, 2. Aufl. 2018, Art 80 Rn. 1.
624 *Uebele* GRUR 2019, 694; schon zum BDSG aF *Dönch* BB 2016, 962.
625 *Becker* in Plath, DSGVO/BDSG, 3. Aufl. 2018, Art. 80 Rn. 1; *Neun/Lubitzsch,* BB 2017, 2563, 2565.

d) Durchsetzung durch spezialisierte Anbieter

Wie in anderen Lebensbereichen, in denen Verbraucheransprüche zunehmend von spezialisierten Anbietern durchgesetzt werden,[626] formieren sich auch im datenschutzrechtlichen Umfeld die ersten Anbieter, die Ansprüche der betroffenen Personen gebündelt gegen die Verantwortlichen geltend machen.[627] Dabei werden vor allem Ansprüche auf Schadensersatz wegen immaterieller Schäden von den betroffenen Personen an die Anbieter abgetreten, und durch diese zunächst außergerichtlich und sodann gerichtlich geltend gemacht. Voraussetzung für ein solches Vorgehen aus abgetretenem Recht ist aber, dass Ansprüche auf Ersatz der immateriellen Schäden auch wirksam abgetreten werden können.[628] Diese Frage ist noch nicht abschließend geklärt, sodass Verantwortliche, die von einem solchen Anbieter aus abgetretenem Recht in Anspruch genommen werden, unter Hinweis auf entsprechende Rechtsprechung eine solche Abtretbarkeit auch weiterhin noch in Frage stellen können. Auch wenn nach der hier vertretenen Ansicht die besseren Gründe dafürsprechen, dass auch Ansprüche auf Ersatz immaterieller Schäden abtretbar sind, ist es aus prozesstaktischen Gründen legitim, dies bis zu einer Klärung durch den *BGH* oder den *EuGH* in einem Prozess in Abrede zu stellen.

2. Die Zulässigkeit der Klage

a) Die internationale Zuständigkeit

Datenverarbeitungsvorgänge finden aufgrund der Vernetzung zunehmend grenzüberschreitend in einem internationalen Kontext statt. Der Verantwortliche und die betroffene Person müssen im Rahmen ihres Geschäftskontaktes nicht zwingend im gleichen Land beheimatet sein, nicht einmal auf dem gleichen Kontinent. Das gilt insbesondere, aber nicht ausschließlich, für die Leistungen der großen Internetdiensteanbieter. Vor diesem Hintergrund stellt sich im Vorfeld eines Rechtsstreites immer auch die Frage, welches Gericht international zuständig ist.

---

626 Zum Beispiel: *flightright*; *myright*; *rightnow*.
627 Zum Beispiel: *Europäische Gesellschaft für Datenschutz (EuGD)*; *Kleinfee*; *rightnow*.
628 Hierzu ausführlich unter Kap. 1, B. V.

Die Antwort auf diese Frage gibt Art. 79 II DSGVO. Nach Art. 79 II S. 1 DSGVO sind für Klagen gegen einen Verantwortlichen oder gegen einen Auftragsverarbeiter die Gerichte des Mitgliedstaats zuständig, in dem der Verantwortliche oder der Auftragsverarbeiter eine Niederlassung hat. Art. 79 II S. 2 DSGVO gibt der betroffenen Person allerdings einen zusätzlichen Gerichtsstand, nämlich bei den Gerichten des Mitgliedstaates, in dem die betroffene Person ihren gewöhnlichen Aufenthaltsort hat.

Die betroffene Person hat hiernach ein Wahlrecht zwischen dem Gerichtsstand der Niederlassung des Verantwortlichen bzw. des Auftragsverarbeiters und dem eigenen gewöhnlichen Aufenthaltsort.[629]

Erwägungsgrund 22 trifft zum Begriff der Niederlassung in seinem zweiten Satz folgende Aussage:

> *„Eine Niederlassung setzt die effektive und tatsächliche Ausübung einer Tätigkeit durch eine feste Einrichtung voraus."*

Hiernach ist unerheblich, ob auch die betroffene Verarbeitungstätigkeit in der Niederlassung selbst erfolgt, ausreichend ist vielmehr, wenn an der Niederlassung überhaupt datenschutzrechtlich relevante Vorgänge erfolgten.[630] Auch auf die Rechtsform der Niederlassung kommt es nicht an.[631] Lediglich reine Briefkastenfirmen sollen als Niederlassung im Sinne von Art. 79 II DSGVO nicht ausreichen.[632] Bei mehreren Niederlassungen in verschiedenen Mitgliedstaaten können verschiedene Gerichte international zuständig sein und die betroffene Person kann entsprechend unter diesen Gerichtsständen wählen.[633]

Die betroffene Person soll allerdings auch an ihrem gewöhnlichen Aufenthaltsort klagen können, um so die Möglichkeit zu haben, an

---

629 *Moos/Schefzig* in Taeger/Gabel, 3. Aufl. 2019, DSGVO, Art. 79, Rn. 10; *Werkmeister* in Gola, DSGVO, 2. Aufl. 2018, Art. 79 Rn. 7; *Boehm* in Simitis/Hornung/Spiecker gen. Döhmann, Datenschutzrecht, 1. Aufl. 2019, DSGVO, Art. 79 Rn. 17.

630 *Mundil* in Wolff/Brink, BeckOK Datenschutzrecht, DSGVO, 34. Edition 2020, Art. 79 Rn. 16.

631 *Mundil* in Wolff/Brink, BeckOK Datenschutzrecht, DSGVO, 34. Edition 2020, Art. 79 Rn. 16.

632 *Kreße* in Sydow, Europäische Datenschutzgrundverordnung, 2. Aufl. 2018, Art. 79 Rn. 33.

633 *Werkmeister* in Gola, DSGVO, 2. Aufl. 2018, Art. 79 Rn. 6.

einem ihr bekannten Heimatgericht nach Rechtsschutz suchen zu können.[634] Zwar ist der Begriff des Aufenthaltsortes grundsätzlich weit auslegbar, durch die Einschränkung, dass es sich um den „gewöhnlichen" Aufenthaltsort handeln muss, sollte aber klargestellt sein, dass ein nur flüchtiger Aufenthalt an einem Ort nicht ausreicht, um dort einen internationalen Gerichtsstand zu begründen.[635] Der Aufenthaltsort muss vielmehr dauerhaft sein, sodass jedenfalls der Wohnsitz der betroffenen Person als „gewöhnlicher Aufenthaltsort" im Sinne von Art. 79 II S. 2 DSGVO anzusehen ist.[636]

b) Örtliche Zuständigkeit

Die DSGVO trifft in Art. 79 II DSGVO nur eine Aussage über die internationale Zuständigkeit des angerufenen Gerichts, nicht aber auch über die örtliche Zuständigkeit.[637] Die örtliche Zuständigkeit ergibt sich vielmehr vor allem aus § 44 BDSG. § 44 BDSG ergänzt dabei die nationalen Vorschriften der §§ 12 ff. ZPO.[638]

Die Vorschrift gibt der betroffenen Person ein Wahlrecht zwischen grundsätzlich zwei Anknüpfungspunkten zur Bestimmung des örtlich zuständigen Gerichts. Nach § 44 I S. 1 BDSG ist zum einen örtlich das Gericht der Niederlassung des Verantwortlichen oder des Auftragsverarbeiters zuständig.[639] Der Anwendungsbereich der „Niederlassung" ist dabei nach § 44 I S. 1 BDSG weiter als im Falle des § 21 I ZPO, bei dem zusätzlich erforderlich ist, dass die Klage einen Bezug zum Geschäftsbetrieb der Niederlassung hat.[640] Diese Anforderung findet sich in § 44 I S. 1 BDSG gerade nicht. Unter Rückgriff auf die Auslegung

634 *Mundil* in Wolff/Brink, BeckOK Datenschutzrecht, DSGVO, 34. Edition 2020, Art. 79, Rn. 17.

635 In diese Richtung auch *Mundil* in Wolff/Brink, BeckOK Datenschutzrecht, DSGVO, 34. Edition 2020, Art. 79 Rn. 18; *Moos/Schefzig* in Taeger/Gabel, 3. Aufl. 2019, DSGVO, Art. 79 Rn. 13.

636 *Moos/Schefzig* in Taeger/Gabel, 3. Aufl. 2019, DSGVO, Art. 79 Rn. 13; *Mundil* in Wolff/Brink, BeckOK Datenschutzrecht, DSGVO, 34. Edition 2020, Art. 79 Rn. 18.

637 *Lapp* in Gola/Heckmann, 13. Aufl. 2019, BDSG, § 44 Rn. 2; *Pohle/Spittka* in Taeger/Gabel, 3. Aufl. 2019, BDSG, § 44 Rn. 1.

638 *Lapp* in Gola/Heckmann, 13. Aufl. 2019, BDSG, § 44 Rn. 4; *Pohle/Spittka* in Taeger/Gabel, 3. Aufl. 2019, BDSG, § 44 Rn. 4.

639 *Frenzel* in Paal/Pauly, 2. Aufl. 2018, BDSG, § 44 Rn. 4.

640 *Lapp* in Gola/Heckmann, 13. Aufl. 2019, BDSG, § 44 Rn. 4; *Pohle/Spittka*

von Art. 4 Abs. 1 lit. a) DSRI ist eine Niederlassung gegeben, wenn ein Unternehmen mittels einer festen Einrichtung eine tatsächliche und effektive Tätigkeit in einem anderen Mitgliedstaat ausübt.[641] Da der Wortlaut von § 44 I S. 1 BDSG nicht voraussetzt, dass auch die betroffenen Daten in der Niederlassung verarbeitet werden, ist das keine einschränkende Voraussetzung für die Bestimmung der örtlichen Zuständigkeit.[642]

Wahlweise kann die betroffene Person eine Klage nach § 44 I S. 2 BDSG bei dem Gericht erheben, an dem sie ihren gewöhnlichen Aufenthalt hat. Hierdurch soll sichergestellt werden, dass eine betroffene Person immer auch an ihrem Heimatgericht, und vor allem vor einem Gericht in Deutschland, Klage erheben kann,[643] sofern ein gewöhnlicher Aufenthaltsort in Deutschland besteht. Bei dem gewöhnlichen Aufenthaltsort handelt es sich um denjenigen Ort, an dem die betroffene Person tatsächlich lebt und ihren Lebensmittelpunkt hat.[644] Dadurch, dass auch § 44 I S. 2 BDSG die örtliche Zuständigkeit am Aufenthaltsort der betroffenen Person begründet, dürfte in den meisten Fällen praktisch auch dort die jeweilige Klage erhoben werden. Aus taktischen Gründen kann dies im Einzelfall aber auch der Ort der Niederlassung des Verantwortlichen sein, insbesondere wenn bekannt ist, dass das Gericht der Niederlassung des Verantwortlichen regelmäßig zugunsten von betroffenen Personen entscheidet.

In personeller Hinsicht ist der Anwendungsbereich von § 44 I BDSG bereits nach dem Wortlaut auf die betroffene Person beschränkt.[645] Es muss sich also um ein gerichtliches Verfahren handeln, welches von dem Kläger gerade wegen der Verletzung von Vorschriften aus

in Taeger/Gabel, 3. Aufl. 2019, BDSG, § 44 Rn. 4; *Mundil* in Wolff/Brink, BeckOK Datenschutzrecht, DSGVO, 34. Edition 2020, BDSG, § 44 Rn. 1.

641 In diese Richtung *Pohle/Spittka* in Taeger/Gabel, 3. Aufl. 2019, BDSG, § 44 Rn. 7.

642 *Lapp* in Gola/Heckmann, 13. Aufl. 2019, BDSG, § 44 Rn. 6.

643 *Lapp* in Gola/Heckmann, 13. Aufl. 2019, BDSG, § 44 Rn. 8; *Mundil* in Wolff/Brink, BeckOK Datenschutzrecht, 32. Edition 2020, BDSG, § 44 Rn. 2.

644 *Lapp* in Gola/Heckmann, 13. Aufl. 2019, BDSG, § 44 Rn. 8.

645 *Bergt* in Kühling/Buchner, 3 Aufl. 2020, BDSG, § 44 Rn. 8.

der DSGVO bei der Verarbeitung der personenbezogenen Daten des jeweiligen Klägers und nicht eines Dritten angestrengt wird.[646]

> ***Praxishinweis:***
>
> *Macht ein Mitbewerber eigene, wettbewerbsrechtliche Rechte wegen einer Verletzung von § 3a UWG i. V. m. mit der verletzten Vorschrift aus der DSGVO geltend, greift – bei unterstellt bestehender Aktivlegitimation des Mitbewerbers – für diesen Fall nicht die Regelung zur örtlichen Zuständigkeit des § 44 I BDSG ein, da es hierbei gerade nicht um Ansprüche der betroffenen Person geht. In diesem Fall richtet sich die örtliche Zuständigkeit weiterhin nach § 14 UWG.*

In sachlicher Hinsicht regelt § 44 I S. 1 BDSG, dass es sich um eine Klage wegen eines Verstoßes gegen datenschutzrechtliche Bestimmungen im Anwendungsbereich der Verordnung (EU) 2016/679 oder darin enthaltenen Rechte der betroffenen Person handelt.[647] Damit wird der Anwendungsbereich denkbar weit ausgelegt, da grundsätzlich sämtliche Vorschriften der DSGVO betroffen sein können.[648] Auch wird jede Klageart, also egal ob auf Leistung, Unterlassung oder Feststellung, erfasst,[649] wobei das streng genommen keine datenschutzrechtliche Besonderheit darstellt, sondern auch im allgemeinen Zivilverfahrensrecht nicht anders ist.[650] Letztlich kann die betroffene Person immer dann, wenn ihr aus der Verletzung einer datenschutzrechtlichen Vorschrift im Sinne von § 44 I S. 1 BDSG ein Anspruch entsteht, diesen an dem in § 44 I BDSG angeordneten Gerichtsstand einklagen. Auch ihre Rechte als betroffene Person nach den Art. 12 ff. DSGVO kann sie nach einer vergeblichen außergerichtlichen Geltend-

646 *Bergt* in Kühling/Buchner, 3 Aufl. 2020, BDSG, § 44 Rn. 8; *Pohle/Spittka* in Taeger/Gabel, 3. Aufl. 2019, BDSG, § 44 Rn. 10.

647 *Bergt* in Kühling/Buchner, 3 Aufl. 2020, BDSG, § 44 Rn. 7.

648 *Lapp* in Gola/Heckmann, 13. Aufl. 2019, BDSG, § 44 Rn. 9; *Frenzel* in Paal/Pauly, 2. Aufl. 2018, BDSG, § 44 Rn. 5; *Mundil* in: Wolff/Brink, BeckOK Datenschutzrecht, DSGVO, 34. Edition 2020, BDSG, § 44 Rn. 1.

649 *Bergt* in Kühling/Buchner, DS-GVO/BDSG, 3 Aufl. 2020. 2018, BDSG, § 44 Rn. 7.

650 Siehe nur *Touissaint* in Vorwerk/Wolf BeckOK ZPO, 37. Edition 2020, § 12 Rn. 33.

machung wahlweise am Sitz der Niederlassung des Verantwortlichen oder an ihrem eigenen gewöhnlichen Aufenthaltsort geltend machen.

Praxishinweis:

Nach Art. 27 I DSGVO hat ein Verantwortlicher bzw. ein Auftragsverarbeiter, der seinen Sitz außerhalb der Europäischen Union hat, einen inländischen Vertreter zu bestimmen. Diese Pflicht resultiert daraus, dass über Art. 3 II DSGVO der Anwendungsbereich der DSGVO auf Verarbeitungsvorgänge durch Verantwortliche bzw. Auftragsverarbeiter, die ihren Sitz außerhalb der Europäischen Union haben, wenn personenbezogene Daten von betroffenen Personen verarbeitet werden, die sich in der Europäischen Union befinden.[651] *Für diese Konstellation regelt § 44 III S. 1 BDSG, dass der benannte Vertreter auch als bevollmächtigt gilt, Zustellungen in zivilgerichtlichen Verfahren entgegenzunehmen. Mit § 44 III BDSG sollen aufwändige und fehleranfällige Auslandszustellungen vermieden werden,*[652] *um es für die betroffene Person nicht unnötig zu erschweren, ihre Rechte auch gerichtlich durchzusetzen.*[653]

Praxishinweis:

Die DSGVO enthält keine eigenen Vorgaben zur Zulässigkeit von Gerichtsstandsvereinbarungen. Die Zulässigkeit richtet sich daher nach den allgemeinen Vorschriften gemäß Art. 25 EuGVVO bzw. §§ 38, 40 ZPO.[654] *Im Kontext der hier betrachteten Fallkonstellationen, in denen eine betroffene Person ihre Rechte geltend macht, dürften die Voraussetzungen einer zulässigen Gerichtsstandsvereinbarung regelmäßig nicht erfüllt sein.*[655] *Nach § 38 I ZPO ist eine Voraussetzung bereits, dass beide Parteien bei Vertragsschluss Kaufleute oder juristische Personen des öffentlichen Rechts oder öffentlich-rechtliche Sondervermögen sind. Es ist zwar nicht grundsätzlich ausge-*

---

651 *Hartung* in Kühling/Buchner, DS-GVO/BDSG, 3 Aufl. 2020, Art. 27 Rn. 1.
652 *Lapp* in Gola/Heckmann, 13. Aufl. 2019, BDSG, § 44 Rn. 15.
653 *Mundil* in Wolff/Brink, BeckOK Datenschutzrecht, DSGVO, 34. Edition 2020, BDSG, § 44 Rn. 5; *Frenzel* in Paal/Pauly, 2. Aufl. 2018, BDSG, § 44 Rn. 7.
654 *Werkmeister* in Gola, DSGVO, 2. Aufl. 2018, Art. 79 Rn. 15.
655 *Werkmeister* in Gola, DSGVO, 2. Aufl. 2018, Art. 79 Rn. 16.

schlossen, dass eine betroffene Person in ihrer Stellung als Einzelkaufmann betroffen sein kann.[656] *Regelmäßig ist die betroffene Person aber ausschließlich in ihrer Stellung als Verbraucher (Kunde) betroffen, sodass es bereits an der Prorogationsfähigkeit fehlt und Gerichtsstandsvereinbarungen ausgeschlossen sind.*

c) Sachliche Zuständigkeit

Die DSGVO enthält ebenfalls keine eigenständige Regelung zur sachlichen Zuständigkeit des angerufenen Gerichts. Diese ergibt sich somit nach den allgemeinen Vorschriften des nationalen Verfahrensrechts. Nach § 1 ZPO wird die sachliche Zuständigkeit der Gerichte durch das Gesetz über die Gerichtsverfassung (GVG) bestimmt.

aa) Ordentliche Gerichtsbarkeit

Ob vor den ordentlichen Gerichten erstinstanzlich ein Amts- oder ein Landgericht sachlich zuständig ist, richtet sich nach den §§ 23, 23a, 23b, 71 GVG. Das GVG unterscheidet dabei zwischen einer streitwertunabhängigen und einer streitwertabhängigen Zuweisung an das Amts- oder das Landgericht.[657] Weder die §§ 23, 23a, 23b GVG noch § 71 II GVG enthalten allerdings Regelungen zu datenschutzrechtlichen Sachverhalten, sodass sich die sachliche Zuständigkeit bei datenschutzrechtlichen Klagen allein nach dem Streitwert und damit nach §§ 23 Nr. 1, 71 I GVG richtet.[658] Bei Klagen mit einem Zuständigkeitsstreitwert bis 5.000,00 EUR sind nach § 23 Nr. 1 GVG die Amtsgerichte sachlich zuständig. Bei Klagen mit einem Zuständigkeitsstreitwert über 5.000,00 EUR sind nach § 71 I GVG die Landgerichte sachlich zuständig.

Vor diesem Hintergrund kommt der Bestimmung des zutreffenden Streitwertes auch bei datenschutzrechtlichen Klagen eine besondere

656 Ist der Einzelkaufmann nicht in das Handelsregister eingetragen, besteht der Firmenname aus dem Vor- und Nachnamen des Inhabers und damit aus personenbezogenen Daten. Kommt es zu einer Eintragung in das Handelsregister, kann der Firmenname frei gewählt werden und muss nicht mehr zwingend aus dem Vor- und Nachnamen des Inhabers bestehen.

657 *Wittschier* in Musielak/Voit, ZPO, 17. Aufl. 2020, § 23 GVG Rn. 1.

658 *Werkmeister* in Gola, DSGVO, 2. Aufl. 2018, Art. 79 Rn. 10.

Bedeutung zu. Bei Zahlungsklagen mit einem bezifferten Antrag ist die Bestimmung des Streitwertes denkbar leicht, denn die eingeforderte Summe entspricht sodann auch dem Streitwert.[659] Nebenforderungen wie Nutzungen, Zinsen und Kosten bleiben bei der Wertberechnung nach § 4 I letzter HS. ZPO allerdings unberücksichtigt, erhöhen den Zuständigkeitsstreitwert also nicht. Beträgt die Zahlungsforderung also exakt 5.000,00 EUR, bleibt das Amtsgericht sachlich für die Klage zuständig, selbst wenn sich der tatsächlich zuzahlende Betrag durch außergerichtliche Rechtsanwaltskosten noch (deutlich) erhöht.

Praxishinweis:

Lediglich bei Klagen auf Ersatz eines erlittenen materiellen oder immateriellen Schadens wegen eines Datenschutzverstoßes ist eine bezifferte Zahlungsklage denkbar und eine Bestimmung der sachlichen Zuständigkeit unproblematisch möglich. Bei den übrigen Ansprüchen wegen eines Datenschutzverstoßes oder zur Durchsetzung eines Rechtes der betroffenen Person ist ein solche Bestimmung des Zuständigkeitsstreitwertes nicht ohne weiteres möglich und die Rechtsprechung hierzu bislang auch noch uneinheitlich.

Nach § 3 HS. 1 ZPO wird der Streitwert vom Gericht nach freiem Ermessen festgesetzt. Dieses Ermessen darf das Gericht freilich nicht willkürlich ausüben, es ist vielmehr gefordert, das mit einem Antrag verfolgte Interesse zu ermitteln.[660] Bei der Ermittlung dieses Interesses hat das Gericht auch die Wertangaben der Parteien,[661] insbesondere des Klägers,[662] zu berücksichtigen, wobei es an diese Angaben nicht gebunden ist, selbst wenn die Parteien sich übereinstimmend zu einem bestimmten Wert erklären.[663] Ergänzend regelt § 48 II S. 1 GKG für nichtvermögensrechtliche Streitigkeiten, dass der Streitwert unter Berücksichtigung aller Umstände des Einzelfalles, insbesondere des

---

659 *Wendtland* in Vorwerk/Wolf BeckOK ZPO, 37. Edition 2020, § 2 Rn. 4: entscheidend ist das wirtschaftliche Interesse des Klägers.

660 *Wendtland* in Vorwerk/Wolf, BeckOK, 37. Edition 12020, ZPO, § 3 Rn. 1.

661 *Wöstmann* in MüKo ZPO, 6. Aufl. 2020, § 3 Rn. 15.

662 Insoweit gilt das sog. Angreiferinteresseprinzip vgl. *Wöstmann* in MüKo ZPO, 6. Aufl. 2020, § 3 Rn. 4.

663 *Wöstmann* in MüKo ZPO, 6. Aufl. 2020, § 3 Rn. 15; BGH, Beschl. v. 8. 10. 2012 – X ZR 110/11.

Umfangs und der Bedeutung der Sache und der Vermögens- und Einkommensverhältnisse der Parteien, zu bestimmen ist. Auf die in § 48 II S. 1 GKG dargestellten Umstände kann auch bei der Ermittlung des Streitwertes nach § 3 ZPO zurückgegriffen werden.[664] Einzubeziehen sind also unter anderem Umstände wie

- der Umfang der Sache;
- die Bedeutung der Sache;
- die Einkommens- und Vermögensverhältnisse.

Der Umfang der Sache ergibt sich dabei aus einem Zusammenspiel aus dem Aufwand in tatsächlicher und dem Aufwand in rechtlicher Hinsicht.[665] Je umfangreicher und komplexer der zu entscheidende Sachverhalt ist, umso eher ist ein höherer Streitwert gerechtfertigt.[666] Das Gleiche gilt in rechtlicher Hinsicht, wenn die zu beantwortende Rechtsfrage schwierig ist.[667] Bei der Frage nach der Bedeutung der Sache sind die Interessen der Parteien an dem Ausgang des Verfahrens zugrunde zu legen.[668] Es kommt also in erster Linie nicht darauf an, welche Bedeutung der Ausgang eines Verfahrens für die Allgemeinheit haben könnte.[669] Vielmehr sind die wirtschaftlichen Folgen einer Entscheidung für die am Rechtsstreit beteiligten Parteien bei der Ermittlung des richtigen Streitwertes einzubeziehen.[670] Da sich die zu erstattenden Gebühren aus dem Streitwert ermitteln, müssen auch die Einkommens- und Vermögensverhältnisse der Parteien bei der Ermittlung des Streitwertes berücksichtigt werden.[671] Auch die Schwere bzw. Gefährlichkeit eines Verstoßes kann für die Bemessung des Streitwertes maßgeblich werden.[672]

---

664 *Heinrich* in Musielak/Voit, ZPO, 17. Aufl. 2020, § 3 Rn. 14; *OLG Köln* Beschl. v. 25.7.2019 – 20 W 10/18, BeckRS 2019, 18778.
665 *Heinrich* in Musielak/Voit, ZPO, 17. Aufl. 2020, § 3 Rn. 15.
666 *Heinrich* in Musielak/Voit, ZPO, 17. Aufl. 2020, § 3 Rn. 15.
667 Vgl. OLG Karlsruhe, Beschl. v. 13.11.2006 – 20 WF 141/06, BeckRS 2007, 00512.
668 *Heinrich* in Musielak/Voit, ZPO, 17. Aufl. 2020, § 3 Rn. 16.
669 *Heinrich* in Musielak/Voit, ZPO, 17. Aufl. 2020, § 3 Rn. 16.
670 *Heinrich* in Musielak/Voit, ZPO, 17. Aufl. 2020, § 3 Rn. 16.
671 *Heinrich* in Musielak/Voit, ZPO, 17. Aufl. 2020, § 3 Rn. 17.
672 Für Urheberrechtsverstöße: OLG Celle, Beschl. v. 13.05.2016 – 13 W 36/16, WRP 2016, 907; für Wettbewerbssachen: *Herr* MDR 1985, 187, 188.

Praxishinweis:

Auch wenn man sich aus Gründen der Praktikabilität für Klagen zur Durchsetzung datenschutzrechtlicher Rechte der betroffenen Person einen Katalog an Regelstreitwerten für die einzelnen Rechte der betroffenen Person wünscht, sind solche Regelstreitwerte mit den dargestellten Grundsätzen der Streitwertbemessung nur schwer in Einklang zu bringen.[673] *Ein solcher Regelstreitwert berücksichtigt denknotwendig nie die Umstände des jeweiligen Einzelfalls und kann insbesondere die Interessen der am konkreten Rechtsstreit beteiligten Parteien nicht hinreichend berücksichtigen. Zwar kann man sich bei der Bemessung des Streitwertes an bereits ergangene Entscheidungen orientieren. Hierbei läuft man allerdings Gefahr, die eigenen Interessen am Ausgang des Rechtsstreits nicht hinreichend zu berücksichtigen. Darüber hinaus sind die Wertfestsetzungen der Gerichte in datenschutzrechtlichen Streitigkeiten derzeit noch sehr heterogen, wie allein der Blick auf die Wertfestsetzungen bei Klagen auf Auskunft nach Art. 15 DSGVO deutlich zeigt.*[674] *Hat sich allerdings in dem eigenen Heimatgerichtsbezirk in der Zwischenzeit eine gefestigte Praxis zur Bezifferung des Streitwertes etabliert, kann es empfehlenswert sein, dieser Praxis bei den eigenen Streitwertangaben zu folgen.*[675]

bb) Arbeitsgerichtsbarkeit

Datenschutzrechtliche Streitigkeiten weisen oftmals einen Bezug zu einem bestehenden oder einem beendeten Arbeitsverhältnis auf. Das ist auch nicht verwunderlich, denn als Arbeitgeber verarbeitet man naturgemäß die personenbezogenen Daten seiner Beschäftigten und ist somit Verantwortlicher im Sinne von Art. 4 Nr. 7 DSGVO.

---

673 Für Wettbewerbssachen mit deutlichen Worten: BGH, Beschl. v. 22.1.2015 – I ZR 95/14.

674 Einen guten Überblick hierzu liefert *Leibold* in ZD-Aktuell 2020, 04420.

675 So scheint sich etwa das OLG Köln für Klagen auf Auskunft nach Art. 15 DSGVO bei einem Streitwert von 5.000,00 EUR einzupendeln: OLG Köln, Beschl. v. 25.7.2019 – 20 W 10/18; OLG Köln, Beschl. v. 3.9.2019 – 20 W 10/18; OLG Köln, Beschl. v. 6.2.2020 – 20 W 9/19.

Gleichzeitig kann es datenschutzrechtlich relevante Maßnahmen geben (z. B. Videoüberwachung etc.), deren Umsetzung zu entsprechenden Streitigkeiten mit einzelnen Arbeitnehmern oder gar der gesamten Belegschaft führen können. Darüber hinaus kann es ungewollt, z. B. aufgrund einer Datenpanne oder eines rechtswidrigen Angriffs von außen, zu einer massenhaften Verletzung der datenschutzrechtlich geschützten Rechte der Arbeitnehmer kommen. Zu guter Letzt ist zunehmend zu beobachten, dass Arbeitnehmer nach ihrem Ausscheiden oder noch im laufenden Kündigungsschutzverfahren Betroffenenrechte, und dabei insbesondere das Recht auf Auskunft nach Art. 15 DSGVO, geltend machen. Oftmals spielen taktische Erwägungen dabei eine übergeordnete Rolle.

Immer dann, wenn sich ein Arbeitgeber und ein (ehemaliger) Arbeitnehmer in einem Rechtsstreit gegenüberstehen, muss überlegt werden, ob eine Zuständigkeit der Arbeitsgerichte vorliegt. Für das Urteilsverfahren ergibt sich die Zuständigkeit der Arbeitsgerichte aus § 2 ArbGG. Mangels anderweitiger Regelungen in der DSGVO oder dem BDSG gelten diese Regelungen zur Zuständigkeit auch für Rechtsstreitigkeiten mit einem datenschutzrechtlichen Hintergrund. Dabei regelt § 2 ArbGG eine ausschließliche Zuständigkeit der Arbeitsgerichte mit der Folge, dass bei Vorliegen der entsprechenden Voraussetzungen Klagen allein beim zuständigen Arbeitsgericht erhoben werden können und nicht beispielsweise bei einem Amts- oder Landgericht. In dem hier betrachteten Kontext kommen vor allem die folgenden Fallgruppen aus § 2 ArbGG in Betracht:

- § 2 I Nr. 3 a) ArbGG: Streitigkeit aus einem Arbeitsverhältnis;
- § 2 I Nr. 3 c) ArbGG: Streitigkeit im Zusammenhang des Nachwirkens eines Arbeitsverhältnisses;
- § 2 I Nr. 3 d) ArbGG: Streitigkeit nach einer unerlaubten Handlung.

Oftmals ergibt sich die Zuständigkeit des Arbeitsgerichts bereits aus § 2 I Nr. 3 b) ArbGG (Streitigkeit über das Bestehen oder Nichtbestehen eines Arbeitsverhältnisses), da datenschutzrechtliche Ansprüche im Rahmen eines Kündigungsschutzprozesses mit geltend gemacht werden.

d) Die richtige Klageart

Ob eine Klage zulässig ist, hängt auch davon ab, ob man für sein Klageziel die richtige Klageart gewählt hat. Grob lassen sich dabei drei Klagearten unterscheiden:

- Leistungsklagen;
- Gestaltungsklagen;
- Feststellungsklagen.

Während mit der Leistungsklage Ansprüche im Sinne von § 194 BGB verfolgt werden, ist Gegenstand der Feststellungsklage die Feststellung des Bestehens oder Nichtbestehens eines Rechtsverhältnisses.[676] Die Gestaltungsklage ist hingegen auf die unmittelbare Änderung einer privatrechtlichen Beziehung durch Urteil gerichtet[677] und dürfte im hier betrachteten datenschutzrechtlichen Kontext eine untergeordnete, wenn nicht sogar gar keine, Rolle spielen.

aa) Leistungsklage

Die Leistungsklage ist gerichtet auf die Feststellung eines Anspruches verbunden mit einem staatlichen Leistungsbefehl gegenüber dem Beklagten.[678] Gegenstand der Leistungsklage können Klagen sein, die gerichtet sind auf:

- Zahlung;
- Herausgabe und Räumung;
- Vertretbare oder unvertretbare Handlungen;
- Duldung und Unterlassung;
- Abgabe einer Willenserklärung.

Im hier betrachteten datenschutzrechtlichen Kontext sind die Klagen auf Zahlung (z. B. auf Schadensersatz nach Art. 82 DSGVO), auf Vornahme einer unvertretbaren Handlung (z. B. auf Auskunft nach Art. 15 DSGVO) und auf Unterlassung am relevantesten. Die zutref-

---

676 *Schellhammer*, Zivilprozess, 16. Aufl. 2020, S. 30, Rn. 35; *Becker-Eberhard* in MüKo ZPO, 6. Aufl. 2020, § 256, Rn. 9; *Zigann/Werner* in Cepl/Voß, ZPO, 2. Aufl. 2018, § 256 Rn. 1.

677 *Schellhammer*, Zivilprozess, 16. Aufl. 2020, S. 30, Rn. 35; *Becker-Eberhard* in MüKo ZPO, 6. Aufl. 2020, § 253 Rn. 29.

678 *Schellhammer*, Zivilprozess, 16. Aufl. 2020, S. 30, Rn. 36; *Becker-Eberhard* in MüKo ZPO, 6. Aufl. 2020, § 253 Rn. 23.

fende Einordnung hat letztlich Auswirkungen auf die richtige Art der Vollstreckung, aber auch auf die ordnungsgemäße bzw. zweckmäßige Antragsstellung. So wird beispielsweise ein Unterlassungstenor nach § 890 ZPO durch Verhängung eines Ordnungsmittels vollstreckt, wenn das Ordnungsmittel zuvor angedroht wurde. Will die betroffene Person ohne einen Zwischenschritt aus dem Unterlassungstitel vollstrecken, beantragt diese zweckmäßigerweise die Androhung des Ordnungsmittels bereits in ihrer Klage auf Unterlassung. Das angerufene Gericht droht dann bereits mit dem Urteil auch die Verhängung eines Ordnungsmittels an, sollte gegen den Unterlassungstitel verstoßen werden. Erfolgt eine Androhung des Ordnungsmittels nicht bereits im Urteilstenor, müsste die klagende betroffene Person vor Einleitung von Vollstreckungsmaßnahmen eine solche Androhung noch im Beschlusswege herbeiführen. Hierdurch wird nur unnötig Zeit verloren, in der eine weitere unrechtmäßige Verarbeitung nicht mithilfe eines Ordnungsmittels untersagt werden kann.

bb) Feststellungsklage

Mit der Feststellungsklage begehrt der Kläger nach § 256 Abs. 1 ZPO insbesondere die Feststellung des Bestehens oder Nichtbestehens eines Rechtsverhältnisses. Da jede Leistungsklage zugleich auch einen feststellenden Teil beinhaltet, ist eine isolierte Feststellungsklage nur zulässig, wenn der Kläger ein rechtliches Interesse daran hat, dass das Rechtsverhältnis alsbald festgestellt wird und er sein Begehren nicht bereits mit einer Leistungsklage erreichen kann. Insoweit ist die Feststellungsklage gegenüber der Leistungsklage subsidiär.[679]

> ***Praxishinweis:***
>
> *Behauptet eine betroffene Person, Ansprüche gegen einen Verantwortlichen zu haben, von denen der Verantwortliche der festen Überzeugung ist, dass diese Ansprüche nicht bestehen (z. B. weil es keine vertragliche oder tatsächliche Beziehung zu dieser Person gibt), kann der Verantwortliche entweder zuwarten*

---

679 *Becker-Eberhard* in MüKo ZPO, 6. Aufl. 2020, § 256 Rn. 54 ff.; *Bacher* in Vorwerk/Wolff BeckOK ZPO, 38. Edition 2020, § 256 Rn. 26 ff.; Müller in Auer-Reinsdorff/Conrad, Handbuch IT- und Datenschutzrecht, 3. Aufl. 2019, § 49, S. 2801, Rn. 21.

und sich erst im Rahmen einer gegen ihn gerichteten Klage zur Wehr setzen. Alternativ kann er aber auch selbst aktiv werden und mithilfe einer negativen Feststellungsklage gerichtlich feststellen lassen, dass die behaupteten Ansprüche nicht bestehen.

cc) Gestaltungsklage

Mit der Gestaltungsklage wird die künftige Änderung einer Rechtsbeziehung zwischen dem Kläger und dem Beklagten durch Urteil begehrt. Eine Gestaltungsklage ist nur in den gesetzlich vorgesehenen Fällen zulässig.[680] Bezogen auf das materielle Datenschutzrecht, sieht weder die DSGVO noch das BDSG eine Gestaltungsklage vor, sodass auf diese Klageart an dieser Stelle nicht weiter eingegangen werden soll.

e) Bestimmtheit der Anträge

Die Bestimmung der richtigen Klageart hat Auswirkungen darauf, welche Anforderungen nach § 253 II Nr. 2 ZPO an die Bestimmtheit des Klageantrages zu stellen sind.[681] Das Bestimmtheitserfordernis hat dabei zum Ziel, den Streitgegenstand einzugrenzen und den Beklagten davor zu schützen, sich aufgrund eines nicht klar umrissenen Angriffs nicht sachgerecht gegen diesen verteidigen zu können.[682] Darüber hinaus soll durch einen bestimmten Klageantrag verhindert werden, dass eine Zwangsvollstreckung aus dem Urteil nicht möglich ist, oder nur, wenn wesentliche Sachfragen erst im Vollstreckungsverfahren geklärt werden müssen.[683] Der Antrag muss daher grundsätzlich so eindeutig sein, dass er aus sich heraus verständlich ist. Nur wenn dies absolut nicht möglich ist, kann dies ausnahmsweise über eine Bezugnahme auf eine Anlage erfolgen.[684]

Der Antrag ist danach in der Regel hinreichend bestimmt, wenn er den Anspruch der betroffenen Person konkret bezeichnet, und dadurch den Rahmen für die richterliche Entscheidung vorgibt, denn nach § 308

---

680 *Schellhammer*, Zivilprozess, 16. Aufl. 2020, S. 110, Rn. 196.
681 *Schellhammer*, Zivilprozess, 16. Aufl. 2020, S. 30, Rn. 35.
682 *Foerste* in Musielak/Voit, ZPO, 17. Aufl. 2020, § 253 Rn. 29.
683 *Foerste* in Musielak/Voit, ZPO, 17. Aufl. 2020, § 253 Rn. 29.
684 BGH, Urt. v. 4.10.2000 – VIII ZR 289/99.

I S. 1 ZPO ist das Gericht nicht befugt, der betroffenen Person mehr zuzusprechen, als diese mit ihrem Klageantrag begehrt hat. Für die Bestimmtheit des Klageantrages ist ebenfalls erforderlich, dass dieser Inhalt und Umfang der materiellen Rechtskraft der begehrten Entscheidung erkennen lässt.

Ist der Klageantrag zu unbestimmt, ist die Klage als unzulässig abzuweisen. Allerdings kann ein unzulässiger Antrag in einen zulässigen umgedeutet werden, wenn er mit dem abgewandelten Inhalt zulässig ist und die Umdeutung dem erkennbaren Willen der klagenden betroffenen Person entspricht und schutzwürdige Interessen des beklagten Verantwortlichen nicht entgegenstehen.[685] Darüber hinaus ist das Gericht nach § 139 I S. 2 ZPO im Rahmen seiner materiellen Prozessleitung dazu angehalten, auf die sachdienliche und korrekte Formulierung eines Klageantrages hinzuwirken. Allerdings darf das Gericht bei seinen Hinweisen an die betroffene Person bezüglich des richtigen Klageantrages nicht den Bogen überspannen und muss insbesondere seine aus Art. 102 I S. 2 GG erwachsende Pflicht zur Neutralität gegenüber beiden Prozessparteien beachten.[686]

Zahlungsanträge, wie die Zahlung eines Schadensersatzes nach Art. 82 I DSGVO, sind vor diesem Hintergrund grundsätzlich zu beziffern. Nur wenn die Höhe des Anspruches von einer Auskunft abhängt, die von dem Verantwortlichen noch zu erteilen ist, kann ein unbezifferter Zahlungsantrag gestellt werden. Im Wege der nach § 254 ZPO zulässigen Stufenklage wird sodann auf der ersten Stufe auf Auskunft geklagt und auf der zweiten Stufe ein (noch) unbezifferter Zahlungsanspruch eingeklagt. Wird die Auskunft erteilt, ist der Zahlungsantrag entsprechend zu beziffern. Ein weiterer Fall, in dem der Zahlungsantrag oftmals noch nicht beziffert wird, ist bei der Durchsetzung eines Anspruches auf Schmerzensgeld nach § 253 II BGB. In dieser Fallkonstellation ist es nach der Rechtsprechung des *BGH*[687] zulässig, einen unbezifferten Zahlungsantrag zu stellen, wobei die Höhe des Schmerzensgeldes in das Ermessen des Gerichts gestellt wird. Will man gleichwohl eine Untergrenze für das Schmerzensgeld angeben, sollte dies nicht bereits im Klageantrag erfolgen, sondern vielmehr

685 BGH, Beschl. v. 28.9.2016 – XII ZB 487/15.
686 Vgl. BVerfG, Beschl. v. 20.7.2007 – 1 BvR 2228/06.
687 BGH, Urt. v. 13.3.1967 – III ZR 8/66.

in der Klagebegründung.[688] Wird die Untergrenze bereits in den Klageantrag aufgenommen und spricht das angerufene Gericht später einen niedrigeren Betrag zu, droht eine teilweise Klageabweise mit der Folge, dass nach § 92 I S. 1, 2. Var. ZPO die Kosten ebenfalls teilweise zu tragen sind.[689] Andererseits böte es zugleich den Vorteil einer bezifferbaren Beschwerde als Zulassungsvoraussetzung für ein etwaiges Rechtsmittel, sollte das Gericht tatsächlich hinter der eigenen Mindestforderung zurückbleiben.

Praxishinweis:

Die Auskunft nach Art. 15 DSGVO zielt von ihrem Zweck darauf ab, herauszufinden, ob eine Datenverarbeitung vorliegt und wenn ja, ob diese im Einklang mit den datenschutzrechtlichen Bestimmungen erfolgt. Stellt sich heraus, dass dies nicht der Fall ist, kann die betroffene Person im Anschluss einen entstandenen Schaden nach Art. 82 I DSGVO liquidieren. Die Informationen, welche die betroffene Person über eine Auskunft nach Art. 15 DSGVO erhält, sind allerdings in der Regel nicht ausreichend und geeignet, um einen Schadensersatz der Höhe nach beziffern zu können. Vor diesem Hintergrund erscheint das Auskunftsrecht nach Art. 15 DSGVO für eine Stufenklage nach § 254 ZPO ungeeignet und eine solche Stufenklage daher nicht statthaft. Darüber hinaus hat die betroffene Person oftmals bereits aus anderer Quelle Kenntnis davon, dass ihre personenbezogenen Daten von einem Datenschutzvorfall betroffen waren, zum Beispiel aufgrund einer Meldung nach Art. 34 I DSGVO. In diesen Fällen stiftet eine Auskunft nach Art. 15 DSGVO regelmäßig keinen zusätzlichen Erkenntnisgewinn, jedenfalls nicht mit Blick auf einen bislang nicht bezifferbaren Zahlungsanspruch.

Bei Verstößen gegen datenschutzrechtliche Bestimmungen ist die Bezifferung eines materiellen Schadens oftmals gar nicht möglich, weil ein solcher nur in den seltensten Fällen überhaupt eintritt. Hinsichtlich der Bezifferung eines immateriellen Schadens besteht die Schwierigkeit derzeit darin, dass die Rechtsprechung noch sehr uneinheitlich

688 *Kaiser*, NJW 2017, 1223, 1223.
689 *Kaiser*, NJW 2017, 1223, 1223.

das Bestehen oder Nicht-Bestehen eines solchen Schadens bewertet und sich erst noch feste Kriterien zur Bestimmung eines immateriellen Schadens entwickeln müssen. Für die betroffene Person bedeutet diese Unsicherheit derzeit ein gewisses Risiko. Klagt sie aus Vorsicht zu wenig ein, kann ihr das Gericht auch dann nicht mehr zusprechen, selbst wenn es der Auffassung ist, dass der betroffenen Person tatsächlich eine höhere Geldentschädigung zusteht als sie eingeklagt hat. Fordert sie zu viel, weist das Gericht den überschießenden Teil ab. Je nach Höhe des abweisenden Teiles kann es sogar dazu führen, dass der betroffenen Person nach § 92 II Nr. 1 ZPO die Kosten des Verfahrens vollständig auferlegt werden.[690]

Die betroffene Person kann eine Auskunftsklage auch isoliert, also nicht nur als Vorstufe, für einen Schadensersatzanspruch erheben. Das ist regelmäßig dann der Fall, wenn der Verantwortliche auf ein außergerichtliches Auskunftsbegehren nach Art. 15 DSGVO die verlangte Auskunft nicht erteilt hat. Oftmals wird der Auskunftsanspruch auch im Rahmen einer Kündigungsschutzklage geltend gemacht, ohne dass dies der Vorbereitung eines Schadensersatzverfahrens dient. Das *Amtsgericht Wertheim* hatte beispielsweise folgenden Tenor zugesprochen, an dem man sich bei der Formulierung des eigenen Antrages orientieren kann:[691]

> *„Die Beklagte wird kostenpflichtig verurteilt, Auskunft über die personenbezogenen Daten des Klägers bei der Beklagten zu erteilen und folgende Informationen dem Kläger mitzuteilen:*
>
> *a) die Verarbeitungszwecke;*
>
> *b) die Kategorien personenbezogener Daten, die verarbeitet werden;*

690 So hatte auch das ArbG Düsseldorf (Urt. v. 5.3.2020 – 9 Ca 6557/18) entschieden. Dem Kläger wurde zwar ein Anspruch auf Geldentschädigung in Höhe von 5.000,00 EUR zugesprochen und damit ein im Vergleich außerordentlich hoher Betrag. Der Kläger hatte allerdings einen Anspruch auf Geldentschädigung in Höhe von 143.482,81 EUR eingeklagt. Nachdem das Gericht nur 5.000,00 EUR zugesprochen hatte, hatte der Kläger die Klage in Höhe von 138.482,81 EUR verloren und musste daher folgerichtig die Kosten des Verfahrens tragen. Damit dürften die Kosten des Verfahrens im Ergebnis sogar über den 5.000,00 EUR liegen, welche dem Kläger als Geldentschädigung zugesprochen wurden.

691 AG Wertheim, Anerkenntnisurteil vom 27.5.2019 – 1 C 66/19.

c) die Empfänger oder Kategorien von Empfängern, gegenüber denen die personenbezogenen Daten offengelegt worden sind oder noch offengelegt werden, insbesondere bei Empfängern in Drittländern oder bei internationalen Organisationen;

d) falls möglich die geplante Dauer, für die die personenbezogenen Daten gespeichert werden, oder, falls dies nicht möglich ist, die Kriterien für die Festlegung dieser Dauer;

e) das Bestehen eines Rechts auf Berichtigung oder Löschung der sie betreffenden personenbezogenen Daten oder auf Einschränkung der Verarbeitung durch den Verantwortlichen oder eines Widerspruchrechts gegen diese Verarbeitung;

f) das Bestehen eines Beschwerderechts bei einer Aufsichtsbehörde;

g) wenn die personenbezogenen Daten nicht bei der betroffenen Person erhoben werden, alle verfügbaren Informationen über die Herkunft der Daten;

h) das Bestehen einer automatisierten Entscheidungsfindung einschließlich Profiling gemäß Artikel 22 Absätze 1 und 4 und – zumindest in diesen Fällen – aussagekräftige Informationen über die involvierte Logik sowie die Tragweite und die angestrebten Auswirkungen einer derartigen Verarbeitung für die betroffene Person.“

Auch der Unterlassungsantrag muss den Anforderungen aus § 253 II Nr. 2 ZPO entsprechen. Während es bei Leistungsklagen, die auf ein positives Tun gerichtet sind, regelmäßig einfach ist, den Gegenstand des Klagebegehrens zu identifizieren und im Antrag zu formulieren, ist dies bei einem Antrag, ein bestimmtes Verhalten zu unterlassen, oftmals deutlich schwieriger. Je konkreter der Antrag durch die betroffene Person gefasst wird, um den Anforderungen aus § 253 II Nr. 2 ZPO gerecht zu werden, um so einfacher ist es für den Verantwortlichen, durch Änderung des eigenen Verhaltens aus dem Verbotstenor zu treten. Dieses Problem kann die betroffene Person auch nicht dadurch umgehen, indem sie zur Bestimmung ihres Antrages den Wortlaut des Gesetzes wiederholt, welches durch ein Verhalten des Verantwortlichen verletzt wurde. Ein solcher Antrag ist regelmäßig unzulässig.[692]

692 BGH, Urt. v. 16.11.2006 – I ZR 191/03.

Bei einem Datenschutzverstoß muss dieser Verstoß also im Rahmen des Unterlassungsantrages konkret bezeichnet werden, sodass die Tragweite des begehrten Unterlassens sowie die Grenzen der Rechtskraft deutlich erkennbar werden.

So hat *das Landgericht Frankfurt am Main*[693] im Rahmen eines einstweiligen Verfügungsverfahren zum Beispiel wie folgt tenoriert:

> *„Dem Antragsgegner wird im Wege der einstweiligen Verfügung – wegen Dringlichkeit ohne mündliche Verhandlung – bei Meidung eines Ordnungsgeldes bis 250.00,00 EUR, ersatzweise Ordnungshaft, oder Ordnungshaft bis zu sechs Monate, zu vollstrecken an seinem Vorstand, für jeden Fall der Zuwiderhandlung untersagt, personenbezogene Daten über die Antragstellerin, die im Zusammenhang mit ihrem Mietverhältnis zum Antragsgegner stehen, zu verbreiten/verbreiten zu lassen, wenn dies geschieht wie durch das öffentliche Aushängen des Mietvertrages zwischen der Antragstellerin und dem Antragsgegner durch Herrn X in der Versammlung des Y e. V. am Abend des (...) 2020 in der Z-Straße in Frankfurt am Main.“*

Macht die betroffene Person einen Anspruch auf Löschung nach Art. 17 DSGVO geltend, muss sie im Antrag konkret bezeichnen, welche personenbezogenen Daten über sie gelöscht werden sollen. Einfach ist das immer dann, wenn die Erhebung und Verarbeitung sämtlicher personenbezogenen Daten ohne Rechtsgrund erfolgt bzw. einer der in Art. 17 I a) bis f) DSGVO aufgezählten Gründe vorliegt.

In einem solchen Fall hat zum Beispiel das *Amtsgericht Hamburg-St. Georg*[694] wie folgt tenoriert:

> *„Die Beklagte wird verurteilt, sämtliche personenbezogenen Daten betreffend die Klägerin zu löschen.“*

Vergleichbar hatte auch das *Landgericht Bonn*[695] entschieden:

> *„Die Beklagte wird verurteilt, sämtliche in der Datenbank der Webseite www.(...).de zu der Klägerin gespeicherten Daten – Name, Fachrichtung, Anschrift und Telefonnummer der Praxis sowie die zu der Klägerin abgegebenen Bewertungen – zu löschen.“*

---

693 LG Frankfurt am Main, Beschl. v. 15.10.2020 – 2 – 03 O 356/20.

694 AG Hamburg-St. Georg, Urt. v. 25.8.2020 – 912 C 145/20.

695 LG Bonn, Urt. v. 29.3.2019 – 9 O 157/18.

Ist die Verarbeitung der personenbezogenen Daten nur teilweise nicht (mehr) zulässig, sind also nicht sämtliche personenbezogenen Daten zu löschen, muss der Antrag entsprechend auf die personenbezogenen Daten beschränkt werden, auf die nur ein Anspruch auf Löschung nach Art. 17 DSGVO besteht.

> *„Die Beklagte wird verurteilt, die folgenden zu der Klägerin gespeicherten personenbezogenen Daten zu löschen:*
>
> *– […]*
>
> *– […]"*

Verweigert der Verantwortliche außergerichtlich die Berichtigung der zur betroffenen Person gespeicherten Daten, muss im Rahmen des Antrages auf Berichtigung konkret dargelegt werden, in welcher Form die Berichtigung zu erfolgen hat; zum Beispiel wie folgt:

> *„Die Beklagte wird verurteilt, die zu der Klägerin gespeicherten personenbezogenen Daten dergestalt zu berichtigen, dass […]."*

f) Einbeziehung Dritter in den Prozess

Da die tatsächliche Verarbeitung der personenbezogenen Daten der betroffenen Person faktisch nicht immer (nur) bei dem Verantwortlichen erfolgt, sondern bei Auftragsverarbeitern oder Unter-Auftragsverarbeitern, kann es aus Sicht des in Anspruch genommenen Verantwortlichen erforderlich sein, diese Dritten in einen laufenden Prozess einzubeziehen, insbesondere um die Verjährung etwaiger Regressansprüche gegen diese zu hemmen oder diese Regressansprüche anderweitig zu sichern. Um das zu erreichen, sieht die Zivilprozessordnung in den §§ 72 ff. ZPO die Möglichkeit der Streitverkündung vor.

> ***Praxishinweis:***
>
> *Aus Sicht der den Anspruch stellenden betroffenen Person ist allerdings zu beachten, dass eine Streitverkündung immer dann unzulässig ist, wenn ein Fall der Gesamtschuld vorliegt.*[696] *Art. 82 IV DSGVO statuiert insoweit eine gesamtschuldnerische Haftung, wenn mehr als ein Verantwortlicher oder mehr als ein Auftragsverarbeiter oder sowohl ein Verantwortlicher als auch*

696 BGH, Urt. v. 6.12.2007 – IX ZR 143/06.

ein Auftragsverarbeiter an einer rechtsverletzenden Verarbeitung beteiligt sind.[697] *In diesen Fällen ist die betroffene Person verpflichtet, sämtliche Beteiligten nur als Gesamtschuldner in Anspruch zu nehmen. Die betroffene Person kann also nicht nur einen, beispielsweise den Verantwortlichen, verklagen und die übrigen Gesamtschuldner im Wege einer Streitverkündung in das Verfahren ziehen. Gegen die nicht-verklagten Beteiligten drohen Ansprüche zu verjähren, wenn diesen in unzulässiger Art und Weise lediglich der Streit verkündet wurde.*

Im umgekehrten Fall, in dem beispielsweise nur der Verantwortliche von der betroffenen Person verklagt wurde, ist es aus prozesstaktischen Gründen zu überlegen, dem beauftragten Auftragsverarbeiter den Streit zu verkünden. Insoweit führt die Tatsache, dass hier eine Gesamtschuld vorliegt, gerade nicht zur Unzulässigkeit der Streitverkündung.[698]

aa) Zulässigkeit der Streitverkündung

Für den Eintritt der bezweckten Interventionswirkung ist es erforderlich, dass die Streitverkündung zulässig war. Auch wenn die Streitverkündung im Vorprozess erfolgt, wird die Zulässigkeit derselben erst im Folgeprozess gerichtlich überprüft. Das Gericht des Vorprozesses nimmt die Streitverkündung mehr oder weniger zur Kenntnis bzw. zu den Akten. Im Folgeprozess erübrigt sich allerdings dann eine Prüfung der Zulässigkeit der Streitverkündung, wenn der Streitverkündete dem Rechtsstreit aufseiten des Streitverkünders beitritt.[699]

Zulässig ist die Streitverkündung zunächst nur im Rahmen eines anhängigen Rechtsstreits.[700] Rechtshängigkeit, also die Zustellung der Klageschrift an die beklagte Partei ist also gerade noch nicht erforderlich. Klagt eine betroffene Person gegen einen Verantwortlichen, der

697 *Quaas* in Wolff/Brink, BeckOK Datenschutzrecht, DSGVO, 34. Edition 2020, Art. 82 Rn. 44; *Bergt* in Kühling/Buchner, DS-GVO, 3. Aufl. 2020, Art. 82 Rn. 57.

698 *Thora*, NJW 2019, 3624, 3625.

699 *Krüger/Rahlmeyer*, JA 2014, 202, 204; *Dressler* in Vorwerk/Wolff, BeckOK ZPO, 38. Edition 2020, § 74 Rn. 8.

700 *Weth* in Musielak/Voit, ZPO, 17. Aufl. 2020, § 72 Rn. 2; *Dressler* in Vorwerk/Wolff, BeckOK ZPO, 38. Edition 2020, § 72 Rn. 4.

wiederum einem Auftragsverarbeiter den Streit verkünden will, ist das Erfordernis der Anhängigkeit in der Regel erfüllt, denn der Verantwortliche wird den Streit erst dann verkünden, wenn ihm die Klage auch tatsächlich zugestellt wurde, also sogar Rechtshängigkeit eingetreten ist. In diesem Fall kann er bereits mit seiner Klageerwiderung dem Auftragsverarbeiter den Streit verkünden. Der Rechtsstreit darf aber auch noch nicht rechtskräftig entschieden worden sein, was sich unmittelbar aus dem Wortlaut von § 72 I 1 ZPO ergibt. Bis zu einer rechtskräftigen Entscheidung ist daher eine Streitverkündung in jeder Phase des Verfahrens zulässig.

Als weitere Voraussetzung für die Zulässigkeit einer Streitverkündung ist das Vorliegen eines Grundes zur Streitverkündung. Ein solcher Grund kann insbesondere darin liegen, dass der Streitverkünder im Falle einer Niederlage im Vorprozess einen eigenen Anspruch gegen den Streitverkündeten geltend machen möchte. Für die Zulässigkeit der Streitverkündung ist es allerdings nicht erheblich, ob der Anspruch materiell-rechtlich auch tatsächlich besteht.[701]

Soll einem Dritten der Streit verkündet werden, so hat dies schließlich in der Form des § 73 ZPO zu erfolgen. Hierzu ist ein Schriftsatz bei dem angerufenen Gericht einzureichen, in dem der Grund der Streitverkündung sowie die Lage des Rechtsstreits anzugeben sind, § 73 S. 1 ZPO. Bei der Angabe des Grundes für die Streitverkündung sind also Ausführungen zu dem potenziellen Anspruch gegen den Dritten zu machen. Der Wortlaut von § 72 I ZPO lässt es dabei ausreichen, wenn der Streitverkünder glaubt, einen Anspruch gegen den Dritten erheben zu können („*...einen Anspruch auf Gewährleistung oder Schadloshaltung gegen einen Dritten erheben zu können glaubt...*“). Es ist also nicht erforderlich, dass dieser Anspruch auch tatsächlich besteht.[702]

bb) Wirkung der Streitverkündung

Zweck der Streitverkündung ist es, die Interventionswirkung aus §§ 74 III, 68 ZPO herbeizuführen.[703] Der Streitverkündete kann hiernach im Verhältnis zu der Partei, welcher ihm den Streit verkündet hat, im Fol-

701 *Weth* in Musielak/Voit, ZPO, 17. Aufl. 2020, § 72 Rn. 3.
702 *Weth* in Musielak/Voit, ZPO, 17. Aufl. 2020, § 72 Rn. 3.
703 *Dressler* in Vorwerk/Wolff, BeckOK ZPO, 38. Edition 2020, § 72 Rn. 1.

geprozess nicht mit der Behauptung gehört werden, dass der Rechtsstreit im Vorprozess, wie er dem Richter vorgelegen habe, unrichtig entschieden sei. Macht also der Verantwortliche im Folgeprozess Regressansprüche gegen den Auftragsverarbeiter geltend, kann dieser nicht einwenden, die Entscheidung im Vorprozess sei bereits falsch. Die Interventionswirkung führt folglich dazu, dass der Streitverkündete das rechtskräftige Urteil des Vorprozesses einschließlich der dort getroffenen Feststellungen gegen sich gelten lassen muss.[704] Darüber hinaus gilt die Interventionswirkung immer nur zugunsten des Streitverkünders, aber niemals zu seinen Lasten.[705] Fraglich ist dann aber, ob es dem Streitverkünder daher sogar gestattet ist, im Folgeprozess das Urteil als falsch zu bewerten und nunmehr eine andere Rechtsauffassung zu vertreten, sofern das für ihn günstiger ist. Allerdings kann der Streitverkünder sich dabei in jedem Fall nicht die Rosinen herauspicken und das Urteil des Vorprozesses selektiv heranziehen oder eben nicht; insoweit ist die Interventionswirkung nicht teilbar.[706]

Die Interventionswirkung geht in Teilen weiter als die Rechtskraft, denn sie bezieht sich nicht nur auf den Entscheidungssatz, sondern auch auf die tragenden tatsächlichen und rechtlichen Feststellungen der Entscheidung.[707] Damit sind von der Interventionswirkung nur die Feststellungen nicht erfasst, die für die Entscheidung nicht tragend waren.

Allerdings greift die Interventionswirkung nur, wenn der Streitverkündete bestimmte Behauptungen, Beweise oder rechtliche Ausführungen auch bereits im Vorprozess hätte einbringen können. Sie greift daher nicht, wenn der Streitverkündete im Folgeprozess erfolgreich die Einrede der mangelhaften Prozessführung durch den Streitverkünder im Vorprozess erheben kann.[708] Mit dieser Einrede wird er nach § 68 S. 1 Hs. 2 ZPO allerdings nur gehört, als der Streitverkündete durch die Lage des Rechtsstreits zur Zeit seines Beitritts oder durch Erklärungen und Handlungen des Streitverkünders verhindert worden ist, Angriffs-

---

704 *Weth* in Musilak/Voit, ZPO, 17. Aufl. 2020, § 68, Rn. 3; *Dressler* in Vorwerk/Wolff, BeckOK ZPO, 38. Edition 2020, § 68 Rn. 9.

705 BGH, Urt. v. 16.1.1997 – I ZR 208/94.

706 *Schultes* in MüKo ZPO, 6. Aufl. 2020, § 68 Rn. 13.

707 *Weth* in Musielak/Voit, ZPO, 17. Aufl. 2020, § 68 Rn. 3; *Schultes* in MüKo ZPO, 6. Aufl. 2020, § 68 Rn. 15.

708 *Thomas* in Cepl/Voß, ZPO, 2. Aufl. 2018, § 68 Rn. 9 ff.

oder Verteidigungsmittel geltend zu machen, oder als Angriffs- oder Verteidigungsmittel, die dem Streitverkündeten unbekannt waren, von dem Streitverkünder absichtlich oder durch grobes Verschulden nicht geltend gemacht worden sind. Die Einrede der mangelhaften Prozessführung kann allerdings nur erfolgreich erhoben werden, wenn bei unterstellter Vornahme der unterlassenen Angriffs- oder Verteidigungsmittel eine andere, positive Entscheidung des Gerichts im Vorprozess erreicht worden wäre.[709] Ist das nicht der Fall, wirkt sich die mangelhafte Prozessführung auch nicht auf den Folgeprozess aus.

Unabhängig davon, ob der Streitverkündete dem Rechtsstreit beitritt oder nicht, führt die zulässige Streitverkündung nach §204 I Nr.6 BGB zur Hemmung der Verjährung von Ansprüchen.[710]

3. Begründetheit der Klage

Holzschnittartig könnte man sagen, dass eine Klage immer dann begründet ist, wenn der betroffenen Person der geltend gemachte materiell-rechtliche Anspruch tatsächlich zusteht. Diese Erkenntnis allein wird einer klagenden betroffenen Person im Prozess allerdings nicht zum Erfolg verhelfen. Nach dem im deutschen Zivilprozessrecht geltenden Beibringungsgrundsatz ist es allein Sache der Parteien, die tatsächlichen Umstände vorzutragen, die als Grundlage für die richterliche Entscheidung dienen sollen.[711] Das Gericht wird der Klage jedenfalls nicht aufgrund eines vom Gericht selbst ermittelten Sachverhalt stattgeben. Das Gericht darf vielmehr auch gar nicht solche Tatsachen berücksichtigen, welche die Parteien nicht vorgebracht haben. Folgerichtig erhält Recht nur, wer dem Gericht die zur Beurteilung des Rechts erforderlichen Tatsachen auch geordnet und in nachvollziehbarer Form mitteilt.[712]

Aus dem Beibringungsgrundsatz resultiert sodann auch die Verteilung der Darlegungs- und Beweislast.[713] Wird zu einem streitentscheiden-

709 *Schultes* in MüKo ZPO, 6.Aufl. 2020, §68 Rn.19.

710 BGH, Urt.v. 6.12.2007 – IX ZR 143/06.

711 *Stadler* in Musielak/Voit ZPO, 17.Aufl. 2020, §139, Rn.1; *Rauscher* in MüKo ZPO, 6.Aufl. 2020, Einl., Rn.357.

712 *Schultz*, NJW 2017, 16, 16.

713 *Stein*, JuS 2016, 896, 897.

den Punkt nicht hinreichend vorgetragen, geht dieser Umstand bei der richterlichen Entscheidungsfindung zulasten der Partei, die hierfür die entsprechende Darlegungslast trägt.

a) Anforderungen an den Klägervortrag

aa) Schlüssigkeit des Vortrages

Die klagende betroffene Person ist ihrer Darlegungslast nachgekommen, wenn ihr Vortrag schlüssig ist. Nach der Rechtsprechung des *BGH*[714] ist der Vortrag der Klägerpartei zur Begründung eines Anspruches dann schlüssig und erheblich, wenn Tatsachen vorgetragen werden, die in Verbindung mit einem Rechtssatz geeignet und erforderlich sind, das geltend gemachte Recht als in der Person dieser Klagepartei entstanden erscheinen zu lassen. Der Vortrag muss das angerufene Gericht in die Lage versetzen, aufgrund des tatsächlichen Vorbringens zu entscheiden, ob die gesetzlichen Voraussetzungen für das Bestehen des geltend gemachten Rechts vorliegen.[715] Die Anforderungen an die Substantiierung des eigenen Vortrages dürfen dabei aber nicht überspannt werden.[716] Die Anforderungen sind allerdings dann nicht erfüllt, wenn das angerufene Gericht aufgrund des dargestellten Sachverhalts nicht beurteilen kann, ob die gesetzlichen Voraussetzungen der an eine Behauptung geknüpften Rechtsfolge erfüllt sind.[717]

bb) Wahrheitsgemäßer Vortrag

Im Rahmen des eigenen Vortrages verpflichtet § 138 I ZPO zudem dazu, nur wahrheitsgemäß vorzutragen. Die prozessuale Wahrheitspflicht erlaubt es allerdings, in gewissen Grenzen, lediglich Vermutungen über solche Tatsachen vorzutragen, zu denen man mangels Einblick in bestimmte Geschehensabläufe keine sichere Kenntnisse hat.[718] Eine Partei darf daher grundsätzlich auch Tatsachen behaupten, über die sie keine genauen Kenntnisse hat, die sie nach Lage der Dinge aber für wahrscheinlich hält.[719] Die Grenze ist allerdings dort

---

714 BGH, Beschl. v. 28.5.2019 – VI ZR 328/18.
715 BGH, Beschl. v. 28.5.2019 – VI ZR 328/18.
716 *Eschelbach/Geipel*, ZAP 2010, 1109, 1115; *Brose*, MDR 2008, 1315, 1316.
717 *Eschelbach/Geipel*, ZAP 2010, 1109, 1115.
718 *Stadler* in Musielak/Voit ZPO, 17. Aufl. 2020, § 138 Rn. 2.
719 BGH, Urt. v. 9.2.2018 – V ZR 274/16.

erreicht, wo Vermutungen ins Blaue hinein aufgestellt werden, für die es keinerlei Anhaltspunkte gibt.[720] Ein solcher Vortrag stellt sich nach der Rechtsprechung sogar als rechtsmissbräuchlich dar,[721] wobei an die Annahme eines solchen Rechtsmissbrauchs hohe Anforderungen zu stellen sind.[722] Aufgrund dieser hohen Hürden wird man nur selten mit dem Einwand durchdringen, der klägerische Vortrag zu einer bestimmten Vermutung sei rechtsmissbräuchlich. Drängt sich der Verdacht allerdings auf, sollte der entsprechende Vortrag vorsorglich gerügt werden und das Gericht dazu angehalten werden, hierüber eine Entscheidung zu treffen.

cc) Umfang des eigenen Vortrages

Der Umfang und der Detaillierungsgrad des vorzutragenden Sachverhalts hängt vom jeweiligen Einzelfall ab sowie unter Berücksichtigung des Klagegrundes, der Tatbestandsmerkmale der jeweiligen Vorschrift sowie von der Einlassung des Beklagten.[723] Oftmals erfolgt komplexer Sachvortrag nicht im Schriftsatz selbst, sondern erst in Anlagen. Für die Schlüssigkeit des Klagevortrages ist es allerdings erforderlich, dass sich diese aus dem schriftsätzlichen Vortrag ergibt und nicht erst aus Anlagen, denn es ist nicht Aufgabe des Gerichts und es entspricht auch nicht dem Beibringungsgrundsatz, wenn das Gericht den Sachvortrag erst aus den Anlagen ermitteln muss.[724] Konkrete Bezugnahmen auf Passagen innerhalb der Anlagen schaden demgegenüber nicht.

dd) Allgemeine Grundsätze zur Beweislast

Von der Darlegungslast ist die Beweislast zu trennen.[725] Die Beweislast entscheidet darüber, zu wessen Lasten die Nichterweislichkeit einer behaupteten Tatsache geht.[726] Verfolgt die betroffene Person ein

---

720 BGH, Urt. v. 9.2.2018 – V ZR 274/16.
721 BGH, Urt. v. 9.2.2018 – V ZR 274/16.
722 BGH, Urt. v. 26.4.2018 – VII ZR 139/17.
723 *Eschelbach/Geipel*, ZAP 2010, 1109, 1109 f.
724 *Eschelbach/Geipel*, ZAP 2010, 1109, 1111.
725 *Brose*, MDR 2008, 1315, 1315.
726 BGH, Beschl. v. 15.11.2010 – NotZ 1/10; *Bacher* in Vorwerk/Wolf, BeckOk ZPO, 38. Edition 2020, § 284 Rn. 64, *Prütting* in MüKo ZPO, 6. Aufl. 2020, § 286 Rn. 103.

bestimmtes Anspruchsziel ist sie stets gehalten, zu den anspruchsbegründenden Tatsachen vorzutragen; sie trifft die Darlegungslast immer. Wird dieser Vortrag von der Beklagtenseite nicht in Abrede gestellt, also bestritten, kann dieser nach § 138 III ZPO als zugestanden angesehen werden, wenn sich aus den übrigen Erklärungen der Beklagtenseite nicht ergibt, dass eine bestimmte Aussage bestritten werden sollte. Die Geständnisfiktion führt dazu, dass das betreffende Vorbringen nicht beweisbedürftig ist.[727] Die Beweislast kommt also immer erst dann zum Tragen, wenn das Vorbringen einer Partei durch die andere Partei bestritten wurde und die vorgebrachte Tatsache für die Entscheidung des Gerichts erheblich ist. Um nicht als beweisfällig behandelt zu werden, muss diejenige Partei, die für ein bestimmtes Vorbringen die Beweislast trägt, einen entsprechenden Beweis anbieten. Soweit nicht gesetzlich ausnahmsweise etwas anderes geregelt ist, trägt dabei jede Partei die Beweislast für das Vorliegen der tatsächlichen Voraussetzungen der für sie günstigen Vorschrift.[728] Die klagende betroffene Person muss daher im Grundsatz alle anspruchsbegründenden Tatsachen nicht nur darlegen, sondern im Streitfall auch beweisen.[729] Vor diesem Hintergrund ist sie selbst dann beweisbelastet, wenn es sich um anspruchsbegründende Tatsachen handelt, die aus der Sphäre des beklagten Verantwortlichen stammen. Dann allerdings, wenn die zu beweisende Tatsache sich ausschließlich im Einflussbereich des beklagten Verantwortlichen befindet, und die betroffene Person nicht oder nur mit unverhältnismäßig hohem Aufwand auf diese zugreifen und zu dieser bereits nicht substantiiert vortragen kann, kann den beklagten Verantwortlichen im Einzelfall eine sekundäre Darlegungslast treffen. So könnte sich eine solche sekundäre Darlegungslast des Verantwortlichen aus der Rechenschaftspflicht des Art. 5 II DSGVO ergeben.[730]

---

727 *Stadler* in Musielak/Voit, ZPO, 17. Aufl. 2020, § 138 Rn. 15; *Fritsche* in Münchner Kommentar zur ZPO, 6. Aufl. 2020, § 138 Rn. 29.

728 *Bacher* in Vorwerk/Wolf BeckOK ZPO, 38. Ed. 2020, § 284 Rn. 65.

729 *Prütting* in MüKo ZPO, 6. Aufl. 2020, § 286 Rn. 101.

730 Diese Frage ist, soweit ersichtlich, noch nicht Gegenstand der bislang ergangenen Entscheidungen gewesen, sodass abzuwarten bleibt, ob Gerichte auch eine solche sekundäre Darlegungslast bspw. bei Datenlecks oder ähnlichen Szenarien annehmen.

Von dem Grundsatz, dass jede Partei die für sie günstigen Tatsachen zu beweisen hat, wird dort abgewichen, wo das Gesetz im Einzelfall eine eigene Beweislastregelung vorsieht und der jeweils anderen Partei für bestimmte Tatsachen die Beweislast auferlegt.

ee) Darlegungs- und Beweislast bei der Geltendmachung datenschutzrechtlicher Ansprüche

Diese Grundsätze zur Darlegungs- und Beweislast gelten im Prinzip auch für die Geltendmachung von datenschutzrechtlichen Ansprüchen.[731] So trägt beispielsweise im Rahmen von Art. 16 DSGVO die betroffene Person die Darlegungs- und Beweislast für das Vorliegen einer Unrichtigkeit.[732] Die betroffene Person muss folglich im Prozess auf Berichtigung der personenbezogenen Daten die Richtigkeit bestreiten und darlegen, welche personenbezogenen Daten aus ihrer Sicht unrichtig gespeichert sind.[733] In Bezug auf das Recht auf Löschung nach Art. 17 DSGVO obliegt der betroffenen Person auch hier, darzulegen und notfalls zu beweisen, dass die anspruchsbegründenden Tatsachen vorliegen, also einer der Fälle des Art. 17 I a) bis f) DSGVO vorliegt. Der Verantwortliche muss seinerseits das Vorliegen einer der in Art. 17 III a) bis e) DSGVO aufgezählten Ausnahmen darlegen und beweisen.

Praxishinweis:

Mit Blick auf einen Anspruch auf Schadensersatz nach Art. 82 I DSGVO muss die betroffene Person sowohl den Verstoß gegen eine datenschutzrechtliche Vorschrift als auch den sich hieraus ergebenden Schaden darlegen und beweisen. Aus Art. 82 III DSGVO folgt allerdings, dass die betroffene Person nicht auch das Verschulden des Verantwortlichen darlegen und notfalls auch beweisen muss. Vielmehr muss der Verantwortliche

---

731 *Quaas* in Wolff/Brink BeckOK Datenschutzrecht, DSGVO, 34. Edition 2020, Art. 82 Rn. 51.

732 *Kamann/Braun* in Ehmann/Selmayr, Datenschutz-Grundverordnung, 2. Aufl. 2018, Art. 16 Rn. 22; *Peuker* in Sydow, Europäische Datenschutzgrundverordnung, 2. Aufl. 2018, Art. 16 Rn. 15.

733 *Peuker* in Sydow, Europäisch Datenschutzgrundverordnung, 2. Aufl. 2018, Art. 16 Rn. 16.

sein fehlendes Verschulden darlegen und beweisen.[734] *Teilweise wird vertreten, dass aus der Rechenschaftspflicht des Art. 5 II DSGVO folgt, dass im Verletzungsprozess nicht die betroffene Person den Datenschutzverstoß darlegen und beweisen muss, sondern vielmehr der Verantwortliche die Einhaltung der datenschutzrechtlichen Vorgaben.*[735] *Dies würde im Ergebnis zu einer Umkehr der Beweislast zulasten des Verantwortlichen führen.*[736] *Das Amtsgericht Frankfurt am Main*[737] *ist der Auffassung, dass durch Art. 5, 24 DSGVO die betroffene Person hinsichtlich des Nachweises der Kausalität zwischen der Verletzung datenschutzrechtlicher Vorschriften und einem Schaden eine Beweiserleichterung erfahren habe, gefolgt. Geissler/Ströbel sind der Auffassung, die betroffene Person müsse nur beweisen, dass der Beklagte als Verantwortlicher oder Auftragsverarbeiter an der datenschutzwidrigen Verarbeitung beteiligt war, dass ein Schaden entstanden sei und, dass die Verarbeitung grundsätzlich geeignet sei, den Schaden zu bewirken.*[738]

Mit Blick auf die systematische Stellung von Art. 5 II, 24 DSGVO erscheint es fragwürdig, aus dieser Vorschrift eine allgemeine Beweislastregelung für die Haftungsvorschrift aus Art. 82 DSGVO oder sonstige individuelle Ansprüche aus der DSGVO zu entnehmen.[739] *Der Verordnungsgeber hat in Art. 82 III DSGVO ausdrücklich eine Umkehr der Beweislast zulasten des Verantwortlichen geregelt,*[740] *jedoch ausdrücklich nur für die Frage des Verschuldens. Würde man annehmen, Art. 5 II, 24 DSGVO begründeten eine allgemeine Beweislastumkehr zugunsten der betroffenen Person, liefe die Regelung in Art. 82 III DSGVO im Ergebnis leer und hätte keinen eigenen Nutzen.*[741]

---

734 *Bergt* in Kühling/Buchner, DS-GVO/BDSG, 3. Aufl. 2020, Art. 82 Rn. 51.
735 *Paal*, MMR 2020, 14, 17; *Bergt* in Kühling/Buchner, DS-GVO/BDSG, 3. Aufl. 2020, Art. 82 Rn. 46.
736 *Kohn*, ZD 2019, 498, 502; *Bergt* in Kühling/Buchner, DS-GVO/BDSG, 3. Aufl. 2020, Art. 82 Rn. 46; *Geissler/Ströbel*, NJW 2019, 3414, 3415.
737 AG Frankfurt am Main, Urt. v. 10.7.2020 – 385 C 155/19 (70).
738 *Geissler/Ströbel*, NJW 2019, 3414, 3415.
739 *Hoeren* bezeichnete die Ansicht zur allgemeinen Beweislastumkehr daher auch fragend als *„Fake News?“*, MMR 2018, 637 ff.
740 So auch LG Karlsruhe, Urt. v. 2.8.2019 – 8 O 26/19.
741 So auch *Moos/Schefzig* in Taeger/Gabel, DSGVO, 3. Aufl. 2019, Art. 82, Rn. 49.

Die betroffene Person ist auch nicht schutzlos gestellt, denn sie wird im Vorfeld einer Datenverarbeitung über Umfang und Zweck nach Art. 13, 14 DSGVO informiert.[742] *Über ihr Recht auf Auskunft nach Art. 15 DSGVO kann die betroffene Person regelmäßig abgleichen, ob die Verarbeitung der sie betreffenden personenbezogenen Daten noch im Einklang mit den ursprünglich kommunizierten Zwecken steht.*[743] *Darüber hinaus ist der Verantwortliche nach Art. 34 DSGVO im Fall eines hohen Risikos für die persönlichen Rechte und Freiheiten der betroffenen Person zur Benachrichtigung über eine Verletzung verpflichtet. Auch prozessual ist die Annahme einer allgemeinen Beweislastumkehr nicht erforderlich. In den Fällen, in denen sich die zu beweisende Tatsache ausschließlich im Einflussbereich des Verantwortlichen befindet, und die betroffene Person nicht oder nur mit einem unverhältnismäßig hohen Aufwand auf diese zugreifen kann, kann dem Verantwortlichen eine sekundäre Darlegungslast auferlegt werden.*[744] *Dementsprechend hat auch das Landgericht Karlsruhe*[745] *festgestellt, dass es auch im Rahmen von Art. 82 DSGVO bei den allgemeinen Regeln zur Beweislastverteilung bleibe, nach der im Grundsatz die betroffene Person die Beweislast für den haftungsbegründenden Tatbestand trägt. Auch das Amtsgericht Hannover*[746] *hat in einem Nebensatz festgehalten, dass dem Kläger nach den allgemeinen Grundsätzen obliegt, den Nachweis der Kausalität zwischen dem Verstoß und dem Schaden zu erbringen. Auch der österreichische OGH*[747] *hat bereits festgestellt, dass Art. 82 DSGVO eine Beweislastumkehr nur in Bezug auf das Verschulden normiere, nicht jedoch hinsichtlich der anderen anspruchsbegründenden Voraussetzungen. Obwohl die Klägerin zu einer Beweislastumkehr über Art. 24 DSGVO vorgetragen hatte, entschied auch das Landge-*

---

742 *Moos/Schefzig* in Taeger/Gabel, DSGVO, 3. Aufl. 2019, Art. 82, Rn. 49.
743 *Wybitul/Celik*, ZD 2019, 529, 530; *Wybitul*, NJW 2019, 3265, 3268.
744 So auch *Moos/Schefzig* in Taeger/Gabel, DSGVO, 3. Aufl. 2019, Art. 82, Rn. 49; *Nemitz* in Ehmann/Selmayr, Datenschutz-Grundverordnung, 2. Aufl. 2018, Art. 79, Rn. 7.
745 LG Karlsruhe, Urt. v. 2.8.2019 – 8 O 26/19.
746 AG Hannover, Urt. v. 9.3.2020 – 531 C 10952/19.
747 OGH, Urt. v. 27.11.2019 – 6Ob217/19h.

richt Hamburg[748], *dass die Klägerin die Kausalität zwischen einem Verstoß und dem behaupteten Schaden nachzuweisen hat. Die Gerichte gehen daher derzeit mehrheitlich davon aus, dass aus Art. 5 II, 24 DSGVO keine allgemeine Beweislastumkehr folgt. Betroffene Personen müssen deshalb im Rahmen ihrer Anspruchsbegründung konkret zu sämtlichen anspruchsbegründenden Tatsachen – mit Ausnahme des Verschuldens – vortragen und entsprechenden Beweis hierfür anbieten. Wird dies unter Hinweis auf eine allgemeine Beweislastumkehr aus Art. 5 II, 24 DSGVO unterlassen, läuft man Gefahr, die Klage bereits auf dieser Ebene zu verlieren. Wenn und soweit sich bestimmte Tatsachen außerhalb des Einflussbereiches der betroffenen Person befinden, sollte der Vortrag hierzu so substantiiert sein, dass das Gericht vom Vorliegen einer sekundären Darlegungslast des Verantwortlichen ausgeht.*

b) Anforderungen an den Beklagtenvortrag

aa) Allgemeine Darlegungs- und Beweislast

Für den Beklagtenvortrag gilt spiegelbildlich das zum Klägervortrag Gesagte. Die Beklagtenseite muss ihrerseits erheblich vortragen. Nach der Rechtsprechung des *BGH* genügt eine Partei bei einem von ihr zur Rechtsverteidigung gehaltenen Sachvortrag ihren Substantiierungspflichten, wenn sie Tatsachen vorträgt, die in Verbindung mit einem Rechtssatz geeignet sind, das von der anderen Seite geltend gemachte Recht als nicht bestehend erscheinen zu lassen.[749] Die Beklagtenseite muss folglich in tatsächlicher Hinsicht zu allen rechtshindernden-, -vernichtenden und -hemmenden Einwendungen und Einreden vortragen.[750]

Soweit der datenschutzrechtliche Anspruch durch Erfüllung im Sinne von § 362 I BGB erloschen ist, muss der Verantwortliche alle Umstände darlegen, die zu einer Erfüllung des geltend gemachten Anspruches geführt haben. Begehrt die betroffene Person also Auskunft

---

748 LG Hamburg, Urt. v. 4.9.2020 – 324 S 9/19, mit Anm. *Laoutoumai* in jurisPR-ITR 23/2020, Anm. 4.

749 BGH, Beschl. v. 21.10.2014 – VIII ZR 34/14.

750 *Schultz*, NJW 2017, 16, 16.

nach Art. 15 I DSGVO und ist der Verantwortliche der Auffassung, dem Auskunftsverlangen bereits außergerichtlich ordnungsgemäß und vollständig nachgekommen zu sein, muss er dies darlegen und im Streitfall nachweisen. Das Gleiche gilt auch für einen Anspruch auf Berichtigung nach Art. 16 DSGVO und einen Anspruch auf Löschung nach Art. 17 DSGVO. Wurden die unrichtig gespeicherten personenbezogenen Daten bereits außergerichtlich berichtigt oder wurden die personenbezogenen Daten, die nach Art. 17 I DSGVO zu löschen waren, ordnungsgemäß gelöscht, hat der Verantwortliche dies im Rahmen seiner Klageerwiderung konkret darzulegen und hierfür auch einen entsprechenden Beweis anzubieten.

Praxishinweis:

An dieser Stelle zeigt sich erneut, wie wichtig es für den Verantwortlichen ist, jeden internen Vorgang beweissicher zu dokumentieren. Durch die Vorlage physischer Nachweise (z. B. der Abschrift der erteilten Auskunft, Kopie aus dem System zur erfolgten Berichtigung etc.) kann dargelegt werden, dass etwas und auch was konkret nach dem außergerichtlichen Begehren vorgenommen wurde. Wenn es die Organisation im eigenen Unternehmen zulässt, sollten Anfragen betroffener Personen bei einer zentralen Stelle beantwortet werden. Das hat den Vorteil, dass die dort verantwortlichen Mitarbeiter professioneller entsprechende Anfragen bearbeiten können. Diese Mitarbeiter können im Streitfall zudem als Zeugen benannt werden.

bb) Gegenbeweis und Beweis des Gegenteils

Der beklagte Verantwortliche kann auch für bestimmte Tatsachen, für welche die Klagepartei darlegungs- und beweisbelastet ist, den Gegenbeweis antreten. Mithilfe des Gegenbeweises soll das angerufene Gericht davon überzeugt werden, dass die Tatsachenbehauptungen der beweisbelasteten Partei zweifelhaft sind.[751] Trägt also die Klägerpartei, im Rahmen einer Klage auf Berichtigung nach Art. 16 DSGVO, zur Unrichtigkeit der gespeicherten personenbezogenen Daten vor, kann der Beklagte versuchen, mit seinem Vortrag das Gericht davon

751 *Prütting* in MüKo zur ZPO, 6. Aufl. 2020, § 284 Rn. 21.

zu überzeugen, dass die gespeicherten personenbezogenen Daten richtig sind.

Vom Gegenbeweis zu unterscheiden ist der Beweis des Gegenteils nach § 292 S. 1 ZPO. Der Beweis des Gegenteils kommt immer dort in Betracht, wo an eine gesetzliche Vermutung anknüpft und soll das Gericht davon überzeugen, dass das gesetzlich vermutete Merkmal im zu entscheidenden Fall nicht vorliegt.[752] So wird nach Art. 82 III DSGVO vermutet, dass bei einem Verstoß gegen die DSGVO der Verantwortliche schuldhaft gehandelt hat.[753] Mithilfe des Beweises des Gegenteils kann der Beklagte versuchen, diese Vermutung zu widerlegen, wobei Art. 82 III DSGVO insoweit vorgibt, dass der Beklagte nachweisen muss, *dass er in keinerlei Hinsicht für den Umstand, durch den der Schaden eingetreten ist, verantwortlich ist.* Für den Beklagten stellt sich in diesem Zusammenhang die praktische Frage, wie er diesen Beweis des Gegenteils tatsächlich erbringen kann. Nach einer in der Literatur weit verbreiteten Ansicht soll erforderlich sein, dass nachgewiesen wird, dass sämtliche Sorgfaltsanforderungen erfüllt wurden.[754] Der Beklagte kann sich nur enthaften, wenn er nachweist, dass ihm weder Vorsatz noch irgendeine Form der Fahrlässigkeit trifft.[755] Selbst die geringste Fahrlässigkeit schadet,[756] wobei sich der Grad der Fahrlässigkeit jedenfalls auf die Höhe des Schadensersatzes auswirken kann. Kann der Beklagte nachweisen, dass der Schaden ausschließlich auf einem Verhalten des Klägers beruht, ist er ebenfalls *„in keinerlei Hinsicht für den Umstand verantwortlich"* und kann sich somit erfolgreich enthaften.[757] Aufgrund des Wortlautes in Art. 82 III DSGVO (*„keinerlei"*) reicht der Nachweis nur eines Mitverschuldens des Klägers im Sinne von § 254 BGB für eine vollständige Enthaftung nicht aus, vielmehr kann sich der Umstand eines etwaigen Mitverschuldens

752 *Prütting* in MüKo zur ZPO, 6. Aufl. 2020, § 284 Rn. 22.

753 *Quaas* in Wolff/Brink, BeckOK, Datenschutzrecht, DSGVO, 34. Edition 2020, Art. 82 Rn. 17; *Gola/Piltz* in Gola Datenschutz-Grundverordnung, 2. Aufl. 2018, Art. 82 Rn. 18.

754 *Bergt* in Kühling/Buchner, DS-GVO/BDSG, 3. Aufl. 2020, Art. 82 Rn. 54, m. w. N.

755 *Paal*, MMR 2020, 14, 17; *Bergt* in Kühling/Buchner, DS-GVO/BDSG, 3. Aufl. 2020, Art. 82 Rn. 54.

756 *Paal*, MMR 2020, 14, 17; *Bergt* in Kühling/Buchner, DS-GVO/BDSG, 3. Aufl. 2020, Art. 82 Rn. 54.

757 *Paal*, MMR 2020, 14, 17.

des Klägers anspruchsmindernd auswirken. Ein Ausschluss der Haftung kann so nicht begründet werden. Der Beklagte kann sich auch nicht unter Hinweis darauf entlasten, dass er den Mitarbeiter, der den Datenschutzverstoß in der internen Organisation verursacht hat, sorgfältig ausgewählt und überwacht hat.[758] Insoweit sieht der Wortlaut von Art. 82 III DSGVO eine mit § 831 BGB vergleichbare Exkulpationsmöglichkeit gerade nicht vor. Das gilt im Ergebnis und auch mit Blick auf den Schutz der Interessen der betroffenen Person auch für ein weisungswidriges Verhalten eines Auftragsverarbeiters. Ein solches weisungswidriges Verhalten kann im Innenverhältnis zu einem Regressanspruch führen, im Außenverhältnis zur betroffenen Person aber nicht zu einer Entlastung des Verantwortlichen.

Der Beklagte wird sich im Ergebnis auch nicht vollständig damit entlasten können, dass er sich hat zertifizieren lassen, denn Art. 42 IV DSGVO stellt ausdrücklich klar, dass durch eine Zertifizierung die Verantwortlichkeit nicht berührt wird.[759] Eine erfolgreiche Zertifizierung kann allerdings im Rahmen der Bemessung der Schadenshöhe zugunsten des Beklagten ins Feld geführt werden. Dagegen wird vertreten, dass dann, wenn der Verantwortliche sämtliche technischen und organisatorischen Sicherheitsmaßnahmen gemäß Art. 32 DSGVO einhält, er sich im Falle eines gleichwohl eingetretenen Datenschutzverstoßes entlasten können soll.[760] Das soll nur dann nicht gelten, wenn die ausgenutzte Sicherheitslücke bekannt war oder hätte bekannt sein

---

758 *Paal*, MMR 2020, 14, 17; *Bergt* in Kühling/Buchner, DS-GVO/BDSG, 3. Aufl. 2020, Art. 82 Rn. 54; *Ambrock* geht in ZD 2020, 492, 497 sogar davon aus, dass selbst bei einem Exzess eines Mitarbeiters, also einer privat motivierten Datenverarbeitung durch den Mitarbeiter, eine Exkulpation nur in ganz engen Ausnahmefällen möglich sein kann.

759 *Paal*, MMR 2020, 14, 18.

760 *Bergt* in Kühling/Buchner, DS-GVO/BDSG, 3. Aufl. 2020, Art. 82 Rn. 54; es ist allerdings nicht ganz nachvollziehbar, warum sich ein Verantwortlicher durch die Implementierung von technischen Schutzmaßnahmen entlasten können soll, nicht aber dafür, dass er seine Mitarbeiter sorgfältig auswählt und regelmäßig schult. Technik ist ebenso wie der Mensch anfällig für Fehler, unabhängig wie sorgfältig man diese auswählt. Wird ein Mitarbeiter von Cyberkriminellen durch sog. Social Engineering in der Weise manipuliert, dem Hacker Zugriff auf die Systeme des Unternehmens zu gewähren, wird auch hier letztlich nur eine Schwachstelle im Sicherheitssystem von außen ausgenutzt. Dabei sind die Angriffe so professionell, dass sie bis zum Schadenseintritt unbemerkt bleiben. Vor diesem Hintergrund erscheint es mir voreilig, eine Exkulpation im

können.[761] In diesem Fall soll es bei einer Haftung des Verantwortlichen bleiben. Im Ergebnis wird man festhalten können, dass die Anforderungen für die erfolgreiche Führung des Beweises des Gegenteils in Art. 82 III DSGVO sehr hoch sind und nur in Ausnahmefällen erfolgreich geführt werden wird. Gleichwohl sollten Verantwortliche bereits im Vorfeld darauf achten, alle erforderlichen Maßnahmen zu ergreifen, um überhaupt in die Nähe einer Exkulpation zu kommen. Hierzu kann gehören

- angemessene technische und organisatorische Sicherheitsmaßnahmen implementieren und überwachen;
- Mitarbeiter sorgfältig auswählen und regelmäßig schulen;
- Weisungen an Mitarbeiter und Auftragsverarbeiter schriftlich dokumentieren;
- etc.

Selbst wenn durch diese Maßnahmen eine Exkulpation im Einzelfall nicht gelingt, weil das angerufene Gericht von einem strengen Haftungsmaßstab ausgeht, dienen alle Maßnahmen, die zur Verhinderung von Datenschutzvorfällen getroffen werden, als Argument dafür, das bei der Bemessung der Schadenshöhe zugunsten des Verantwortlichen zu berücksichtigen.

cc) Sonstige Exkulpationsmöglichkeiten

Will der Beklagte die Erfüllung eines Rechtes der betroffenen Person unter Hinweis auf Art. 12 V b) DSGVO (*„offenkundig unbegründete oder exzessive Anträge“*) verweigern, trägt er nach Art. 12 V S. 3 DSGVO die Nachweispflicht dafür, dass ein Antrag offenkundig unbegründet oder exzessiv erfolgte. Der Beklagte muss also nicht nur Umstände darlegen, aus denen sich ein unbegründetes oder exzessives Vorgehen ergeben kann, er muss dafür, dass dies auch tatsächlich der Fall ist, konkrete Nachweise vorlegen. Für den Einwand eines exzessiven Vorgehens ist es also erforderlich, dass der Beklagte bereits im Vorfeld jeden vergleichbaren Antrag des Klägers ganz genau erfasst und dokumentiert. Nur so kann der Beklagte im Streitfall überhaupt

---

Zusammenhang mit einer Verantwortlichkeit von Mitarbeitern pauschal auszuschließen.

761 *Bergt* in Kühling/Buchner, DS-GVO/BDSG, 3. Aufl. 2020, Art. 82 Rn. 54.

darlegen und nachweisen, dass der Kläger innerhalb kürzester Zeit zum Beispiel zahlreiche Auskunftsersuchen nach Art. 15 DSGVO gestellt hat. Ausweislich des Wortlautes und seiner systematischen Stellung ist Art. 12 V DSGVO nur auf die dort aufgezählten Rechte der betroffenen Person anwendbar. Die Vorschrift findet direkt also keine Anwendung auf den Schadensersatzanspruch aus Art. 82 DSGVO und auch nicht auf einen Unterlassungsanspruch. Als Ausnahmevorschrift ist Art. 12 V DSGVO dann auch nicht auf diese beiden Ansprüche analog anwendbar. Insoweit kann sich der Beklagte allerdings auf den allgemeinen Einwand des Rechtsmissbrauchs berufen, der auch im Anwendungsbereich der DSGVO gilt.[762]

c) *Die Führung des notwendigen Beweises*

aa) Der Beweisantritt

Steht fest, welche Partei für welche Tatsache die Beweislast trägt, ist damit noch nichts darüber ausgesagt, ob sie im Prozess die von ihr behauptete Tatsache auch nachgewiesen hat. Vielmehr muss in einem ersten Schritt mithilfe eines ordnungsgemäßen Beweisantrages dem Gericht angeboten werden, eine bestimmte Behauptung durch ein bestimmtes Beweismittel festzustellen.[763] Mit Ausnahme des Zeugenbeweises kann das angerufene Gericht in der Theorie grundsätzlich alle Beweismittel auch von Amts wegen erheben,[764] hierauf sollte man sich als Partei allerdings in keinem Fall verlassen.

Nach § 130 Nr. 5 ZPO sollen die Beweismittel bereits mit den vorbereitenden Schriftsätzen bezeichnet werden. Hintergrund ist, dass das angerufene Gericht die mündliche Verhandlung ordnungsgemäß nur dann vorbereiten kann, wenn die Beweismittel bereits vor der mündlichen Verhandlung bekannt sind.[765] Der tatsächliche Beweisantritt erfolgt jedoch in der mündlichen Verhandlung, insbesondere durch die Bezugnahme auf die Beweisangebote aus den vorbereitenden Schriftsätzen.[766] Wichtig ist allerdings, dass der Beweisantrag sowohl

762 OLG Dresden, Hinweisbeschluss v. 11.12.2019 – 4 U 1680/19.
763 *Laumen*, MDR 2020, 145, 145.
764 *Laumen*, MDR 2020, 145, 145.
765 *Stadler* in Musielak/Voit, ZPO, 17. Aufl. 2020, § 130 Rn. 8.
766 *Laumen*, MDR 2020, 145, 146.

das Beweisthema als auch das Beweismittel konkret benennt.[767] Die beweisbelastete Partei muss hinsichtlich des Beweisthemas jedenfalls die Tatsachen vortragen, die in Verbindung mit einem Rechtssatz geeignet und erforderlich sind, das geltend gemachte Recht als in der Person dieser Partei entstanden erscheinen zu lassen.

bb) Die Beweismittel

Bei der Bezeichnung der Beweismittel können die Parteien auch im Rahmen eines Verfahrens im Zusammenhang mit Ansprüchen aus der DSGVO auf die nach der Zivilprozessordnung anerkannten Beweismittel zurückgreifen. Für den Beweis durch **Augenschein** hat der Beweisführer nach § 371 I S. 1 ZPO den Gegenstand des Augenscheins zu bezeichnen und die Tatsachen, die zu beweisen sind, anzugeben. Für den **Zeugenbeweis** ist es nach § 373 ZPO erforderlich, dass der Zeuge benannt wird, wobei hierzu nicht nur die Nennung des Namens, sondern auch die Angabe einer ladungsfähigen Anschrift gehört.[768] Für den **Sachverständigenbeweis** sieht § 403 ZPO vor, dass lediglich die zu begutachtenden Punkte bezeichnet werden müssen. Die Angabe eines konkreten Sachverständigen ist somit nicht erforderlich, zumal § 404 I S. 1 ZPO vorsieht, dass die Auswahl des Sachverständigen durch das Prozessgericht erfolgt. Legt eine Partei ein Privatgutachten vor, handelt es sich hierbei gerade nicht um ein Beweismittel, sondern lediglich um (qualifizierten) Parteivortrag.[769] Als Sachverständigengutachten im Sinne eines Beweismittels kann ein Privatgutachten nur mit Zustimmung beider Parteien herangezogen werden.[770] Es ist zwar üblich, dass ein Privatgutachten durch den Hinweis *„Beweis: Gutachten des [...] vom [...]"* in ein Verfahren eingeführt wird, durch die Bezeichnung als Beweismittel wird ein solches aber nach der Rechtsprechung des *BGH* noch nicht zu einem solchen. Beschränkt sich die beweisbelastete Partei sodann darauf, für den Nachweis ihres Vortrages auf das vorgelegte Privatgutachten zu verweisen, genügt dies in der Regel nicht für einen ausreichenden Beweisantritt. Es bietet sich an, den beauftragten Gutachter für die mit dem Privatgutachten auf-

767 *Laumen*, MDR 2020, 145, 146.
768 *Huber* in Musielak/Voit, ZPO, 17. Aufl. 2020, § 373 Rn. 10.
769 BGH, Urt. v. 11.5.1993 – VI ZR 243/92.
770 BGH, Urt. v. 11.5.1993 – VI ZR 243/92.

gestellten Behauptungen zusätzlich als (sachverständigen) Zeugen zu benennen. Der **Urkundenbeweis** erfolgt nach § 420 ZPO dadurch, dass die Urkunde, die das Beweisthema nachweisen soll, vorgelegt wird. Wenn und so weit die Urkunde nicht beim Beweisführer selbst vorhanden ist, dieser aber der Ansicht ist, die Gegenseite sei im Besitz der Urkunde, erfolgt der Beweisantritt gemäß § 421 ZPO durch den Antrag, dem Gegner die Vorlegung der Urkunde aufzugeben.

In formaler Hinsicht ist bei dem Beweisantritt darauf zu achten, dass das bezeichnete Beweismittel einem konkreten Beweisthema zugeordnet werden kann.[771] Ein Beweisantritt, der sich ausdrücklich auf den gesamten Sachvortrag bezieht, ist dabei ebenso unzulässig wie ein Beweisantritt, der sich aus anderen Gründen nicht einem konkreten Beweisthema zuordnen lässt.

cc) Die Beweiserhebung

Grundsätzlich haben die Parteien ein Recht darauf, dass das angerufene Gericht die von den Parteien angebotenen Beweismittel vollständig ausschöpft. Das folgt aus dem Recht auf rechtliches Gehör gemäß Art. 103 I GG.[772] Ist eine behauptete Tatsache allerdings nicht beweisbedürftig, weil sie zum Beispiel zugestanden oder jedenfalls nicht bestritten wurde, muss ein für diese Tatsache angebotenes Beweismittel freilich nicht gewürdigt werden.[773] Kann das angerufene Gericht eine bestimmte Tatsache aus eigener Sachkunde bewerten, steht es im Ermessen des Gerichts, gleichwohl ein Sachverständigengutachten einzuholen.[774] Das Gericht hat ein Beweisangebot auch dann abzulehnen, wenn es zu einer unzulässigen Ausforschung führen würde.[775] Ein Ausforschungsbeweis liegt insbesondere dann vor, wenn eine Partei willkürlich Behauptungen in den Raum stellt, ohne jeden greifbaren tatsächlichen Anhaltspunkt.[776] Wie dargestellt, ist es einer Partei allerdings in einem gewissen Rahmen gestattet, Vermutungen aufzustellen, wenn sie die behaupteten Tatsachen für wahrscheinlich hält. Vor

771 *Laumen*, MDR 2020, 145, 149.
772 *Laumen*, MDR 2020, 193, 193.
773 *Laumen*, MDR 2020, 193, 193.
774 *Laumen*, MDR 2020, 193, 194.
775 *Laumen*, MDR 2020, 193, 194.
776 *Laumen*, MDR 2020, 193, 195; *Prütting* in MuKo ZPO, 6. Aufl. 2020, § 284 Rn. 79; *Foerste* in Musielak/Voit, ZPO, 17. Aufl. 2020, § 284 Rn. 18.

diesem Hintergrund ist mit der Annahme eines unzulässigen Ausforschungsbeweises Zurückhaltung geboten.[777] Ist der Partei aber positiv bekannt, dass die vermutete Tatsache nicht vorliegt, und stellt sie diese Behauptung dennoch auf, dann verstößt sie zudem gegen ihre nach § 138 I ZPO obliegende prozessuale Wahrheitspflicht. Weitere Gründe für eine Ablehnung eines Beweismittels können die fehlende Verfügbarkeit des betreffenden Beweismittels oder dessen Ungeeignetheit sein. In beiden Fällen sind hohe Anforderungen zu stellen, bevor ein Gericht einen entsprechenden Beweisantrag zurückweist. Hat das Gericht ein Beweismittel zu Unrecht nicht erhoben, obwohl die Voraussetzungen für eine Ablehnung nicht vorlagen, handelt es sich hierbei um einen Verfahrensfehler, der eine Berufung rechtfertigt.

II. Die Berufungsinstanz

1. Zulässigkeit der Berufung

a) Statthaftigkeit der Berufung

Die Statthaftigkeit einer Berufung ergibt sich zunächst aus § 511 ZPO. Nach § 511 I ZPO findet die Berufung gegen im ersten Rechtszug erlassene Endurteile statt. Endurteile sind nach § 300 I ZPO solche Urteile, durch die der Rechtsstreit einer Instanz abschließend erledigt wird.[778]

Aus § 511 II ZPO ergibt sich sodann, wann eine Berufung überhaupt nur zulässig ist. Dies ist entweder nur dann der Fall, wenn der in § 511 II Nr. 1 ZPO vorgesehene Wert des Beschwerdegegenstandes einen Betrag von 600,00 EUR übersteigt oder nach § 511 II Nr. 2 ZPO die Berufung vom Gericht erster Instanz im Urteil zugelassen wurde.

Nachdem § 511 II Nr. 1 ZPO für die sog. Berufungssumme an den Wert des Beschwerdegegenstandes anknüpft, kann diese mit dem Streitwert der ersten Instanz identisch sein, muss dies aber nicht.[779] Die Berufungssumme spiegelt vielmehr das Interesse des Berufungs-

---

777 *Laumen*, MDR 2020, 193, 195; *Foerste* in Musielak/Voit, ZPO, 17. Aufl. 2020, § 284 Rn. 18.

778 *Musielak* in Musielak/Voit, ZPO, 17. Aufl. 2020, § 300 Rn. 2.

779 *Wulf* in Vorwerk/Wolf, BeckOK ZPO, 39. Edition 2020, § 511 Rn. 32.

führers am Erfolg seiner Berufung wider.[780] Nach § 511 III ZPO muss der Berufungsführer glaubhaft machen, dass die Wertgrenze aus § 511 II Nr. 1 ZPO überschritten ist, seine Beschwerde also mehr als 600,00 EUR beträgt.

Unabhängig von der Berufungssumme ist die Berufung nach § 511 II Nr. 2 ZPO zulässig, wenn das Gericht erster Instanz die Berufung in seinem Urteil ausdrücklich zugelassen hat. § 511 IV ZPO sieht sodann zwei kumulativ zu erfüllende Voraussetzungen vor, wann das Gericht erster Instanz die Berufung zulassen kann. Erforderlich ist nach § 511 IV Nr. 1 ZPO zunächst, dass die Rechtssache grundsätzliche Bedeutung hat oder die Fortbildung des Rechts oder die Sicherung einer einheitlichen Rechtsprechung eine Entscheidung des Berufungsgerichts erfordert. Die zweite Voraussetzung ist, dass die Partei nach § 511 IV Nr. 2 ZPO durch das Urteil mit nicht mehr als 600,00 EUR beschwert ist.

Praxishinweis:

Gerade nach dem Inkrafttreten eines neuen Gesetzes, wie auch der DSGVO, stellen sich noch viele Auslegungsfragen. Nicht selten legen die angerufenen Gerichte einzelne Fragen unterschiedlich aus, sodass es insoweit zu einer uneinheitlichen Rechtsprechung kommt. Beispielhaft sei hier nur die derzeit diskutierte Rechtsfrage erwähnt, ob Art. 82 DSGVO eine sog. Bagatellgrenze kennt oder, ob sich die mangelnde Schwere eines Verstoßes nicht erst bei der Höhe des zuzusprechenden Schmerzensgeldes auswirkt. Bei der Beantragung eines Schmerzensgeldes im niedrigen dreistelligen Bereich kann es durchaus vorkommen, dass der Beschwerdewert unter 600,00 EUR bleibt. Um zu verhindern, dass eine Entscheidung des angerufenen Amtsgerichts ohne die Möglichkeit einer weiteren Überprüfung rechtskräftig wird, ist den Parteien dazu zu raten, auf eine Entscheidung zur Zulassung der Berufung nach § 511 IV ZPO hinzuwirken, auch wenn das Gericht der ersten Instanz hierüber von Amts wegen entscheidet[781]*. Hierfür ist allerdings nicht ausreichend, dass einfach das Vorliegen einer der in § 511 IV Nr. 1*

---

780 *Schellhammer*, Zivilprozess, 16. Aufl. 2020, Kap. 14, S. 490, Rn. 985.
781 *Ball* in Musielak/Voit, ZPO, 17. Aufl. 2020, § 511 Rn. 42.

ZPO genannten Gründe behauptet wird. Vielmehr sollte ausführlich dargelegt werden, dass und warum die Sache grundsätzliche Bedeutung hat oder, dass und warum die Zulassung der Berufung für die Fortbildung des Rechts wichtig ist.

b) Fristen im Berufungsverfahren

Die Frist zur Einlegung der Berufung beträgt nach § 517 1. HS ZPO einen Monat und ist als Notfrist nicht verlängerbar.[782] Mit Ablauf dieser Frist, ohne dass gegen das betreffende Urteil Berufung eingelegt wurde, tritt die formelle Rechtskraft ein.[783] Damit die Parteien ihre Entscheidung für oder gegen die Einlegung einer Berufung fundiert treffen können,[784] beginnt die Frist nach § 517 2. HS ZPO erst mit der Zustellung des vollständigen Urteils. Sie endet aber spätestens mit Ablauf von fünf Monaten nach der Verkündung. Hintergrund dieser Fünf-Monats-Höchstfrist ist es, für die Parteien im Falle einer fehlenden oder fehlerhaften Zustellung Rechtssicherheit zu schaffen[785] und einen dauerhaften Schwebezustand zu vermeiden.

Praxishinweis:

Wird die Frist zur Einlegung der Berufung versäumt, ist die nach Ablauf der Frist eingelegte Berufung als unzulässig zurückzuweisen. Das gilt nach § 233 S. 1 ZPO allerdings dann nicht, wenn der Berufungsführer darlegen kann, dass die Versäumung der Frist ohne sein Verschulden erfolgte. In diesem Fall kann er einen Antrag auf Wiedereinsetzung in den vorigen Stand stellen. Wichtig ist allerdings, dass eine Wiedereinsetzung nur dann erfolgreich beantragt werden kann, wenn es zu einer tatsächlichen Fristversäumung durch den Hinderungsgrund kommt. Kommt es zu einer Fristversäumung, obwohl der Hinderungsgrund vor Ablauf der Frist bereits wieder weggefallen

---

782 Für die Berechnung der Frist gelten die §§ 187 I, 188 II, III BGB. Fällt das Fristende auf einen Samstag, einen Sonntag oder auf einen gesetzlichen Feiertag, endet die Frist nach § 222 II ZPO mit Ablauf des nächsten Werktages.

783 *Ball* in Musielak/Voit, ZPO, 17. Aufl. 2020, § 517 Rn. 1; *Wulf* in Vorwerk/Wolf, BeckOK ZPO, 38. Edition 2020, § 517 Rn. 1.

784 *Rimmelspacher* in MüKo ZPO, 6. Aufl. 2020, § 517 Rn. 1.

785 *Wulf* in Vorwerk/Wolf, BeckOK ZPO, 38. Edition 2020, § 517 Rn. 1.

ist, ist der Anwendungsbereich des § 233 ZPO nicht eröffnet und ein gleichwohl gestellter Antrag geht ins Leere.[786] *Vielmehr ist der Berufungsführer in dieser Konstellation aus eigenem Interesse verpflichtet, nach dem Wegfall des Hinderungsgrundes alles ihm Mögliche und Zumutbare zu unternehmen, um die Frist zu wahren.*[787] *Ein Antrag auf Wiedereinsetzung in den vorigen Stand kann nur erfolgreich sein, wenn dargelegt wird, dass die Fristversäumung schuldlos erfolgte. Hatte das Gericht erster Instanz seinem Urteil keine Rechtsbehelfsbelehrung beigefügt oder war die vorhandene Rechtsbehelfsbelehrung fehlerhaft, so wird nach § 233 S. 2 ZPO vermutet, dass die Fristversäumung unverschuldet erfolgte. Das gilt auch dann, wenn der Rechtsmittelführer anwaltlich vertreten ist.*[788] *Allerdings ist die Vermutung aus § 233 S. 2 ZPO widerleglich und greift auch nur dann, wenn die fehlende bzw. fehlerhafte Rechtsbehelfsbelehrung ursächlich für die Fristversäumung war.*[789]

Von der Frist zur Einlegung der Berufung ist die Frist zur Begründung der Berufung zu unterscheiden. Diese wird in § 520 II ZPO geregelt und beträgt zwei Monate ab Zustellung des Urteils. Anders als die Berufungseinlegungsfrist handelt es sich bei der Berufungsbegründungsfrist nach § 520 II S. 2 ZPO nicht um eine Notfrist und kann daher auf Antrag des Berufungsführers verlängert werden.

c) *Form und Inhalt der Berufung und der Berufungsbegründung*

Für die Form der Berufung sieht § 519 I ZPO vor, dass diese durch die Einreichung eines unterschriebenen Schriftsatzes bei dem Berufungsgericht zu erfolgen hat. Der Wortlaut von § 519 I ZPO sieht das zwar nicht ausdrücklich vor, allerdings ist die Berufung von einem niedergelassenen Rechtsanwalt einzulegen, denn bei dem Berufungsverfahren handelt es sich nach § 78 I ZPO stets um einen Anwaltsprozess.[790] Wird die Berufung von der nicht postulationsfähigen Partei selbst eingelegt ist die Berufung unzulässig, es sei denn, diese wird

786 *Wendtland* in Vorwerk/Wolf, BeckOK ZPO, 38. Edition 2020, § 233 Rn. 8.
787 *Wendtland* in Vorwerk/Wolf, BeckOK ZPO, 38. Edition 2020, § 233 Rn. 7.
788 BGH, Beschl. v. 9.3.2017 – V ZB 18/16.
789 *Wendtland* in Vorwerk/Wolf, BeckOK ZPO, 38. Edition 2020, § 233 Rn. 12.
790 *Rimmelspacher* in MüKo ZPO, 6. Aufl. 2020, § 519 Rn. 7.

innerhalb der Berufungsfrist von einem postulationsfähigen Rechtsanwalt schriftlich genehmigt.[791]

Der Mindestinhalt der Berufungsschrift ergibt sich aus § 519 II ZPO, wonach zunächst nach § 519 II Nr. 1 ZPO das Urteil, gegen das die Berufung gerichtet ist, genau bezeichnet werden muss. Sodann verlangt § 519 II Nr. 2 ZPO eine Erklärung, dass gegen dieses Urteil Berufung eingelegt wird. Damit das Berufungsgericht eine zutreffende Zuordnung vornehmen kann, ist das anzugreifende Urteil nach Gericht, Aktenzeichen und Parteien zu benennen.[792] Aus der Berufungsschrift muss zum Beispiel entweder für sich allein oder mit Hilfe weiterer Unterlagen bis zum Ablauf der Berufungsfrist eindeutig zu erkennen sein, wer Berufungskläger und wer Berufungsbeklagter ist.[793] An die Bezeichnung der Parteien und dabei insbesondere des Rechtsmittelführers sind strenge Anforderungen zu stellen.[794] Kann eine Zuordnung nicht erfolgen, weil das angegriffene Urteil oder die Parteien nicht erkennbar sind, ist die Berufung nach § 522 I S. 2 ZPO als unzulässig zu verwerfen.[795] Mängel bei der Einlegung der Berufung können nach Ablauf der Berufungsfrist nicht geheilt werden.[796]

Die Berufungsbegründung muss nach § 520 III S. 1 ZPO durch Einreichung eines Schriftsatzes erfolgen, sodass hier die gleichen Anforderungen gelten, wie bei der Einlegung der Berufung. Der Mindestinhalt der Berufungsbegründung ergibt sich aus § 520 III S. 2 ZPO. § 520 IV ZPO sieht darüber hinaus noch einen Soll-Inhalt vor.

Der Mindestinhalt nach § 520 III S. 2 ZPO umfasst die Berufungsanträge (§ 520 III S. 2 Nr. 1 ZPO) und die Berufungsgründe (§ 520 III S. 2 Nr. 2 bis 4 ZPO). Der Soll-Inhalt umfasst nach § 520 IV ZPO die Berufungssumme, soweit die Zulässigkeit der Berufung hiervon abhängt (§ 520 IV Nr. 1 ZPO) sowie eine Stellungnahme dazu, ob einer Entscheidung der Sache durch den Einzelrichter Gründe entgegenstehen (§ 520 IV Nr. 2 ZPO).

---

791 *Rimmelspacher* in MüKo ZPO, 6. Aufl. 2020, § 519 Rn. 7.

792 *Schellhammer*, Zivilprozess, 16. Aufl. 2020, Kap. 14, S. 493, Rn. 990.

793 BGH, Urt. v. 19.2.2002 – VI ZR 394/00.

794 BGH, Urt. v. 19.2.2002 – VI ZR 394/00; BGH, Urt. v. 13.10.1998 – VI ZR 81/98.

795 *Rimmelspacher* in MüKo ZPO, 6. Aufl. 2020, § 519 Rn. 49.

796 BAG, Urt. v. 24.10.2018 – 10 AZR 278/17.

2. Begründetheit der Berufung

Die Berufung ist begründet, wenn mindestens einer der in § 513 I ZPO i.V.m. §§ 546, 529 ZPO genannten Berufungsgründe vorliegt und von dem Rechtsmittelführer hinreichend dargelegt werden konnte.[797] Danach ist die Berufung entweder begründet, weil die Entscheidung des Gerichts erster Instanz auf einer Rechtsverletzung fußt (§§ 513 I Alt. 1, 546 ZPO) oder weil die zugrunde zu legenden Tatsachen eine andere Entscheidung rechtfertigen (§§ 513 I Alt. 2, 529 ZPO).

a) Rechtsverletzung durch das Gericht erster Instanz

Eine Rechtsverletzung, die eine Berufung begründet, liegt nach § 546 ZPO vor, wenn eine Rechtsnorm nicht oder nicht richtig angewendet worden ist. Unter einer Rechtsnorm im Sinne von § 546 ZPO ist jede Vorschrift des objektiven Rechts zu verstehen, worunter auch europarechtliche Vorschriften[798] wie die der DSGVO fallen. Unerheblich ist, ob es sich dabei um eine materiell-rechtliche oder um eine verfahrensrechtliche Vorschrift handelt.[799] Eine Rechtsnorm wird sodann durch das Gericht der ersten Instanz verletzt, wenn die einschlägige Rechtsnorm nicht angewendet wird, entweder weil sie übersehen oder für unanwendbar gehalten wurde.[800] Eine Rechtsnorm wird auch dann verletzt, wenn die einschlägige Rechtsnorm nicht richtig angewendet wird.[801]

Praxishinweis:

Es ist im Rahmen der Begründung jedoch nicht ausreichend, die als verletzt angesehene Rechtsnorm nur zu bezeichnen. Vielmehr muss konkret dargelegt werden, warum diese Rechtsnorm durch das Gericht erster Instanz verletzt wurde. Hat das Gericht erster Instanz eine Rechtsnorm beispielsweise übersehen, muss

---

797 *Rimmelspacher*, NJW 2002, 1897, 1897.

798 *Schellhammer*, Zivilprozess, 16. Aufl. 2020, Kap. 14, S. 502, Rn. 1002; *Krüger* in MüKo ZPO, 6. Aufl. 2020, § 546 Rn. 4; *Rimmelspacher*, NJW 2002, 1897, 1898.

799 *Rimmelspacher*, NJW 2002, 1897, 1898.

800 *Schellhammer*, Zivilprozess, 16. Aufl. 2020, Kap. 14, S. 502, Rn. 1002; *Rimmelspacher*, NJW 2002, 1897, 1899.

801 *Rimmelspacher*, NJW 2002, 1897, 1899.

diese Rechtsnorm nicht nur einfach genannt werden. Es muss auch dargelegt werden, dass bei Anwendung dieser Rechtsnorm die Entscheidung anders und zwar zugunsten des Rechtsmittelführers ausgefallen wäre. Das Gleiche gilt freilich auch dann, wenn das Gericht erster Instanz eine Rechtsnorm aus Sicht des Rechtsmittelführers falsch angewendet hat. Auch hier reicht es nicht aus, nur darzulegen, dass und warum die Anwendung durch das Gericht erster Instanz falsch war. Es muss auch dargelegt werden, wie die zutreffende Auslegung zu erfolgen hat und, dass die zutreffende Auslegung eine andere Entscheidung zugunsten des Rechtsmittelführers rechtfertigt.

Die Rechtsverletzung muss auch kausal für die Unrichtigkeit des angefochtenen Urteils sein.[802] Die Berufung hat im Ergebnis keine Aussichten auf Erfolg, wenn das Urteil erster Instanz zwar an einem Rechtsfehler leidet, dieser Rechtsfehler sich aber nicht insoweit auswirkt, dass hierdurch das Urteil unrichtig ist.[803]

b) Kontrolle der Tatsachenentscheidung des Gerichts erster Instanz

Rechtfertigen die zugrunde zu legenden Tatsachen eine andere Entscheidung, als diejenige, die vom Gericht erster Instanz getroffen wurde, kann dies ebenfalls mit der Berufung angegriffen werden. Die Berufung ist hiernach begründet, wenn das Gericht erster Instanz den entscheidungserheblichen Sachverhalt unrichtig und/oder unvollständig festgestellt hat und bei richtiger und vollständiger Feststellung des entscheidungserheblichen Sachverhalts eine andere Entscheidung zugunsten des Rechtsmittelführers rechtfertigen würde.[804] Der festgestellte Sachverhalt ist zum Beispiel dann unvollständig, wenn das Gericht erster Instanz den Vortrag einer Partei als verspätet zurückweist, obwohl die Voraussetzungen für eine Zurückweisung nicht vorlagen. Ein Fehler bei der Sachverhaltsfeststellung liegt auch darin, das Bestreiten einer Partei zu übersehen bzw. zu übergehen, und den bestrittenen Vortrag der Gegenpartei als unstreitig zu werten. Auch das

802 *Wulf* in Vorwerk/Wolf, BeckOK ZPO, 38. Edition 2020, § 513 Rn. 5; *Rimmelspacher*, NJW 2002, 1897, 1900.
803 *Schellhammer*, Zivilprozess, 16. Aufl. 2020, Kap. 14, S. 503, Rn. 1003.
804 *Schellhammer*, Zivilprozess, 16. Aufl. 2020, Kap. 14, S. 505, Rn. 1006.

Nichterheben eines Beweismittels zu einem erheblichen Parteivortrag stellt einen Fehler des Gerichts erster Instanz dar.[805]

Über § 529 I Nr. 2 ZPO kann die Tatsachenentscheidung des Gerichts erster Instanz auch insoweit überprüft werden, als neue Angriffs- und Verteidigungsmittel in die Entscheidungsfindung einfließen können, sofern dies im Rahmen der Berufungsinstanz zulässig ist. Bei dieser Alternative geht es weniger darum, dem Gericht erster Instanz einen Fehler vorzuwerfen, als die getroffene Entscheidung noch einmal unter Berücksichtigung neuer Tatsachen zu überprüfen. Neue Angriffs- und Verteidigungsmittel sind dabei nur in den engen Grenzen des § 531 II ZPO zulässig, wobei hierbei von dem Grundsatz auszugehen ist, dass neue Angriffs- und Verteidigungsmittel in der Regel ausgeschlossen sind. Nur wenn eine der in § 532 II Nr. 1 bis 3 ZPO geregelten Ausnahmen vorliegt, können die neuen Angriffs- und Verteidigungsmittel in der Berufungsinstanz eingebracht werden. Nur wenn neue Angriffs- und Verteidigungsmittel nicht präkludiert sind, kann hierauf überhaupt eine Berufung nach § 529 I Nr. 2 ZPO gestützt werden, wobei in einem zweiten Schritt dann immer noch dargelegt werden muss, dass diese neuen Angriffs- und Verteidigungsmittel eine andere Entscheidung zugunsten des Rechtsmittelführers rechtfertigen.

3. Die Entscheidung des Berufungsgerichts

Ist die Berufung bereits unzulässig, wird sie nach § 522 I S. 2 ZPO verworfen. Ist die Berufung hingegen zwar zulässig, aber unbegründet, wird sie zurückgewiesen. Liegen die Voraussetzungen des § 522 II S. 1 Nr. 1 bis 4 ZPO vor, kann die Zurückweisung auch im Beschlusswege, ohne eine mündliche Verhandlung, erfolgen. Voraussetzung einer Zurückweisung per Beschluss ist, dass die Berufung offensichtlich keine Aussichten auf Erfolg hat (Nr. 1), die Rechtssache keine grundsätzliche Bedeutung hat (Nr. 2), die Fortbildung des Rechts oder die Sicherung einer einheitlichen Rechtsprechung eine Entscheidung des Berufungsgerichts nicht erfordert (Nr. 3) und eine mündliche Verhandlung nicht geboten ist (Nr. 4). Nur wenn alle diese Voraussetzungen kumulativ vorliegen, kann eine Zurückweisung ohne mündliche Ver-

805 BVerfG, Beschl. v. 22.11.2004 – 1 BvR 1935/03.

handlung erfolgen, jedoch hat das Berufungsgericht nach § 522 II S. 2 ZPO die Parteien über die beabsichtigte Zurückweisung zu informieren und eine Frist zur Stellungnahme zu setzen.

Ist die Berufung zulässig und begründet, hat das Berufungsgericht die Sache zunächst nach § 538 I ZPO selbst zu entscheiden. Je nachdem, welche Partei Rechtsmittelführer ist, hebt es die Entscheidung des Gerichts erster Instanz auf und weist die Klage ab oder verurteilt, wie vom Kläger beantragt. Liegt einer der Gründe aus § 538 II S. 1 Nr. 1 bis Nr. 7 ZPO vor und wird dies von einer Partei beantragt, hebt das Berufungsgericht die Entscheidung des Gerichts erster Instanz sowie das Verfahren auf und verweist den Rechtsstreit zurück an das Gericht erster Instanz.

III. Die Revisionsinstanz

1. Zulässigkeit der Revision

Die Revision ist zulässig, wenn sie statthaft ist und form- und fristgerecht eingereicht worden ist. Die Revision in Zivilsachen vor dem Bundesgerichtshof setzt zudem voraus, dass sich die Parteien nach § 78 I S. 3 ZPO durch einen bei dem Bundesgerichtshof zugelassenen Rechtsanwalt vertreten lassen.

a) Statthaftigkeit der Revision

Die Revision ist nach § 542 I ZPO statthaft gegen Endurteile einer Berufungsinstanz. Hiervon ausgenommen sind nach § 542 II S. 1 ZPO Berufungsentscheidungen, welche im Verfahren auf Erlass eines Arrestes oder einer einstweiligen Verfügung ergangen sind.

> ***Praxishinweis:***
>
> *Möchte man also aus strategischen oder grundsätzlichen Erwägungen heraus eine Entscheidung des Bundesgerichtshofes erreichen, muss stets (auch) ein Hauptsacheverfahren eingeleitet werden. Anderenfalls endet das eigene Verfahren auf der Ebene des Landgerichtes oder des Oberlandesgerichtes, je nachdem, welchen Streitwert die Sache hat.*

§ 543 ZPO regelt sodann die Voraussetzungen einer Zulassungsrevision, wobei hier zwei Fälle zu unterscheiden sind. Nach § 543 I Nr. 1 ZPO findet eine Revision immer dann statt, wenn das Berufungsgericht die Revision ausdrücklich in seinem Urteil zugelassen hat. In dieser Konstellation ist das Revisionsgericht nach § 543 II S. 2 ZPO an die Entscheidung des Berufungsgerichts, die Revision zuzulassen, gebunden. Hat das Berufungsgericht die Revision nicht zugelassen und hat die beschwerte Partei hiergegen erfolgreich eine Nichtzulassungsbeschwerde nach § 544 ZPO eingereicht, ist die Revision nach § 543 I Nr. 2 ZPO ebenfalls zuzulassen.

Das Berufungsgericht hat die Revision zuzulassen, wenn einer der beiden Voraussetzungen des § 543 II S. 1 Nr. 1 od. Nr. 2 ZPO vorliegt. Nach § 543 II S. 1 Nr. 1 ZPO ist die Revision zuzulassen, wenn die Rechtssache grundsätzliche Bedeutung hat. Nach der Rechtsprechung des *BGH* hat eine Rechtssache grundsätzliche Bedeutung, wenn sie eine entscheidungserhebliche, klärungsbedürftige und klärungsfähige Rechtsfrage aufwirft, die sich in einer unbestimmten Vielzahl von Fällen stellen kann, oder wenn andere Auswirkungen des Rechtsstreits auf die Allgemeinheit deren Interessen in besonderem Maße berühren und ein Tätigwerden des *BGH* erforderlich machen.[806]

Praxishinweis:

Will man das Berufungsgericht im Falle eines drohenden Prozessverlustes davon überzeugen, dass die Rechtssache grundsätzliche Bedeutung hat, empfiehlt es sich bei dem entsprechenden Vortrag die Maßstäbe des BGH zu berücksichtigen. Dieser verlangt, dass die durch die angefochtene Entscheidung aufgeworfene Rechtsfrage konkret benannt und die Klärungsbedürftigkeit und Bedeutung für eine unbestimmte Vielzahl von Fällen im Einzelnen aufgezeigt wird.[807] Darüber hinaus sollten auch die Auswirkungen des Rechtsstreits auf die Allgemeinheit und das sich daraus ergebende Bedürfnis für ein im Zweifel korrigierendes Eingreifen des BGH dargestellt werden.[808] In Bezug auf die aufgeworfene Rechtsfrage sind insbesondere auch Aus-

806 Statt vieler nur BGH, Beschl. v. 11. 5. 2004 – XI ZB 39/03.
807 BGH, Beschl. v. 11. 5. 2004 – XI ZB 39/03.
808 BGH, Beschl. v. 11. 5. 2004 – XI ZB 39/03.

führungen dazu erforderlich, aus welchen Gründen, in welchem Umfang und von welcher Seite diese umstritten ist.[809]

Die Revision ist nach § 543 II S. 1 Nr. 2 ZPO ebenfalls zuzulassen, wenn die Fortbildung des Rechts oder die Sicherung einer einheitlichen Rechtsprechung eine Entscheidung des Revisionsgerichts erfordert. Dieser Zulassungsgrund ist zum einen gegeben, wenn einem Gericht bei der Anwendung von Rechtsnormen Fehler unterlaufen sind, die die Wiederholung durch dasselbe Gericht oder die Nachahmung durch andere Gerichte erwarten lassen, und wenn dadurch so schwer erträgliche Unterschiede in der Rechtsprechung zu entstehen oder fortzubestehen drohen, dass eine höchstrichterliche Leitentscheidung notwendig ist.[810] Ein Fall des § 543 II S. 1 Nr. 2 ZPO liegt auch dann vor, wenn die angefochtene Entscheidung sich als objektiv willkürlich darstellt oder Verfahrensgrundrechte einer Partei verletzt und die Entscheidung darauf beruht.[811]

b) Fristen im Revisionsverfahren

Die Frist zur Einlegung der Revision beträgt nach § 548 HS. 1 ZPO einen Monat und ist eine Notfrist. Die Frist beginnt nach § 548 HS. 2 ZPO mit der Zustellung des in vollständiger Form abgefassten Berufungsurteils. Auch § 548 HS. 2 ZPO sieht vor, dass die Frist spätestens mit Ablauf von fünf Monaten nach der Verkündung des Urteils beginnt. Die Frist zur Begründung der Revision beträgt nach § 551 II S. 2 ZPO zwei Monate und beginnt nach § 551 II S. 3 ZPO mit der Zustellung des in vollständiger Form abgefassten Urteils, spätestens aber mit Ablauf von fünf Monaten nach der Verkündung. Anders als die Frist zur Einlegung der Revision ist die Frist zur Begründung der Revision keine Notfrist. Sie kann nach § 551 III S. 5 ZPO auf Antrag des Revisionsführers verlängert werden.

Die Frist zur Einlegung einer Nichtzulassungsbeschwerde beträgt nach § 544 III S. 1 ZPO ebenfalls einen Monat und stellt eine Notfrist dar. Wird auf die Nichtzulassungsbeschwerde der Revision stattgegeben, so wird das Beschwerdeverfahren nach § 544 VIII S. 1 ZPO

809 BGH, Beschl. v. 11. 5. 2004 – XI ZB 39/03.
810 BGH, Beschl. v. 11. 5. 2004 – XI ZB 39/03.
811 BGH, Beschl. v. 11. 5. 2004 – XI ZB 39/03.

als Revisionsverfahren fortgesetzt. Das hat nach § 544 VIII S. 2 ZPO zur weiteren Folge, dass nicht erneut eine Revision förmlich eingelegt werden muss, denn die form- und fristgerecht eingelegte Nichtzulassungsbeschwerde gilt dann als Einlegung der Revision. Die Begründung der Revision hat dann nach § 544 VIII S. 3 ZPO innerhalb von zwei Monaten ab Zustellung der Entscheidung über die Nichtzulassungsbeschwerde zu erfolgen.

c) Form und Inhalt

Die Revision wird nach § 549 I S. 1 ZPO durch die Einreichung einer Revisionsschrift beim Bundesgerichtshof eingelegt. Als zwingenden Inhalt sieht § 549 I S. 2 ZPO vor, dass die Revisionsschrift die Bezeichnung des Urteils, gegen das die Revision gerichtet ist, enthält (§ 549 I S. 2 Nr. 1 ZPO). Darüber muss die Revisionsschrift die Erklärung enthalten, dass gegen dieses Urteil die Revision eingelegt wird (§ 549 I S. 2 Nr. 2 ZPO).

Auch die Revisionsbegründung ist nach § 551 II S. 1 ZPO mit einem Schriftsatz beim Revisionsgericht einzureichen. § 551 III ZPO enthält einen Katalog an Angaben, welche die Revisionsbegründung zwingend machen muss. So muss die Revisionsbegründung nach § 551 III S. 1 Nr. 1 ZPO zunächst die Erklärung enthalten, inwieweit das Urteil angefochten und dessen Aufhebung beantragt werde. Sodann sieht § 551 III S. 1 Nr. 2 ZPO vor, dass die Revisionsbegründung die Angabe der Revisionsgründe enthalten muss. Als Revisionsgründe kommen in Betracht Umstände, aus denen sich eine Rechtsverletzung ergibt (§ 551 III S. 1 Nr. 2 a) ZPO) oder konkrete Tatsachen, die auf einen Verfahrensfehler schließen lassen (§ 551 III S. 1 Nr. 2 b) ZPO).

2. Exkurs: Nichtzulassungsbeschwerde

Hat das Berufungsgericht die Revision nicht zugelassen, eröffnet die Nichtzulassungsbeschwerde nach § 544 ZPO die Möglichkeit, das Berufungsurteil dem Revisionsgericht zur Prüfung vorzulegen. Voraussetzung ist allerdings, dass einer der in § 543 II ZPO genannten Gründe vorliegt und sie nach § 544 II ZPO zulässig ist. Nach § 544 II Nr. 1 ZPO ist die Nichtzulassungsbeschwerde nur dann zulässig, wenn der

Wert der mit der Revision geltend gemachten Beschwerde 20.000,00 EUR übersteigt. Alternativ ist die Nichtzulassungsbeschwerde nach § 544 II Nr. 2 ZPO unabhängig vom Beschwerdewert zulässig, wenn das Berufungsgericht die Berufung bereits als unzulässig verworfen hat. Sie muss nach § 544 III S. 1 ZPO innerhalb einer Notfrist eingereicht worden sein.

Die Revision ist nach § 543 II Nr. 1 ZPO zuzulassen, wenn die Rechtssache grundsätzliche Bedeutung hat oder nach § 543 II Nr. 2 ZPO die Fortbildung des Rechts oder die Sicherung einer einheitlichen Rechtsprechung eine Entscheidung des Revisionsgerichts erfordert.

Die Einlegung der Nichtzulassungsbeschwerde führt nach § 544 VII S. 1 ZPO zur Hemmung der Rechtskraft des Berufungsurteils.[812] Mit Ablehnung der Beschwerde durch das Revisionsgericht wird das Urteil hingegen nach § 544 VII S. 3 ZPO unmittelbar rechtskräftig. Die Entscheidung über die Zurückweisung der Nichtzulassungsbeschwerde ist somit unanfechtbar.[813]

3. Begründetheit der Revision

Die Antwort auf die Frage, wann eine Revision begründet ist, gibt § 545 I ZPO vor.[814] Danach kann die Revision nur darauf gestützt werden, dass die Entscheidung auf einer Verletzung des Rechts beruht. Das bedeutet im Umkehrschluss, dass die Revision begründet ist und Erfolg haben wird, wenn der Revisionsführer darlegen kann, dass die Berufungsentscheidung entweder auf einem Verstoß gegen eine Verfahrensvorschrift oder auf der fehlerhaften Anwendung des materiellen Rechts beruht. Dabei kann die Revision nicht nur darauf gestützt werden, dass das Berufungsgericht nationales Recht verletzt hat, sondern auch darauf, dass Bestimmungen des europäischen Unionsrecht verletzt worden sind.[815] Das gilt sodann auch für die Vorschriften der DSGVO. Hat das Revisionsgericht allerdings Zweifel hinsichtlich der Auslegung einer Vorschrift aus der DSGVO, muss es nach Art. 267

---

812 *Schellhammer*, Zivilprozess, 16. Aufl. 2020, Kap. 15, S. 541, Rn. 1073.
813 *Schellhammer*, Zivilprozess, 16. Aufl. 2020, Kap. 15, S. 541, Rn. 1073.
814 *Ball* in Musielak/Voit, ZPO, 17. Aufl. 2020, § 545 Rn. 1.
815 *Ball* in Musielak/Voit, ZPO, 17. Aufl. 2020, § 545 Rn. 5; *Krüger* in MüKo ZPO, 6. Aufl. 2020, § 545 Rn. 7.

III AEUV die Rechtsfrage dem EuGH zur verbindlichen Auslegung vorlegen.

Eine Rechtsverletzung liegt nach der Legaldefinition in § 546 ZPO dann vor, wenn eine Rechtsnorm nicht oder nicht richtig angewendet worden ist. Hieraus ergibt sich, dass das Revisionsgericht die Entscheidung des Berufungsgerichts nur auf Rechtsfehler überprüft.[816] Neues tatsächliches Vorbringen einer oder beider Parteien hat das Revisionsgericht nach § 559 I S. 1 ZPO im Grundsatz unberücksichtigt zu lassen. Die in Betracht kommenden Rechtsverletzungen des Berufungsgerichts sind vielfältig und können darin liegen, dass die Entscheidung auf eine Vorschrift gestützt wird, die auf den zu entscheidenden Sachverhalt nicht anzuwenden war.[817] Ein weiterer Fehler kann darin liegen, die zwar zutreffende Vorschrift angewendet, diese aber falsch ausgelegt zu haben.[818]

Hierneben sieht die ZPO in § 547 Nr. 1 bis 6 ZPO einen Katalog von insgesamt sechs absoluten Revisionsgründen vor, bei deren Vorliegen stets eine Rechtsverletzung anzunehmen ist.

4. Entscheidung des Revisionsgerichts

Das Revisionsgericht weist die Revision nach § 561 ZPO zurück, wenn sich zwar bei der Überprüfung des Berufungsurteils ergibt, dass dieses zwar eine Rechtsverletzung enthält, die getroffene Entscheidung sich aber aus anderen Gründen als richtig erweist. Ist das Berufungsurteil also in der Sache zurecht ergangen, hindert eine bei der Urteilsfindung begangene Rechtsverletzung nicht.

Stellt das Revisionsgericht jedoch fest, dass das Berufungsurteil aufgrund der Rechtsverletzung zu Unrecht ergangen ist, hebt es das Urteil nach § 562 I ZPO auf. Im Falle der Aufhebung des Urteils ist die Sache nach § 563 I S. 1 ZPO zur neuen Verhandlung und Entscheidung

816 *Ball* in Musielak/Voit, ZPO, 17. Aufl. 2020, § 546, Rn. 2; *Krüger* in MüKo ZPO, 6. Aufl. 2020, § 546 Rn. 1.

817 *Müller* in Auer-Reinsdorff/Conrad, Handbuch IT- und Datenschutzrecht, 3. Aufl. 2019, § 45, S. 2835, Rn. 205.

818 *Müller* in Auer-Reinsdorff/Conrad, Handbuch IT- und Datenschutzrecht, 3. Aufl. 2019, § 45, S. 2835, Rn. 205.

an das Berufungsgericht zurückzuverweisen. Nach § 563 III ZPO hat das Revisionsgericht die Sache selbst zu entscheiden, wenn die Aufhebung des Urteils nur wegen einer Rechtsverletzung bei der Anwendung des Gesetzes auf das festgestellte Sachverhältnis erfolgt und die Sache entscheidungsreif ist.

III. Die Vorlage zum EuGH

Bei der DSGVO handelt es sich um einen europäischen Rechtsakt. Die letztverbindliche Auslegung solcher europäischer Rechtsakte obliegt nicht den nationalen Gerichten, sondern dem EuGH.[819] Im Grundsatz obliegt es zwar in einem ersten Schritt den nationalen Gerichten, Gemeinschaftsrecht auszulegen und anzuwenden.[820] Das in Art. 267 AEUV geregelte Vorabentscheidungsverfahren ermöglicht jedoch eine inzidente Klärung entscheidungserheblicher europarechtlicher Fragen,[821] um der Gefahr einer divergierenden oder widersprüchlichen Auslegung durch die nationalen Gerichte entgegenzuwirken.[822] Das Vorabentscheidungsverfahren dient letztlich dazu, in einem anhängigen Rechtsstreit, eine unklare oder zweifelhafte Auslegung von Unionsrecht durch eine Vorlage an den EuGH verbindlich klären zu lassen.[823] Dabei ist zu unterscheiden, ob ein letztinstanzliches nationales Gericht Zweifel hinsichtlich der Auslegung einer europarechtlichen Norm hat oder ein Gericht, dessen Urteil noch mit einem Rechtsmittel angegriffen werden kann. Während das letztinstanzliche Gericht nach Art. 267 III AEUV zu einer Vorlage an den EuGH verpflichtet ist,[824] steht dies den anderen Gerichten nach Art. 267 II AEUV frei.[825] Legt im Fall des Art. 267 II AEUV das Instanzgericht eine Rechtsfrage nicht dem EuGH vor, kann sich dies allerdings auf die Rechtsmittelin-

819 *Schulte-Beckhausen* in Gloy/Loschelder/Danckwerts, Wettbewerbsrecht, 5. Aufl. 2019, § 7 Rn. 18.

820 *Milbrandt* in Hasselblatt MAH Gewerblicher Rechtsschutz, 5. Aufl. 2017, § 11 Rn. 22.

821 *Mächtle*, JuS 2015, 314, 314.

822 *Milbrandt* in Hasselblatt MAH Gewerblicher Rechtsschutz, 5. Aufl. 2017, § 11 Rn. 22; *Calliess*, NJW 2013, 1905, 1905.

823 *Mächtle*, JuS 2015, 314, 314.

824 *Calliess*, NJW 2013, 1905, 1906.

825 *Latzel/Streinz*, NJOZ 2013, 97, 97.

stanz auswirken.[826] Das Berufungsgericht ist nahezu gezwungen, ein eingelegtes Rechtsmittel anzunehmen, wenn eine ungeklärte unionsrechtliche Frage im Raum steht und bei Nichtannahme des Rechtsmittels das Instanzgericht nachträglich zum letztinstanzlichen Gericht wurde, ohne dass eine Vorlage der ungeklärten Rechtsfragen an den EuGH erfolgt ist.[827] Das *Bundesverfassungsgericht* hat zudem in einem datenschutzrechtlichen Verfahren entschieden, dass ein Amtsgericht das Recht des Beschwerdeführers auf seinen gesetzlichen Richter nach Art. 101 I S. 2 GG verletzt, wenn es durch eine teilweise Klageabweisung nicht zur Erreichung der Berufungssumme kommt und das Gericht die Berufung nicht zugelassen hat, wodurch es letztinstanzlich tätig geworden ist, ohne die streitentscheidende Frage nach Art. 267 III AEUV dem EuGH vorzulegen.[828]

In beiden Fällen von Art. 267 II u. III AEUV ist allerdings stets nur das befasste Gericht vorlageberechtigt. Die betroffenen Parteien können ihren Rechtstreit nicht nach eigenem Ermessen zum EuGH bringen. Allerdings können die Parteien durch entsprechende Anträge und entsprechenden Vortrag bei den Gerichten anregen, bestimmte Fragen, die den anhängigen Rechtsstreit betreffen, dem EuGH zur verbindlichen Klärung vorzulegen.[829] Gegen eine übergangene Anregung zur Vorlage an den EuGH kann eine Anhörungsrüge erhoben werden.[830] Ist das Gericht nach Art. 267 III AEUV zur Vorlage verpflichtet und legt es entscheidungserhebliche Fragen nicht zur Beantwortung dem EuGH vor, kann dies einen Verstoß gegen das Recht auf den gesetzlichen Richter nach Art. 101 I S. 2 GG darstellen und mit der Verfassungsbeschwerde gerügt werden.[831]

---

826 *Latzel/Streinz*, NJOZ 2013, 97, 98.

827 *Latzel/Streinz*, NJOZ 2013, 97, 99; *Calliess*, NJW 2013, 1905, 1906.

828 BVerfG, Beschl. v. 14.1.2021 – 1 BvR 2853/19.

829 *Mächtle*, JuS 2015, 314, 315; *Milbrandt* in Hasselblatt MAH Gewerblicher Rechtsschutz, 5. Aufl. 2017, § 11 Rn. 23.

830 *Mächtle*, JuS 2015, 314, 316.

831 *Mächtle*, JuS 2015, 314, 316; *Milbrandt* in Hasselblatt MAH Gewerblicher Rechtsschutz, 5. Aufl. 2017, § 11 Rn. 24; *Kühling/Drechsler*, NJW 2017, 2950, 2951; *Calliess*, NJW 2013, 1905, 1905; *Latzel/Streinz*, NJOZ 2013, 97, 99, die allerdings die Erfolgsaussichten einer solchen Verfassungsbeschwerde als gering einstufen.

Es gibt jedoch Ausnahmen, in denen eine Pflicht zur Vorlage nicht besteht:[832]

- die Rechtsfrage wurde bereits vorgelegt und entschieden;
- es gibt bereits eine gesicherte Rechtsprechung, welche auch die betreffende Rechtsfrage umfasst, selbst wenn diese nicht identisch zur gesicherten Rechtsprechung ist;
- die richtige Anwendung des europäischen Rechts ist offenkundig.

Hat ein Gericht eine entscheidungserhebliche Frage dem EuGH zur Beantwortung vorgelegt, wird das Verfahren vor dem nationalen Gericht bis zu einer Entscheidung durch den EuGH ausgesetzt. Die Parteien können dann im Verlauf des Verfahrens zu den vorgelegten Fragen Stellungnahmen einbringen, um die Entscheidung des EuGH in die eigene Richtung zu beeinflussen. Der EuGH kann eine mündliche Verhandlung anberaumen oder die Sache allein auf der Grundlage der Vorlagefragen, der Stellungnahmen der Parteien sowie der Schlussanträge des Generalanwalts ohne eine mündliche Verhandlung entscheiden. Im Rahmen seines Urteils trifft der EuGH eine verbindliche Auslegung hinsichtlich der vorgelegten Fragen, welche vom vorlegenden nationalen Gericht bei seiner Entscheidung zu berücksichtigen ist.

Praxishinweis:

Die bislang zu beobachtende Rechtsprechung zu Ansprüchen nach der DSGVO zeigt, dass viele Rechtsfragen noch ungeklärt sind und die nationalen Instanzgerichte zum Teil gegensätzlich beantworten. Das betrifft Fragen wie die Auslegung des Rechts auf Erhalt einer Kopie nach Art. 15 III DSGVO oder nach dem Vorliegen einer Bagatellgrenze im Rahmen eines Anspruches auf Schadensersatz nach Art. 82 I DSGVO. Aufgrund dieser divergierenden Rechtsprechung sollte man stets und unabhängig von der eigenen Parteirolle überlegen, anzuregen, die offene Rechtsfrage dem EuGH zur Vorabentscheidung vorzulegen.

832 *Calliess*, NJW 2013, 1905, 1906.

D. Der zivilprozessuale Eilrechtsschutz

I. Einleitung

Ein zivilrechtliches Hauptsacheverfahren kann sich aus unterschiedlichen Gründen oftmals in die Länge ziehen und sich bis zu einer ersten, zumindest vorläufig vollstreckbaren, Entscheidung über Monate hinauszögern. Bis zu einer vorläufig vollstreckbaren Entscheidung kann der Beklagte den rechtswidrigen Zustand aufrechterhalten und das beanstandete Verhalten fortsetzen. Für den Kläger ist ein solcher Zustand oftmals unzumutbar, insbesondere wenn es um die unrechtmäßige Verarbeitung von sensiblen personenbezogenen Daten geht. Vor diesem Hintergrund bietet der zivilprozessuale Eilrechtsschutz einer betroffenen Person die Möglichkeit, bis zu einer Entscheidung in der Hauptsache, eine vorläufige, dafür aber schnelle gerichtliche Entscheidung zu erlangen, um dem Verantwortlichen bis zu einer Entscheidung über die Hauptsache ein bestimmtes Verhalten untersagen lassen zu können.[833]

Um das Hauptsacheverfahren jedoch nicht obsolet werden zu lassen, ist die Erlangung von Eilrechtsschutz nur in Ausnahmefällen statthaft, und zwar insbesondere nur dann, wenn hierdurch nicht eine endgültige Regelung geschaffen wird, die die Hauptsache vorwegnimmt.[834] So ist die Durchsetzung eines auf Zahlung gerichteten Schadensersatzanspruches im Wege des zivilprozessualen Eilrechtsschutzes nicht zulässig. Auch die Erteilung einer Auskunft nach Art. 15 DSGVO führt zu einer endgültigen Regelung, sodass die Durchsetzung des hierauf gerichteten Anspruches nicht im Wege des zivilprozessualen Eilrechtsschutzes zulässig ist.

Für die Praxis ist die Durchsetzung eines Unterlassungsanspruches im Wege des zivilprozessualen Eilrechtsschutzes die mit Abstand am häufigsten vorkommende Fallgruppe. Hierdurch soll dem Beklagten vorläufig untersagt werden, ein bestimmtes Verhalten fortzusetzen, bis über die Rechtmäßigkeit oder Rechtswidrigkeit dieses Verhaltens end-

833 *Hellfeld*, Verfahrensrecht im gewerblichen Rechtsschutz,1. Aufl. 2016, S. 51, Rn. 215.

834 *Lutz Haertlein* in Kindl/Meller-Hannich, Gesamtes Recht der Zwangsvollstreckung, 4. Aufl. 2021, ZPO, § 935 Rn. 33.

gültig entschieden wurde. Seit der Geltung der DSGVO ist allerdings strittig, ob Verstöße gegen die DSGVO oder andere datenschutzrechtliche Bestimmungen der betroffenen Person einen Anspruch auf Unterlassung gegen den Verantwortlichen geben.[835] Diese Frage muss der EuGH verbindlich klären. Bis dahin ist derzeit zu beobachten, dass im Vergleich zu gerichtlichen Entscheidungen über einen Anspruch auf Ersatz von (immateriellen) Schäden nach Art. 82 DSGVO oder auf Auskunft nach Art. 15 DSGVO, Entscheidungen über einen Unterlassungsanspruch noch sehr selten erstritten werden. Die praktische Bedeutung des Unterlassungsanspruches wird sich daher erst dann auch im Datenschutzrecht durchsetzen, wenn das Bestehen eines solchen Anspruches neben dem Anspruchssystem der DSGVO vom EuGH verbindlich klargestellt wurde. Vor diesem Hintergrund beschränken sich die nachfolgenden Ausführungen zum zivilprozessualen Eilrechtsschutz darauf, einen ersten Überblick über die wichtigsten Aspekte zu verschaffen, durch welche sich der zivilprozessuale Eilrechtsschutz vom normalen Hauptsacheverfahren unterscheidet.

II. Zulässigkeit

Viele Fragen zur Zulässigkeit eines Antrages auf Erlass einer einstweiligen Verfügung decken sich mit denen zum Hauptsacheverfahren, sodass auf die entsprechenden Ausführungen an dieser Stelle verwiesen werden kann.[836]

1. Vorliegen eines Verfügungsgrundes

Der Erlass einer einstweiligen Verfügung setzt zusätzlich allerdings voraus, dass der Antragsteller glaubhaft macht, dass die Untersagung des beanstandeten Verhaltens für ihn besonders dringlich ist, er also über einen sog. Verfügungsgrund verfügt. Ein Verfügungsgrund liegt vor, wenn der Antragsteller eine Entscheidung im Hauptsacheverfahren nicht abwarten kann, ohne dass die Verwirklichung seines Rechtes vereitelt oder wesentlich erschwert würde oder sonst wesentliche

835 Hierzu ausführlich bereits unter Kap. 1, B.VI.
836 Siehe die Ausführungen unter Kap. 2, C.I.2.

Nachteile drohten.[837] Nach den allgemeinen zivilprozessualen Regeln muss der Antragsteller die Umstände, die das Vorliegen eines Verfügungsgrundes belegen, darlegen und glaubhaft machen.[838]

Praxishinweis:

Sowohl im Recht des unlauteren Wettbewerbs[839] als auch mittlerweile im Markenrecht[840] wird das Vorliegen eines Verfügungsgrundes zugunsten des Antragstellers vermutet. Durch diese Vermutung braucht der Antragsteller zunächst nicht zum Vorliegen eines Verfügungsgrundes vortragen. Diese Vermutung ist allerdings widerleglich, sodass der Antragsgegner Umstände darlegen und glaubhaft machen kann, aus denen sich ergibt, dass der Verfügungsgrund nicht (mehr) besteht, beispielsweise weil der Antragsteller bereits seit längerer Zeit Kenntnis von dem beanstandeten Verhalten hatte, ohne hiergegen entsprechend vorzugehen. Teilweise wird gefordert, dass die Vermutungsregelung aus § 12 II UWG in anderen Rechtsgebieten analog anzuwenden sei. Dieser Ansicht ist jedoch nicht zu folgen, da die Voraussetzungen für eine analoge Anwendung der Vorschrift nicht vorliegen. So handelt es sich bei § 12 II UWG um eine Ausnahme von der Regel, dass derjenige, der einen Antrag auf Erlass einer einstweiligen Verfügung stellt, auch alle hierfür erforderlichen Umstände darlegt und glaubhaft macht. Bereits der Charakter von § 12 II UWG als Ausnahmevorschrift verbietet es, diesen auf andere Bereiche außerhalb des Rechtes des unlauteren Wettbewerbs anzuwenden. So hat das OLG Frankfurt am Main[841] ausdrücklich festgestellt, dass die Dringlichkeitsvermutung aus § 12 II UWG nicht auf den allgemeineren, deliktischen Unterlassungsanspruch aus §§ 823, 1004 BGB analog anzuwenden ist.

---

837 *Lutz Haertlein* in Kindl/Meller-Hannich, Gesamtes Recht der Zwangsvollstreckung, 4. Aufl. 2021, ZPO, § 935 Rn. 19; *Mayer* in Vorwerk/Wolf, BeckOK ZPO, 39. Edition 2020, § 935 Rn. 11.

838 *Drescher* in MüKo ZPO, 6. Aufl. 2020, § 935 Rn. 24.

839 Dort § 12 II UWG.

840 Dort § 140 III MarkenG.

841 OLG Frankfurt am Main, Urt. v. 4.9.2020 – 10 U 18/20.

Dem Antragsteller ist also zu raten, substantiiert zum Vorliegen eines Verfügungsgrundes vorzutragen und korrespondierend hierzu entsprechende Glaubhaftmachungsmittel anzubieten. Liegt das beanstandete Verhalten beispielsweise darin, dass der Verantwortliche personenbezogene Daten der betroffenen Person ungesichert im Internet für jedermann zugänglich macht, dürfte der Vortrag zum Verfügungsgrund vergleichsweise leicht fallen, denn mit jedem Tag, an dem diese personenbezogenen Daten öffentlich zugänglich sind, erhöht sich die Gefahr, dass Dritte hierauf unberechtigt zugreifen und diese personenbezogenen Daten missbräuchlich verwenden.

Der Verfügungsgrund muss nicht nur bei Antragstellung vorliegen, er muss auch bis zur Entscheidung des Gerichts und auch noch darüber hinaus vorliegen.[842] Das führt dazu, dass der Antragsteller bis zum Schluss sein gesamtes prozessuales Verhalten danach ausrichten muss, dass das dauerhafte Vorliegen des Verfügungsgrundes nicht gefährdet wird, er darf sich also nicht „dringlichkeitsschädlich" verhalten.[843] Dringlichkeitsschädlich ist dabei vor allem ein zu langes Zuwarten mit der gerichtlichen Durchsetzung seit Kenntnis von dem beanstandeten Verhalten.[844] Die Rechtsprechung zwingt den Antragsteller gleichwohl nicht dazu, unmittelbar nach Kenntniserlangung eines (vermeintlichen) Verstoßes diesen auch gerichtlich durchzusetzen. Vielmehr billigt sie dem Antragsteller einen gewissen Zeitraum ein, das beanstandete Verhalten in tatsächlicher und rechtlicher Sicht zu bewerten und zu versuchen, eine außergerichtliche Lösung herbeizuführen. Mangels gesetzlicher Festlegung eines solchen Zeitraumes haben sich in der Rechtsprechung unterschiedlich lange Zeiträume entwickelt. So gehen beispielsweise das *OLG München*[845] und auch das *OLG Hamm*[846] von einer festen Monatsfrist aus. Weniger streng haben in der Vergangenheit andere Oberlandesgerichte entschieden, die eine Frist von einem Monat lediglich als Regelwert verstehen, von dem im begründeten Einzelfall zugunsten des Antragstellers abgewi-

842 *Greiner*, GRUR-Prax 2017, 477, 477; OLG Köln, Urt. v. 7.4.2017 – 6 U 135/16.
843 *Greiner*, GRUR-Prax 2017, 477, 477; OLG Köln, Urt. v. 7.4.2017 – 6 U 135/16.
844 *Mayer* in Vorwerk/Wolf, BeckOK ZPO, 39. Edition 2020, § 935 Rn. 20.
845 OLG München, Urteil vom 21.4.2011 – 6 U 4127/10.
846 OLG Hamm, Beschluss vom 9.9.2010 – 4 W 97/10.

chen werden kann.[847] Wieder andere Oberlandesgerichte gehen von einem längeren Zeitraum als einem Monat aus.[848] Das *OLG Hamburg* wiederum differenziert nach dem jeweiligen Einzelfall, ohne sich auf eine starre Dringlichkeitsfrist festzulegen.[849]

Praxishinweis:

Wer als betroffene Person in Erwägung zieht, einen Antrag auf Erlass einer einstweiligen Verfügung zu stellen, sollte sich vor der Antragstellung mit den Dringlichkeitsfristen des für seinen Antrag zuständigen Gerichts vertraut machen. Stellt man beim OLG München beispielsweise einen Antrag nach Ablauf von sechs Wochen, so wird dieser Antrag aller Voraussicht nach auch dann mangels Dringlichkeit zurückgewiesen, wenn man umfangreich die Rechtsprechung des OLG Hamburgs zitiert. Andersherum ist es selbstverständlich unschädlich, wenn man im Bezirk des OLG Köln innerhalb eines Monats seit Kenntnis des Verstoßes einen Antrag auf Erlass einer einstweiligen Verfügung stellt, die dort geltenden Dringlichkeitsfristen also nicht vollständig ausschöpft.

Unabhängig von der Dauer der Dringlichkeitsfrist, beginnt diese stets mit Kenntnis der Umstände, die eine Rechtsverletzung begründen.[850] Maßgeblich ist dabei zunächst die eigene Kenntnis von dem Datenschutzverstoß und nicht die Kenntnis irgendeines Dritten. Darüber hinaus muss die betroffene Person positive Kenntnis oder zumindest grob fahrlässige Unkenntnis von dem Datenschutzverstoß haben.[851] Grob fahrlässige Unkenntnis liegt allerdings nur dann vor, wenn sich

847 OLG Nürnberg, Beschluss vom 13.11.2018 – 3 W 2064/18; OLG Celle, Beschluss vom 20.1.2014 – 13 W 100/13; OLG Koblenz, Urteil vom 23.2.2011 – 9 W 698/10; OLG Karlsruhe, Urteil vom 25.4.2007 – 6 U 43/07; OLG Köln, Urteil vom 25.7.2014 – 6 U 197/13.

848 OLG Frankfurt, Beschl. v. 11.6.2013 – 6 W 61/13 (ca. sechs Wochen); Kammergericht, Urt. v. 2.6.2017 – 5 U 196/16 (bis zu zwei Monate); OLG Düsseldorf, Urt. v. 4.12.2014 – I-2 U 30/14 (bis zu zwei Monate); OLG Stuttgart, Urt. v. 23.9.2015 – 4 U 101/15 (bis zu acht Wochen).

849 OLG Hamburg, Beschl. v. 10.11.2014 – 5 U 159/13; OLG Hamburg, Urt. v. 15.8.2007 – 5 U 173/06; OLG Hamburg, Urt. v. 16.4.2020 – 15 U 124/19.

850 *Retzer* in Harte-Bavendamm/Henning-Bodewig, UWG, 4. Aufl. 2016, § 12 Rn. 308.

851 OLG Frankfurt, Urt. v. 28.4.2016 – 6 U 214/15.

der Anspruchsinhaber bewusst der Kenntnis verschließt.[852] Ist eine betroffene Person nach Art. 34 I DSGVO über einen Datenschutzverstoß mit einem hohem Risiko für die persönlichen Rechte und Freiheiten informiert worden, kann dies als Zeitpunkt für die positive Kenntnis herangezogen werden, wenn die Zustellung der Benachrichtigung im Streitfall nachgewiesen bzw. glaubhaft gemacht werden kann.

Praxishinweis:

Aus Sicht des Verantwortlichen ist es vor diesem Hintergrund ratsam, die Benachrichtigung in einer Weise vorzunehmen, die den Nachweis des Zugangs ermöglicht. Das gilt zum einen dafür, dass einem der Nachweis gelingt, dass man seiner Pflicht zur Benachrichtigung überhaupt nachgekommen ist. Zum anderen aber auch dafür, dass einem der Nachweis gelingt, wann diese Benachrichtigung erfolgt ist. Kann glaubhaft gemacht werden, dass der betroffenen Person die Benachrichtigung zu einem bestimmten Zeitpunkt zugestellt wurde und liegt der Zeitpunkt der Stellung eines Antrages auf Erlass einer einstweiligen Verfügung nach Ablauf der relevanten Dringlichkeitsfrist, kann sich der Verantwortliche zum Zwecke der Verteidigung gegen den Erlass einer einstweiligen Verfügung auf das fehlende Vorliegen eines Verfügungsgrundes berufen.

2. Keine Vorwegnahme der Hauptsache

Das Gesetz sieht in §§ 935, 940 ZPO als Gegenstand einer einstweiligen Verfügung zum einen die Sicherungs- und zum anderen die Regelungsverfügung vor. Mit der einstweiligen Verfügung soll lediglich die spätere Durchsetzung eines Anspruches gesichert werden.[853] Vor diesem Hintergrund ist der erlangte Rechtsschutz auch nur einstweilen und nicht endgültig und führt zum Verbot der Vorwegnahme der Hauptsache. Dieses Verbot beinhaltet zunächst die Feststellung, dass eine Entscheidung im zivilprozessualen Eilrechtsschutz eine Entschei-

852 LG Jena, Urt. v. 13.4.2016 – 2 U 33/16; OLG Frankfurt, Beschl. v. 17.2.2010 – 6 U 270/10; OLG Hamburg, Beschl. v. 12.2.2007 – 5 U 189/06; OLG Hamm, Urt. v. 8.3.2012 – I-4 U 174/11.

853 *Mayer* in Vorwerk/Wolf, BeckOK ZPO 39. Edition 2020, § 916 Rn. 11.

dung im Hauptsacheverfahren nicht ersetzen darf.[854] Zum anderen dürfen grundsätzlich keine irreversiblen Maßnahmen angeordnet werden.[855] Soweit gesetzlich nicht ausdrücklich etwas anderes geregelt ist,[856] kann ein Auskunftsanspruch (z.B. aus Art. 15 DSGVO) nicht Gegenstand einer einstweiligen Verfügung sein, weil dieser nicht ohne Vorwegnahme der Hauptsache vollstreckt werden kann.[857] Ein Anspruch auf Löschung (z.B. aus Art. 17 DSGVO) kann ebenfalls nicht im Wege einer einstweiligen Verfügung durchgesetzt werden, da hierdurch ein endgültiger Zustand herbeigeführt werden würde. Das Gleiche gilt auch für einen Anspruch auf Berichtigung nach Art. 16 DSGVO, denn auch hier würde der Antragsteller mit Vornahme der Berichtigung endgültig befriedigt werden.

In der Praxis hat sich als Hauptgegenstand der einstweiligen Verfügung die Durchsetzung von Unterlassungsansprüchen etabliert, auch wenn hierdurch für die Dauer des Bestandes der einstweiligen Verfügung eine Erfüllung des Anspruches verbunden ist.

Praxishinweis:

Macht also eine betroffene Person – aus welchen Gründen auch immer – Ansprüche, die keine Unterlassungsansprüche sind, im Wege des zivilprozessualen Eilrechtsschutz geltend, ohne darzulegen, dass und warum dies ausnahmsweise zulässig ist, so sollte dem Antrag der Einwand der unzulässigen Vorwegnahme der Hauptsache entgegengehalten werden. Dies sollte auch dann in Erwägung gezogen werden, wenn ein vermeintlicher Unterlassungsanspruch geltend gemacht wird, der sich bei näherer Betrachtung allerdings als ein Anspruch auf die Vornahme einer bestimmten Handlung darstellt.

---

854 *Lutz Haertlein* in Kindl/Meller-Hannich, Gesamtes Recht der Zwangsvollstreckung, 4. Aufl. 2021, ZPO, § 935 Rn. 33.

855 *Mayer* in Vorwerk/Wolf BeckOK ZPO, 39. Edition 2020, § 916 Rn. 11.

856 Vgl. § 101 VII UrhG, § 19 VII MarkenG, § 46 VII DesignG, § 140b VII PatG, § 24b VII GebrMG.

857 OLG Köln, Beschl. v. 12.6.2003 – 6 W 35/03; *Spätgens/Danckwerts* in Gloy/Loschelder/Danckwerts, Wettbewerbsrecht, 5. Aufl. 2019, § 100 Rn. 64.

III. Begründetheit

Der Antrag auf Erlass einer einstweiligen Verfügung hat Aussicht auf Erfolg, wenn der Antragsteller einen Verfügungsanspruch glaubhaft machen kann. Bei dem Verfügungsanspruch handelt es sich um den materiell-rechtlichen Anspruch der betroffenen Person. Insoweit unterscheidet sich das Verfahren auf Erlass einer einstweiligen Verfügung nicht von einem Hauptsacheverfahren. Anders als im Hauptsacheverfahren muss der Antragsteller das Vorliegen sämtlicher Umstände, die seinen Anspruch begründen, jedoch nicht im Wege eines Vollbeweises nachweisen. Für den Erlass einer einstweiligen Verfügung reicht es vielmehr aus, wenn der Antragsteller die anspruchsbegründenden Tatsachen hinreichend glaubhaft macht.[858]

Im zivilprozessualen Eilrechtsschutz ist folglich kein Vollbeweis erforderlich, vielmehr genügt es, wenn das Gericht mit überwiegender Wahrscheinlichkeit vom Bestehen eines Anspruches überzeugt ist.[859] Im Verfahren auf Erlass einer einstweiligen Verfügung können mit Einschränkungen und Ergänzungen nach § 294 I ZPO die Beweismittel als Glaubhaftmachungsmittel angeboten werden, die auch im Hauptsacheverfahren als zulässige Beweismittel gelten. Während im Hauptsacheverfahren für bestimmte Tatsachen ein Zeuge benannt werden kann, der sodann vom Gericht geladen und im Rahmen einer mündlichen Verhandlung angehört werden kann, tritt an diese Stelle in der Praxis des zivilprozessualen Eilrechtsschutzes regelmäßig die Vorlage einer eidesstattlichen Versicherung. Mit dieser gibt eine Person zu bestimmten tatsächlichen Umständen eine schriftliche Erklärung ab und versichert dies an Eides statt.[860] Hierdurch erlangt die eidesstattliche Versicherung einen höheren Glaubhaftmachungswert als eine bloße schriftliche Erklärung. Gleichwohl bedeutet dies im Umkehrschluss nicht, dass schriftliche Erklärungen, ohne dass diese an Eides statt versichert wurden, keinen Glaubhaftmachungswert haben. Eine in sich schlüssige einfache Erklärung kann im Einzelfall sogar einen höheren Wert haben als eine in sich widersprüchliche oder gar

---

858 *Drescher* in MüKo ZPO, 6. Aufl. 2020, § 935 Rn. 13.
859 *Drescher* in MüKo ZPO, 6. Aufl. 2020, § 935 Rn. 13; *Bacher* in Vorwerk/Wolf, BeckOK ZPO, 39. Edition 2020, Einl. zu § 294.
860 *Bacher* in Vorwerk/Wolf, BeckOK ZPO, 39. Edition 2020, § 294 Rn. 8.

vom Rechtsanwalt für einen Dritten vorformulierte Erklärung, welche an Eides statt versichert wurde.

Bei der Glaubhaftmachung können die Parteien nach § 294 II ZPO nur auf präsente Glaubhaftmachungsmittel zurückgreifen. Trägt der Antragsteller also zu bestimmten Umständen vor und bietet sodann die Einholung eines gerichtlich angeordneten Sachverständigengutachtens an, so ist diese Glaubhaftmachung nach § 294 II ZPO unstatthaft. Vielmehr müsste der Antragsteller in einem etwaigen Termin zur mündlichen Verhandlung einen entsprechenden Sachverständigen mitbringen und als präsenten Sachverständigen vernehmen lassen.[861] Das Gleiche gilt auch für Zeugen, die nicht bereits mittels eidesstattlicher Versicherung als Glaubhaftmachungsmittel in das Verfahren eingeführt wurden. Auch diese müssen als präsente Zeugen zu einer mündlichen Verhandlung mitgebracht werden.[862]

> ***Praxishinweis:***
>
> *Als Antragsteller ist man in der Regel bestrebt, eine Entscheidung ohne mündliche Verhandlung im Beschlusswege zu erreichen. Vor diesem Hintergrund ist es ratsam, den eigenen Vortrag bereits mit solchen Glaubhaftmachungsmitteln glaubhaft zu machen, die dem Antrag beigefügt werden können. Bietet man in seiner Antragsschrift für eine bestimmte Behauptung einen präsenten Zeugen an, den man im Termin zur mündlichen Verhandlung vernehmen lassen könne, so zwingt man das angerufene Gericht geradezu, einen Termin zur mündlichen Verhandlung anzuberaumen, wenn die in Rede stehende Behauptung erheblich ist und vom Antragsgegner bestritten wurde.*

861 *Huber* in Musilak/Voit, 17. Aufl. 2020, ZPO, § 294 Rn. 5.
862 *Huber* in Musilak/Voit, 17. Aufl. 2020, ZPO, § 294 Rn. 5.

IV. Das Verfahren vor Erlass einer einstweiligen Verfügung

1. Die Entscheidung mit oder ohne vorherige mündliche Verhandlung

Hat der Antragsteller seinen Antrag auf Erlass einer einstweiligen Verfügung bei Gericht eingereicht, bestehen im Grundsatz zwei Möglichkeiten, wie das Gericht entscheiden kann. Das Gericht kann über den Antrag ohne mündliche Verhandlung im Beschlusswege entscheiden oder es kann eine mündliche Verhandlung anberaumen und nach Schluss der mündlichen Verhandlung mit Urteil über den Antrag entscheiden. In beiden Varianten kann das Gericht den Antrag entweder zurückweisen oder dem Antrag stattgeben und den Antragsgegner, wie beantragt, zum Unterlassen eines bestimmten Verhaltens verurteilen.

Eine Entscheidung durch Beschluss und ohne mündliche Verhandlung kann nach § 937 II ZPO erfolgen, wenn das angerufene Gericht den Antrag als unzulässig und/oder als unbegründet zurückweisen will. In diesem Fall ist der Beschluss zu begründen. Nach § 329 II S. 2 ZPO ist die Entscheidung dem Antragsteller zuzustellen, nach § 922 III, 936 ZPO nicht jedoch dem Antragsgegner, der hiervon im Zweifel nie erfährt. Gegen den zurückweisenden Beschluss kann der Antragsteller innerhalb einer Frist von zwei Wochen nach §§ 567 I Nr. 1, 569 I S. 1 ZPO sofortige Beschwerde entweder beim Ausgangsgericht oder beim zuständigen Beschwerdegericht einlegen.

In Ausnahmefällen kann das Gericht nach § 937 II ZPO einen stattgebenden Beschluss ohne mündliche Verhandlung erlassen, wenn die Angelegenheit dringlich ist. Der Antragsteller muss im Rahmen seines Antrages die Dringlichkeit zur Entscheidung ohne mündliche Verhandlung entsprechend darlegen und auch glaubhaft machen.[863] Hierbei ist aus Sicht des Antragstellers allerdings darauf zu achten, dass die Dringlichkeit nach § 937 II ZPO nicht mit dem Verfügungsgrund gleichzusetzen ist.[864] Der Antragsteller ist also gehalten auf zwei Stufen zur Dringlichkeit vorzutragen und diesen Vortrag entsprechend glaubhaft zu machen. Auf der ersten Stufe geht es zunächst um die

---

863 *Mayer* in Vorwerk/Wolf, BeckOK ZPO, 39. Edition 2020, § 937 Rn. 5; *Huber* in Musilak/Voit, ZPO, 17. Aufl. 2020, § 937 Rn. 4.

864 *Huber* in Musilak/Voit, ZPO, 17. Aufl. 2020, § 937 Rn. 4.

Frage, ob ein Vorgehen im zivilprozessualen Eilrechtsschutz statthaft ist oder, ob der Antragsteller auf das Hauptsacheverfahren verwiesen werden kann. Auf der zweiten Stufe geht es sodann um die Frage, ob eine Entscheidung ausnahmsweise ohne eine vorherige mündliche Verhandlung und im Zweifel ohne vorherige Anhörung des Antragsgegners ergehen kann.

Hat der Antragsteller die Dringlichkeit nach § 937 II ZPO nicht hinreichend glaubhaft gemacht oder kann das Gericht aus anderen Gründen eine Entscheidung nicht ohne eine mündliche Verhandlung treffen, wird ein Termin zur mündlichen Verhandlung anberaumt.[865] Ergeht nach der mündlichen Verhandlung ein Urteil, handelt es sich hierbei um ein Endurteil im Sinne von §§ 300 ff. ZPO. Gibt das angerufene Gericht dem Antrag nach einer mündlichen Verhandlung statt, ist das Urteil automatisch vorläufig vollstreckbar.

2. Die Hinterlegung einer Schutzschrift

In der Regel ist der Antragsgegner durch eine außergerichtliche Abmahnung vorgewarnt und muss damit rechnen, dass der Antragsteller einen Antrag auf Erlass einer einstweiligen Verfügung stellen wird, sofern er die außergerichtliche Aufforderung zur Abgabe einer strafbewehrten Unterlassungserklärung zurückweist. Um zu verhindern, dass einem drohenden Antrag auf Erlass einer einstweiligen Verfügung ohne mündliche Verhandlung und damit ohne Berücksichtigung des eigenen tatsächlichen und rechtlichen Standpunktes stattgegeben wird, hat sich in der Praxis die Hinterlegung einer Schutzschrift etabliert.[866] Die Schutzschrift hat als vorbeugender Verteidigungsschriftsatz nach § 945a I S. 2 ZPO zum Ziel, dem angerufenen Gericht die Sach- und Rechtslage aus der Sicht des Antragsgegners so zu präsentieren, dass das Gericht diesen Standpunkt bei seiner Entscheidung entsprechend berücksichtigen kann.[867] Das Hauptziel ist dabei stets,

---

865 *Huber* in Musilak/Voit, ZPO, 17. Aufl. 2020, § 937 Rn. 6.

866 *Köhler* in Köhler/Bornkamm/Feddersen, UWG, 39. Aufl. 2021, § 12 Rn. 2.40; *Drescher* in MüKo ZPO, 6. Aufl. 2020, § 945a Rn. 3.

867 *Drescher* in MüKo ZPO, 6. Aufl. 2020, § 945a Rn. 3; *Schüttpelz* in Berneke/Schüttpelz, Die einstweilige Verfügung in Wettbewerbssachen, 4. Aufl. 2018 Rn. 289.

die Zurückweisung des Antrages zu erreichen, weil das Gericht davon überzeugt werden kann, dass der Antrag auf Erlass einer einstweiligen Verfügung sowohl unzulässig als auch unbegründet ist.[868] Jedenfalls aber wird mit der Hinterlegung einer Schutzschrift bezweckt, eine Entscheidung im Beschlusswege, ohne eine vorherige mündliche Verhandlung, zu vermeiden. Die Schutzschrift gewährt dem Antragsgegner insofern die Möglichkeit, rechtliches Gehör zu erhalten.[869]

Praxishinweis:

Als Ausfluss der prozessualen Wahrheitspflicht ist der Antragsteller verpflichtet, seinem Antrag die vollständige außergerichtliche Korrespondenz zwischen den Parteien beizufügen. Dies umfasst somit auch die außergerichtliche Antwort des Antragsgegners auf eine Abmahnung. Als eine Alternative zu einer Schutzschrift kann es vor diesem Hintergrund eine Überlegung sein, auf eine Abmahnung, welche man im Ergebnis zurückweist, ausführlich sowohl in tatsächlicher als auch in rechtlicher Hinsicht Stellung zu nehmen. Auch so besteht die Möglichkeit, dass das angerufene Gericht den eigenen Standpunkt zur Kenntnis nimmt und den Antrag entweder zurückweist oder zumindest einen Termin zur mündlichen Verhandlung anberaumt. Ob gleichwohl auf die zusätzliche Hinterlegung einer Schutzschrift verzichtet wird, sollte gründlich abgewogen werden. Leider gibt es noch zahlreiche Rechtsanwälte, die ihrem Antrag bewusst oder unbewusst nicht die vollständige außergerichtliche Korrespondenz beifügen und so den Erlass einer einstweiligen Verfügung im Beschlusswege erreichen.

868 *Drescher* in MüKo ZPO, 6. Aufl. 2020, § 945a Rn. 3.
869 *Drescher* in MüKo ZPO, 6. Aufl. 2020, § 945a Rn. 3; *Schüttpelz* in Berneke/Schüttpelz, Die einstweilige Verfügung in Wettbewerbssachen, 4. Aufl. 2018, Rn. 289.

V. Das Verfahren nach Erlass einer einstweiligen Verfügung

1. Vollziehung im Parteibetrieb

Ein ohne mündliche Verhandlung ergangener Beschluss erlangt nach § 936, 922 II ZPO seine volle Wirksamkeit erst dann, wenn dieser auch dem Antragsgegner ordnungsgemäß zugestellt wurde. Die Vollziehung hat nach § 929 II ZPO innerhalb eines Monats seit der Verkündung oder der Zustellung des Beschlusses an den Antragsteller zu erfolgen. Nach Ablauf dieser Frist ist eine Vollziehung unstatthaft[870] und die ergangene einstweilige Verfügung kann auf Antrag des Antragsgegners aufgehoben werden. Mängel bei der Durchführung der Vollziehung können nach § 189 ZPO geheilt werden, wenn das zuzustellende Dokument noch innerhalb der Vollziehungsfrist beim richtigen Zustellungsempfänger zugeht.[871]

> ***Praxishinweis:***
> *Da die Vollziehung im Parteibetrieb zu erfolgen hat, kommt es in der Praxis gerade in dieser Phase des zivilprozessualen Eilrechtsschutzes zu zahlreichen Fehlern, die zur Aufhebung einer bereits ergangenen einstweiligen Verfügung führen. Dabei sind die potenziellen Fehlerquellen vielfältig und können über das reine Versäumen der Vollziehungsfrist hinausgehen. So muss darauf geachtet werden, dass dem Antragsgegner das richtige Dokument vollständig zugestellt wurde. Leider wird zum Beispiel oft übersehen, dass das Gericht in seinem Beschluss anordnet, dass neben dem reinen Beschluss auch weitere Dokumente (z. B. die Antragsschrift nebst Anlagen) zugestellt werden müssen. Ein weiterer Fehler kann die Zustellung an den falschen Adressaten sein. Grundsätzlich hat die Zustellung an den Antragsgegner zu erfolgen, also an denjenigen, an den sich die Verpflichtung aus dem Beschluss richtet. Hat sich allerdings für das gerichtliche Verfahren ein Rechtsanwalt auf Seiten des Antragsgegners bestellt, hat die Zustellung des Beschlusses an*

870 *Retzer* in Harte-Bavendamm/Henning-Bodewig, UWG, 4. Aufl. 2016, § 12 Rn. 508; *Schüttpelz* in Berneke/Schüttpelz, Die einstweilige Verfügung in Wettbewerbssachen, 4. Aufl. 2018, Rn. 603.

871 *Köhler* in Köhler/Bornkamm/Feddersen, UWG, 39. Aufl. 2021, § 12 Rn. 2.64.

diesen zu erfolgen.[872] *An dieser Stelle ist aber darauf zu achten, dass die bloße Beantwortung einer außergerichtlichen Abmahnung durch einen Rechtsanwalt noch keine Bestellung auch für ein nachfolgendes gerichtliches Verfahren darstellt. Wird der Beschluss gleichwohl nur an den außergerichtlich tätigen Rechtsanwalt zugestellt und kann eine förmliche Zustellung an die Partei nicht mehr innerhalb der Vollziehungsfrist nachgeholt werden, kann der Beschluss auf Antrag des Antragsgegners wegen Versäumung der Vollziehungsfrist aufgehoben werden.*

Praxishinweis:

Die ordnungsgemäße Vollziehung einer einstweiligen Verfügung ist aufgrund ihrer Fehleranfälligkeit mit besonderer Sorgfalt vorzunehmen. Die Darstellung sämtlicher Einzelheiten zur Vollziehung einer einstweiligen Verfügung würden den Rahmen des vorliegenden Werkes sprengen, sodass auf die einschlägige Spezialliteratur verwiesen werden muss. Einer betroffenen Person, die ernsthaft in Erwägung zieht, ihren Unterlassungsanspruch im Wege einer einstweiligen Verfügung durchzusetzen, kann auch nur dazu geraten werden, sich hierfür einen Rechtsanwalt zu suchen, der mit den Besonderheiten des zivilprozessualen Eilrechtsschutzes vertraut ist.

2. Widerspruch und Berufung

Ist die einstweilige Verfügung ohne mündliche Verhandlung im Beschlusswege ergangen, kann der Antragsgegner hiergegen nach § 924 I ZPO Widerspruch einlegen. Der Antragsgegner kann seinen Widerspruch dabei entweder auf den vollständigen Beschluss erstrecken oder nur auf einen bestimmten Teil. Für den Widerspruch kennt die ZPO keine Frist, sodass auch nach einem längeren Zeitraum seit der Zustellung die Einlegung des Widerspruches möglich ist.

872 *Köhler* in Köhler/Bornkamm/Feddersen, UWG, 39. Aufl. 2021, § 12 Rn. 2.63.

Praxishinweis:

Auch wenn für den Widerspruch keine Frist vorgesehen ist, erscheint es aus Sicht eines Antragsgegners, der das beanstandete Verhalten künftig fortsetzen möchte, sinnvoll, zeitnah Widerspruch gegen die Entscheidung einzulegen.

Die Berufung gegen eine einstweilige Verfügung ist statthaft, wenn dem Antrag nach einer mündlichen Verhandlung durch Urteil stattgegeben wurde oder dieser durch Urteil zurückgewiesen wurde. Anders als beim Widerspruch, muss die Berufung innerhalb der Berufungsfrist des § 517 ZPO eingelegt werden und innerhalb der Berufungsbegründungsfrist begründet werden. Mit der Entscheidung des Berufungsgerichts endet das Verfahren auf Erlass einer einstweiligen Verfügung. Eine Revision gegen das Berufungsurteil ist nicht statthaft.

Praxishinweis:

Wurde der Antrag auf Erlass einer einstweiligen Verfügung zurückgewiesen und hat der Antragsteller hiergegen Berufung eingelegt, kann es sich als dringlichkeitsschädlich erweisen, für die Berufungsbegründung eine Verlängerung der entsprechenden Frist zu beantragen.

3. Das Abschlussverfahren

Die einstweilige Verfügung stellt nur eine vorläufige Sicherung des geltend gemachten Anspruches dar und steht stets im Risiko, zum Beispiel wegen geänderter Umstände, aufgehoben zu werden.[873] Vor diesem Hintergrund muss der Antragsteller überlegen, ob dieser im Rahmen eines Hauptsacheverfahrens noch eine endgültige Regelung erstreitet. Ein solches ist zunächst mit weiteren Kosten verbunden, denn anders als beim Verfahren auf Erlass einer einstweiligen Verfügung, muss der Kläger sodann für die Einleitung eines Hauptsacheverfahrens einen Gerichtskostenvorschuss leisten. Auch die hierfür anfallenden Kosten für den beauftragten Rechtsanwalt sind zunächst selbst zu tragen.

873 *Köhler* in Köhler/Bornkamm/Feddersen, UWG, 39. Aufl. 2021, § 12 Rn. 2.69.

Die Parteien können allerdings einvernehmlich die vorläufige Regelung der einstweiligen Verfügung zu einer endgültigen, einem Urteil in der Hauptsache gleichstehenden Regelung erheben.[874] Hierzu hat sich das sogenannte Abschlussverfahren etabliert, in welchem der Antragsgegner durch Abgabe einer Abschlusserklärung auf die Einlegung eines Widerspruches, auf einen Antrag nach § 926 ZPO, auf einen Antrag nach § 927 ZPO sowie ggf. auf das Rechtsmittel der Berufung verzichtet und die einstweilige Verfügung als abschließende Regelung zwischen den Parteien anerkennt.[875]

Gibt der Antragsgegner, aus welchen Gründen auch immer, eine solche Abschlusserklärung nicht proaktiv ab, kann der Antragsteller diesen mithilfe eines Abschlussschreibens zur Abgabe einer Abschlusserklärung auffordern.[876] Im Rahmen dieses Abschlussschreibens wird dem Antragsgegner eine Frist zur Abgabe der Abschlusserklärung gesetzt, verbunden mit dem Hinweis, dass im Falle einer Fristversäumung die Erhebung einer Hauptsacheklage zur Herbeiführung einer endgültigen Regelung erforderlich wird.

Praxishinweis:

Das Abschlussverfahren schließt zwar an eine ergangene einstweilige Verfügung an, ist allerdings nicht mehr Teil des Verfahrens auf Erlass einer einstweiligen Verfügung.[877] *Vielmehr wird mit dem Abschlussschreiben bezweckt, ein Hauptsacheverfahren zu vermeiden.*[878] *Die Kosten für das Abschlussschreiben können daher nicht bei der Kostenfestsetzung für das Verfahren auf Erlass einer einstweiligen Verfügung berücksichtigt werden.*[879] *Dem Antragsteller steht gegen den Antragsgegner ein materiell-rechtlicher Anspruch auf Kostenerstattung aus den Grundsätzen zur Geschäftsführung ohne Auftrag nach §§ 670,*

---

874 *Köhler* in Köhler/Bornkamm/Feddersen, UWG, 39. Aufl. 2021, § 12 Rn. 2.69.

875 *Köhler* in Köhler/Bornkamm/Feddersen, UWG, 39. Aufl. 2021, § 12 Rn. 2.74.

876 *Köhler* in Köhler/Bornkamm/Feddersen, UWG, 39. Aufl. 2021, § 12 Rn. 2.70.

877 *Schüttpelz* in Berneke/Schüttpelz, Die einstweilige Verfügung in Wettbewerbssachen, 4. Aufl. 2018, Rn. 714; BGH, Urt. v. 4.2.2010 – I ZR 30/04.

878 *Schüttpelz* in Berneke/Schüttpelz, Die einstweilige Verfügung in Wettbewerbssachen, 4. Aufl. 2018, Rn. 714.

879 Schüttpelz in Berneke/Schüttpelz, Die einstweilige Verfügung in Wettbewerbssachen, 4. Aufl. 2018, Rn. 717.

677, 683 S. 1 BGB zu.[880] *Für den Anspruch auf Erstattung der Kosten für das Abschlussschreiben ist allerdings Voraussetzung, dass die Versendung eines solchen Abschlussschreibens auch erforderlich war.*[881] *Erforderlich ist ein solches Abschlussschreiben jedenfalls dann, wenn der Antragsgegner zuvor ausreichend Gelegenheit hatte, von sich aus eine Abschlusserklärung abzugeben und damit die Kosten für ein Abschlussschreiben zu vermeiden.*[882] *Hierfür hat sich in der Rechtsprechung eine Wartefrist von zwei Wochen etabliert.*[883]

880 *Schüttpelz* in Berneke/Schüttpelz, Die einstweilige Verfügung in Wettbewerbssachen, 4. Aufl. 2018, Rn. 717.
881 *Schüttpelz* in Berneke/Schüttpelz, Die einstweilige Verfügung in Wettbewerbssachen, 4. Aufl. 2018, Rn. 718.
882 *Schüttpelz* in Berneke/Schüttpelz, Die einstweilige Verfügung in Wettbewerbssachen, 4. Aufl. 2018, Rn. 718.
883 BGH, Urt. v. 22.1.2015 – I ZR 59/14; *BGH*, Urt. v. 30.3.2017 – I ZR 263/15.

3. Kapitel
Interviews aus der Praxis

A. Sechs Fragen an Tim Wybitul, Rechtsanwalt und Partner bei der Latham & Watkins LLP.

Frage: *Als im Mai 2018 die Geltung der DSGVO in Deutschland kurz bevorstand, machten sich datenverarbeitende Unternehmen vor allem Sorgen wegen der enormen Bußgelder, die bei einem Datenschutzverstoß drohen. Durch die mittlerweile ersten sehr hohen Bußgelder, die verhängt wurden, war diese Sorge rückblickend sicherlich berechtigt. Was allerdings im Mai 2018 gefühlt kaum einer auf dem Schirm hatte, waren die von betroffenen Personen angestrengten zivilgerichtlichen Verfahren nach einem Datenschutzverstoß. Wie sehr bestimmen diese zivilrechtlichen Verfahren Ihren Alltag bei der Beratung von Unternehmen? Und lässt sich das in Zahlen ausdrücken?*

Antwort: Unser Team vertritt Unternehmen sowohl in Bußgeldverfahren als auch in zivilrechtlichen Klageverfahren auf Schadensersatz nach Art. 82 DSGVO. Zwar gehen die verhängten Bußgelder, gegen die wir unsere Mandanten verteidigen, bis in den zweistelligen Millionenbereich. Aber das für Unternehmen wirtschaftlich deutlich größere Risiko geht meines Erachtens von Klagen auf immateriellen Schadensersatz wegen Datenschutzverstößen aus. Das zeigt sich auch an den Zahlen. Wir bearbeiten derzeit eine zweistellige Anzahl von Behördenverfahren. Gleichzeitig helfen wir unseren Mandanten, sich gegen mehrere tausend Anspruchsteller zu verteidigen, die Forderungen auf Schadensersatz geltend machen. Auch wenn die Datenschutzbehörden erkennbar zunehmend auch hohe Bußgelder verhängen, liegt ein noch größerer Schwerpunkt des Beratungsalltags auf der Verteidigung von Unternehmen gegen zivilrechtliche Forderungen.

Frage: *Das Portal flightright.de war eines der ersten, wenn nicht sogar das erste Portal in Deutschland, das erkannt hat, dass sich Zahlungsansprüche von Verbrauchern, kombiniert mit relativ wenigen gesetzlichen Anspruchsvoraussetzungen zu einem skalierbaren Geschäftsmodell entwickeln lassen. Der Zugang zum Recht wird dadurch für den Einzelnen deutlich einfacher, gleichzeitig erhöht sich dadurch das Haftungsrisiko für Unternehmen noch einmal deutlich. Mit der*

EuGD, rightnow oder Kleinfee finden sich nun auch im Datenschutz erste Anbieter, die Ansprüche auf Ersatz immaterieller Schäden nach Art. 82 I DSGVO gegenüber Unternehmen massenhaft geltend machen. Wie bewerten Sie die Entwicklung?

Antwort: Diese Entwicklung verfolge ich mit großer Aufmerksamkeit. Die genannten Anbieter kenne ich natürlich gut und sehe sie oder ihre Anwälte oft vor Gericht. Das Geschäftsmodell solcher Datenschutzklagen auf Schadensersatz lässt sich in der Tat mit überschaubarem Aufwand skalieren beziehungsweise multiplizieren. Oft sind von einem möglichen Datenschutzverstoß mehrere Tausend oder gegebenenfalls sogar Millionen potenzieller Kläger betroffen. Dabei sind die Sachverhalte dennoch identisch oder sehr ähnlich. Das erleichtert den Einsatz von Legal Tech ganz erheblich – übrigens nicht nur auf Seiten der Kläger. Auch wir nutzen die gleichen Anwendungen, die wir bei anderen großen Massenverfahren einsetzen.

***Frage:** Welche Rolle wird die deutsche und europäische Rechtsprechung bei der Frage spielen, ob das Geschäftsmodell dieser Anbieter langfristig erfolgreich sein wird?*

Antwort: Das ist eine sehr gute und richtige Frage. Denn es hängt gerade von der Rechtsprechung ab, ob das Geschäftsmodell der DS-GVO-Klagen dauerhaft erfolgreich sein wird. Wenn die Gerichte hier niedrige Maßstäbe anlegen, um Schadensersatz zuzusprechen, kann dieser Ansatz schon kurzfristig sehr erfolgreich sein. Und derzeit sehen wir gerade vor den Arbeitsgerichten einen Trend, auch bei geringen Verstößen oder Schäden Klägern eine Art „Schmerzensgeld" zuzusprechen. Ich persönlich verstehe Art. 82 DSGVO eher so, dass er beim Ersatz immaterieller Schäden eine nachgewiesene und erhebliche Beeinträchtigung des Klägers voraussetzt. Das entspricht auch der Linie der meisten Entscheidungen vor ordentlichen Zivilgerichten. Letztlich wird diese Fragen der EuGH entscheiden. Und viele Klägeranwälte setzen darauf, dass der EuGH auch zum Schadensersatz seine bislang oft sehr datenschutzfreundlichen Positionen auch hier vertreten wird.

***Frage:** Mit Art. 15 DSGVO wird der betroffenen Person erstmals ein umfangreiches Auskunftsrecht zugesprochen. Ziel dieses Auskunftsrechts sollte sein, der betroffenen Person die Möglichkeit zu geben,* *zu erfahren, ob und wenn ja, wie personenbezogene Daten über sie gespeichert und verarbeitet werden. Es lässt sich allerdings beobachten, dass das Auskunftsrecht zunehmend zweckfremd eingesetzt wird, gerade auch im Kontext arbeitsrechtlicher Kündigungsschutzverfahren. Wie sind hier Ihre Beobachtungen? Wird das Auskunftsrecht noch seinem eigentlichen Zweck entsprechend ausgeübt?*

Antwort: Mittlerweile scheinen viele Anspruchsteller Art. 15 DSGVO immer mehr als taktische Maßnahme zur Vorbereitung zivilrechtlicher Schadensersatzansprüche einzusetzen. Auch im Rahmen von ohnehin bereits belasteten Arbeitsverhältnissen oder Kündigungsschutzverfahren scheint der Anspruch zunehmend ein strategisches Mittel zu werden, um Druck auf den Arbeitgeber auszuüben.

Frage: *Eine weitere,* für jedes Unternehmen praktische, aber noch nicht geklärte Frage ist die nach dem Umfang des Auskunftsanspruches. Ohne tief in die Details gehen zu wollen, welchen Rat würden Sie Unternehmen im Umgang mit Auskunftsbegehren ganz generell geben?

Antwort: Immer mehr Unternehmen professionalisieren ihre Auskunftsprozesse, um Ansprüche nach Art. 15 DSGVO schnell, umfassend und belastbar erfüllen zu können. Oftmals ist hier ein gestuftes Modell sinnvoll, in dem man der betroffenen Person erst einmal einen Standardsatz aussagekräftiger Informationen zur Verfügung stellt und anbietet, bei konkreten weiteren Fragen gegebenenfalls zusätzliche Angaben zu machen. Die Forderung nach der Herausgabe umfassender E-Mail-Korrespondenz oder einzelner Verarbeitungsprozesse halte ich hingegen für unrealistisch und rechtlich auch nicht geboten.

Frage: *Als erfahrener Prozessanwalt wissen Sie, dass es für einen positiven Prozessausgang essenziell ist, die für einen selbst günstigen Tatsachen auch vor Gericht beweisen zu können. Im Buch „Über die Kriegskunst" von Sun Tsu heißt es unter anderem zum Beispiel „Im Frieden bereite dich auf den Krieg vor". Wie lässt sich diese alte Lehre zur Verteidigung im Rahmen eines Prozesses oder besser zur Vermeidung eines Prozesses auf datenverarbeitende Unternehmen übertragen?*

Antwort: In der Tat. Vor Gericht gewinnt oft, wer weniger beweisen muss. Kläger argumentieren in Verfahren um Ansprüche nach Art. 82

DSGVO oft, dass sich aus dem datenschutzrechtlichen Rechenschaftsgrundsatz auch eine Beweisregel in Zivilprozessen ergeben soll. Mit anderen Worten, das datenschutzrechtlich verantwortliche Unternehmen soll beweisen, dass es die gesamte DSGVO richtig umgesetzt hat. Das ist praktisch kaum leistbar, steht aber vor allem so nicht im Gesetz. Der Rechenschaftsgrundsatz sieht vor, dass Verantwortliche den Datenschutzbehörden auf Aufforderung Nachweise vorlegen müssen. Eine zivilrechtliche Beweislastumkehr ist in der DSGVO hingegen nicht geregelt oder gewollt. Dennoch sind Unternehmen gut beraten, wenn sie in der Lage sind, ihre Datenschutzstrukturen und -prozesse vor Gericht überzeugend darzulegen. Beispielsweise kann hier auch die Dokumentation der ordnungsgemäßen Auswahl, Instruktion und Überwachung von Mitarbeitern und Auftragsverarbeitern sehr hilfreich sein.

Ich bedanke mich für das Interview.

Zur Person: Tim Wybitul ist Rechtsanwalt und Partner im Frankfurter Büro der Latham & Watkins LLP. Er berät Unternehmen in komplexen Datenschutzfragen. Tim Wybitul ist Certified Information Privacy Professional (CIPP-EU/GDPR) und Fachanwalt für Arbeitsrecht.

B. Sechs Fragen an Peter Hense, Rechtsanwalt und Partner der Spirit Legal Fuhrmann Hense Partnerschaft von Rechtsanwälten

***Frage:** Mit der DSGVO sollten die Rechte der betroffenen Personen gestärkt werden. In den Art. 12 ff. DSGVO gibt es daher einen ganzen Katalog von eigenen Rechten der betroffenen Personen. Kann man sagen, dass die Intention des Verordnungsgebers, den betroffenen Personen eigene Kontrollrechte zu geben, sich auch in der Praxis durchgesetzt hat? Oder scheuen betroffene Personen wegen des strukturellen Ungleichgewichts noch, von ihren Rechten umfassend Gebrauch zu machen?*

Antwort: Viele der Rechte, die die DSGVO jetzt ausdrücklich formuliert, waren im Recht der Nationalstaaten bereits seit jeher angelegt. Manche im Vertragsrecht, andere im Deliktsrecht, seltener in

Datenschutzgesetzen. In Deutschland ist vielen gar nicht bewusst, dass das moderne Grundrecht auf informationelle Selbstbestimmung in Verbindung mit dem Rechtsgrundsatz der Bona Fides sowie dem Recht der unerlaubten Handlungen bereits ein starkes Gerüst für die Geltendmachung von Betroffenenrechten bieten: Transparenz, Korrektur, Löschung. Da ist alles drin, was das Herz begehrt. Nur eben verschlüsselt durch lange Verweisketten und gewachsene Rechtsprechung. Gerade die noch junge Entscheidung des BVerfG „Recht auf Vergessen I" beleuchtet diese Aspekte sehr gut. Dieses „verborgene Expertenrecht" ist in der Rechtspraxis weit weniger angekommen als z.B. das omnipräsente Widerrufsrecht im Fernabsatz. Daher sehe ich den starken Gewinn der DSGVO und anderer ähnlicher Regelungen rund um die Welt in der ausdrücklichen Verbriefung von Betroffenenrechten, gleich einer Magna Carta Libertatum. Das passt auch besser als verbindendes Glied zu den Rechtsordnungen dieser Erde. Nicht jeder teilt das deutsche Faible für deutsche Abstraktionen und Theorien. Manchmal braucht es eben den „Do Not Sell My Personal Information"-Button, um Menschen wachzurütteln. Die größte Herausforderung für Betroffenenrechte ist noch immer das soziale Ungleichgewicht. Unternehmen und Organisationen können erfolgreich wirtschaften, indem sie auf breiter Front kleine Rechtsverletzungen begehen. Diese Streuschäden kann der Einzelne nicht wirtschaftlich einklagen. Rechtsanwälte müssen sich mit komplexen Rechts- und vor allem Tatsachenfragen abmühen und erhalten dafür nach der Gebührenordnung ein kleines Taschengeld. Will man nicht das Vergütungssystem der Rechtsanwälte aufbrechen, braucht es hier andere Instrumente, z.B. Opt-Out-Kollektivklagen, um das Recht wieder ins Lot zu bringen.

Frage: *Zahlreiche Portale kommen auf den Markt, die bei der Durchsetzung von Betroffenenrechten, insbesondere von Schadensersatzansprüchen, einen leichteren Zugang zum Recht versprechen. Während Arbeitsgerichte in Einzelfällen teilweise recht hohe Schadensersatzzahlungen zusprechen, sind die ordentlichen Gerichte, vor denen diese Portale auftreten, beim immateriellen Schadensersatz sehr zurückhaltend. Ist das Geschäftsmodell bereits zu Beginn gescheitert oder ist das nur eine Momentaufnahme?*

Antwort: A penny for your thoughts! Derartige Strukturen entstehen aus der Aporie, die wir bei der Durchsetzung von Datenschutz- und anderen Verbraucherrechten erleben. Wegen 50 Euro Refund hätten Vielflieger nie ihre Airline in Regress genommen, was diese jahrelang gern in ihre Geschäftsmodelle eingepreist hatten. Dann kamen die Prozessoptimierer und machten den berechtigten Regress für Verbraucher attraktiv. Dieser Trend ist auch im Datenschutz nicht aufzuhalten, sofern es um standardisierbare Ansprüche auf Auskunft und Schadensersatz und nicht andere Arten der Abhilfe geht. Aus meiner Sicht als Prozessanwalt haben Kläger vor Gericht in erster Linie das Problem, den Spruchkörper von ihrer Aufrichtigkeit überzeugen zu müssen. Gestandene Amtsrichter, die sonst nervige Nachbarn mit ihrem botanischen Überhang gekonnt abtropfen lassen und erhitzte Ehegattengemüter beruhigen müssen, sollen nun in weit komplexeren Sachverhalten gut und böse scheiden und den Guten angemessenen, wirksamen und vollen Schadensersatz spenden? Das wird schwierig bis unmöglich. Hier stößt das „private right of action“ unserer Rechtsordnungen an seine kommunikativen Grenzen und muss zwingend durch Kollektivklagen flankiert werden. Denn erst im Kollektivverfahren kann das Gericht die Dimension des Schadens treffend erkennen, können Ressourcen sinnvoll eingesetzt werden, um Klarheit zu erlangen und gerechte Urteile zu fällen. Auf den Punkt: Es geht nicht um 100 Euro hier und da, sondern um die Kompensation des volkswirtschaftlichen Gesamtschadens. Und dieser Zustand des gerechten Ausgleichs kann eben nur mit einer Bündelung aller Ansprüche in einem Verfahren erreicht werden. Mein Fazit: Die Individualklagen sind wichtig, sobald es um individuelle Fälle geht. In Großklagen können allein Sammelklagen unberechtigte Gewinne abschöpfen, Streuschäden kompensieren und die gewünschte Lenkungswirkung in Richtung Rechtstreue erreichen.

Frage: *Wenn man sich die bislang ergangenen Entscheidungen zu Art. 82 DSGVO ansieht, kommt einem dann nicht zwangsläufig der Gedanke, warum nationale Gerichte nicht öfter von ihrem Ermessen Gebrauch machen und die sich aufdrängenden Auslegungsfragen nicht einfach nach Art. 267 II AEUV dem EuGH vorlegen?*

Antwort: Ja. Das sollten sie tun. Aber Vorlagen machen Arbeit. Die Vorlagefragen zu erstellen kostet Kraft und erfordert Sachkenntnis.

Und mancher meint sicherlich, bestimmte Dinge einfach selbst entscheiden zu dürfen, auch wenn der gesetzliche Richter eigentlich außerhalb der deutschen Grenzen sitzt. Wir dürfen aber nicht vergessen, dass der EuGH auch finanziert werden will. Hier sollte die Union der gestiegenen Bedeutung des Gerichtshofs Rechnung tragen und das Gericht deutlich ausbauen, um die Verfahrenslaufzeiten zu verkürzen. Ich vermute nur, dass der politische Wille hierzu fehlt. Sollten wir Rechtsanwälte uns nicht auch einmal für den EuGH einsetzen? Immerhin beschert der uns doch viel schöne Arbeit.

Frage: *Das Bundesverfassungsgericht hat nun die Entscheidung eines Amtsgerichtes aufgehoben, weil es eine wesentliche Frage, nämlich die nach dem Vorliegen einer Bagatellgrenze in Art. 82 DSGVO, nicht dem EuGH zur Beantwortung vorgelegt hat. Wird es jetzt öfters zu einer Vorlage an den EuGH kommen?*

Antwort: Davon gehe ich aus. Wir beantragen derzeit in allen Verfahren, in denen das konkrete Thema eine Rolle spielt, die Vorlage zum EuGH und liefern die entsprechend ausformulierten Fragen gleich mit. Für mich hat die Entscheidung des BVerfG darüber hinaus jedoch eine Signalwirkung, die sich nicht auf Art. 82 DSGVO beschränkt, sondern sich auf alle ungeklärten Zweifelsfragen der Verordnung erstreckt. Daher haben wir in unseren Verfahren ein ganzes Set an Fragen zu Kausalität, Schaden, Normzwecken und Beweislast vorbereitet, aus deren Beantwortung sich dann Konturen eines europäischen Schadensrechts ableiten lassen. Aber ob von uns oder anderen, Hauptsache eine Vorlage kommt durch und trägt Früchte. Denn kurzfristig werden sich alle Prozessparteien auf eine Vorlagepflicht beziehen und Verfahren damit steuern, also beschleunigen oder ausbremsen wollen.

Frage: *Neben der Frage, ob Art. 82 DSGVO eine Bagatellgrenze vorsieht, verlangen jedenfalls die ordentlichen Gerichte, dass die klagende betroffene Person darlegt und beweist, dass es durch eine Verletzung des Verantwortlichen zu einem kausalen Schaden gekommen ist. Das lässt sich mit Blick auf den Wortlaut vertreten, aber ist diese Auslegung nicht zu streng, wenn man bedenkt, dass die betroffene Person in der Regel keine Einblicke in die Abläufe beim Verantwortlichen hat?*

Antwort: Ja, eine solche Auslegung ist zu streng und widerspräche den Verordnungszielen. Nicht erst die DSGVO hat klargestellt, dass Datenverarbeitung eine Gefahrenquelle ist und der Gefährder sich entlasten muss. Trotz der Beweislastverteilung, die dem Verantwortlichen eine Menge abverlangt, bevor er oder sie den Gerichtssaal befreit lächelnd verlassen können, stoßen Verordnung und nationales Prozessrecht an Grenzen. Geheimhaltung und Desinformation, wie sie von Rechtsverletzern gepflegt werden, sind tatsächlich vor Gericht ein probates Mittel, um Klagen im Keim zu ersticken. Aus meiner Sicht gibt es einige Stellschrauben, die das Informationsdefizit bereinigen könnten: Zum einen sollten Betroffene Einblicke in alle Verfahrensakten bei den Behörden auch in laufenden Verfahren erhalten, um die Sachlage treffend beurteilen zu können. Die Verjährung von Ansprüchen dürfte nicht beginnen, bevor eine solche Einsichtnahme überhaupt möglich ist. Darüber hinaus werden wir bei technisch komplexen Sachverhalten nicht umhinkommen, Betroffenen einen Herausgabeanspruch auf essenzielle Informationen zum Vorgang zu gewähren, der gerichtlich in einem Vorverfahren ähnlich dem selbstständigen Beweisverfahren in § 485 ZPO durchgesetzt werden kann. Im Baurecht klappt das ja bei ähnlicher Interessenlage bereits ganz gut und dient vor allem der Prozessökonomie.

Frage: *Cyber-Angriffe nehmen zu und selbst die beste IT-Sicherheit lässt sich umgehen. Nehmen vor diesem Hintergrund die Fälle zu, in denen gleich eine Vielzahl von betroffenen Personen Schadensersatzansprüche gegen das betroffene Unternehmen geltend macht? Oder wird die Rechtsprechung bei einem unvorhersehbaren Cyber-Angriff künftig einen Haftungsausschluss annehmen?*

Antwort: Haftung ist im Grunde eine Versicherungsfrage. Wer eine Anlage betreibt, die so gefährlich ist, dass viele zu Schaden kommen können, muss in seiner Technikfolgenabschätzung auch die Versicherbarkeit der Risiken mit aufnehmen. Das haben wir vom Automobil bis zum Atomkraftwerk so gehandhabt, mit ordentlichem Erfolg. Es wird Zeit, diese Konzepte auch bei anderen disruptiven Geschäftsmodellen zur Anwendung zu bringen. Wer sich bislang die Costs of Doing Business schöngerechnet hat, muss nun einen Reality Check vornehmen, um nicht auch persönlich in die Haftung für Compliance-Verstöße zu geraten. Ich bin mir bewusst, dass dieser Mentalitätswandel in einigen

Sorglosbranchen noch Jahre dauern wird, daher sollten wir rasch mit dem Umdenken beginnen.

Ich bedanke mich für das Interview.

Zur Person: Peter Hense ist Rechtsanwalt und Partner der Spirit Legal Fuhrmann Hense Partnerschaft von Rechtsanwälten, einer Rechtsanwaltskanzlei mit Sitz in Leipzig, die von und für ihre Begeisterung für Wirtschaft und Technik lebt. Er arbeitet im internationalen IT- und Technologierecht, im Datenschutz sowie der Prozessführung (Privacy Litigation). Seine Schwerpunkte sind Advertising Technology, Sensordaten, Machine Learning sowie die Ethik automatisierter Entscheidungssysteme (Accountable AI).

Literaturverzeichnis

Zeitschriften

Ambrock	Mitarbeiterexess im Datenschutzrecht, ZD 2020, 492
Arend/Möhrke-Sobolewski	Das Recht auf Kopie – mit Sinn und Verstand. Wie weit reicht das Recht auf Erhalt einer Kopie von personenbezogenen Daten?, PinG 2019, 245
Aszmons/Herse	EU-Whistleblowing-Richtlinie – Der richtige Umgang mit den neuen Vorgaben und deren Umsetzung, DB 2019, 1849
Aßhoff	Mysterium Abmahnwelle – Der Referentenentwurf zum Schutz vor rechtsmissbräuchlichen Abmahnungen und seine Wirksamkeit in der Praxis, CR 2018, 720
Barth	Wettbewerbsrechtliche Abmahnungen von Verstößen gegen das neue Datenschutzrecht, WRP 2018, 794
Bettinghausen/Wiemers	Bewerberdatenschutz nach neuem Datenschutzrecht, DB 2018, 1277
Brink/Joos	Reichweite und Grenzen des Auskunftsanspruchs und des Rechts auf Kopie, ZD 2019, 483
Brink/Eckhardt	Wann ist ein Datum ein personenbezogenes Datum, ZD 2015, 205
Brose	Substantiierungslast im Zivilprozess, MDR 2008, 1315
Büscher	Soziale Medien, Bewertungsplattformen & Co., GRUR 2017, 433
Calliess	Der EuGH als gesetzlicher Richter im Sinne des Grundgesetzes, NJW 2013, 1905
Dann/Markgraf	Das neue Gesetz zum Schutz von Geschäftsgeheimnissen, NJW 2019, 1774
Dausend	Der Auskunftsanspruch in der Unternehmenspraxis, ZD 2019, 103,

Dickmann	Nach dem Datenabfluss: Schadensersatz nach Art. 82 der Datenschutz-Grundverordnung und die Rechte des Betroffenen an seinen personenbezogenen Daten, r+s 2018, 345
Diercks	Die DSGVO entfaltet keine Sperrwirkung gegenüber den Rechtsbehelfen aus dem UWG, CR 2018, 1
Dönch	Verbandsklagen bei Verstößen gegen das Datenschutzrecht – neue Herausforderungen für die Datenschutz-Compliance, BB 2016, 962
Eichelberger	Ersatz immaterieller Schäden bei Datenschutzverstößen, Festschrift für Jürgen Taeger, 2020, S. 137
Engeler/Quiel	Recht auf Kopie und Auskunftsanspruch im Datenschutzrecht, NJW 2019, 2201
Eschelbach/Geipel	Substanziierungslast des Klägers im Zivilprozess, ZAP 2010, 1109
Geissler/Ströbel	Datenschutzrechtliche Schadensersatzansprüche im Musterfeststellungsverfahren, NJW 2019, 3414
Gola	Das Geschäftsgeheimnisgesetz und die DSGVO, DuD 2019, 569
Gola	Neues Recht, neue Fragen – einige aktuelle Interpretationsfragen zur DSGVO, K&R 2017, 145
Greiner	Dringlichkeitserfordernis bei der Vollziehung einstweiliger Verfügungen, GRUR-Prax 2017, 477
Härting	Was ist eigentlich eine „Kopie“?, CR 2019, 219
Herr	Zur Streitwertfestsetzung in Wettbewerbssachen und zum Selbstverständnis der Instanzgerichte, MDR 1985, 187
Hoeren	Fake News? – Art. 5 DS-GVO und die Umkehr der Beweislast, MMR 2018, 637
Hoeren/Jakopp	WLAN-Haftung – A never ending story?, ZRP 2014, 72

Hornung/Hofmann — Ein Recht auf Vergessenwerden – Anspruch und Wirklichkeit eines neuen Datenschutzrechts, JZ 2013, 163, 167

Johannes/Richter — Privilegierte Verarbeitung im BDSG, DuD 2017, 300

Jung/Hansch — Die Verantwortlichkeit in der DSGVO und ihre praktischen Auswirkungen, ZD 2019, 143

Kaiser — Typische Fehler in zivilprozessualen Anträgen, NJW 2017, 1223

Keppeler/Berning — Technische und rechtliche Probleme bei der Umsetzung der DS-GVO-Löschpflichten, ZD 2017, 314

Kipker/Voskamp — Datenschutz in sozialen Netzwerken DuD 2012, 737, 741

Klein — Immaterieller Schadensersatz nach der DS-GVO, GRUR-PRax 2020, 433

Köhler — Die DS-GVO – eine neue Einnahmequelle für gewerbsmäßige Abmahner?, ZD 2018, 337

Köhler — Durchsetzung der DS-GVO mittels UWG und UKlaG?, WRP 2018, 1269

Kohn — Der Schadensersatzanspruch nach Art. 82 DS-GVO, ZD 2019, 498

Korch/Chatard — Reichweite und Grenzen des Anspruchs auf Erhalt einer Kopie gem. Art. 15 Abs. 3 DSGVO, CR 2020, 438

König — Das Recht auf eine Datenkopie im Arbeitsverhältnis, CR 2019, 295

Kremer — Das Auskunftsrecht der betroffenen Person in der DSGVO, CR 2018, 569

Krüger/Rahlmeyer — Die Streitverkündung im Zivilprozess, JA 2014, 202

Kühling/Drechsler — Alles „acte clair“? – Die Vorlage an den EuGH als Chance, NJW 2017, 2950

Laoutoumai/Hoppe — Setzt die DSGVO das UWG schachmatt?, K&R 2018, 533

Laoutoumai/Hoppe Das Recht auf Erhalt einer Kopie personenbezogener Daten, K&R 2019, 297, 300

Latzel/Streinz Das richtige Vorabentscheidungsersuchen, NJOZ 2013, 97

Laumen Der Beweisantrag im Zivilprozess, MDR 2020, 145

Laumen Die Ablehnung von Beweisanträgen im Zivilprozess, MDR 2020, 193

Leibold Streitwert beim Auskunftsanspruch nach Art. 15 DS-GVO, ZD-Aktuell 2020, 04420

Leibold Gerichtliche Entscheidungen zum Schadensersatz nach Art. 82 Abs. 1 DS-GVO, ZD-Aktuell 2021, 05043

Lembke Der datenschutzrechtliche Auskunftsanspruch im Anstellungsverhältnis, NJW 2020, 1841

Lorenz Datenschutzrechtliche Informationspflichten, VuR 2019, 213

Martini/Weinzierl Die Blockchain-Technologie und das Recht auf Vergessenwerden, NVwZ 2017, 1251

Mächtle Das Vorabentscheidungsverfahren, JuS 2015, 314

Neun/Lubitzsch Die neue EU-Datenschutz-Grundverordnung – Rechtsschutz und Schadensersatz, BB 2017, 2563

Ohly UWG-Rechtsschutz bei Verstößen gegen die Datenschutz-Grundverordnung?, GRUR 2019, 686

Paal Schadensersatz bei Datenschutzverstößen, MMR 2020, 14

Redeker Transparenzanforderungen im Datenschutz vor und nach der DSGVO, ITRB, 2018, 96

Rimmelspacher Die Berufungsgründe im reformierten Zivilprozess, NJW 2002, 1897

Schmitt Datenschutzverletzungen als Wettbewerbsverstöße?, WRP 2019, 27

Scholtyssek/Judis/Krause	Das neue Geschäftsgeheimnisgesetz – Risiken, Chancen und konkreter Handlungsbedarf für Unternehmen, CCZ 2020, 23
Schreiber	Wettbewerbsrechtliche Abmahnung von Konkurrenten wegen Verstößen gegen DS-GVO, GRUR-Prax 2018, 371
Schultz	Substanziierungsanforderungen an den Parteivortrag in der BGH-Rechtsprechung, NJW 2017, 16
Specht-Riemenschneider/ Schneider	Die gemeinsame Verantwortlichkeit im Datenschutzrecht, MMR 2019, 503
Spittka	Können Wettbewerber wegen DS-GVO-Verstößen abmahnen?, GRUR-Prax 2019, 4
Spittka	Die Kommerzialisierung von Schadensersatz unter der DS-GVO, GRUR-Prax 2019, 475
Spittka	Die Kommerzialisierung des Schadensersatzes unter der DSGVO, IPRB 2021, 24
Stein	Die Darlegungs- und Beweislast im Zivilprozess – Ein Überblick, JuS 2016, 896
Thora	Die Streitverkündung – vielschichtig und haftungsträchtig, NJW 2019, 3624
Trentmann	Das Recht auf Vergessenwerden bei Suchmaschinentrefferlinks, CR 2017, 26
Uebele	Datenschutzrecht vor Zivilgerichten, GRUR 2019, 694
Wagner	Disruption der Verantwortlichkeit, ZD 2018, 307
Walter	Die datenschutzrechtlichen Transparenzpflichten nach der europäischen Datenschutz-Grundverordnung, DSRITB 2016, 367
Weigert	Angemessene Geheimhaltungsmaßnahmen im Sinne des Geheimnisschutzgesetzes – Geheimnisschutz ad absurdum, NZA 2020, 209
Werkmeister/Brandt	Datenschutzrechtliche Herausforderungen für Big Data, CR 2016, 233

Wolff UWG und DS-GVO: Zwei separate Kreise?, ZD 2018, 248

Wybitul DS-GVO veröffentlicht – Was sind die neuen Anforderungen an die Unternehmen?, ZD 2016, 253

Wybitul Immaterieller Schadensersatz wegen Datenschutzverstößen – Erste Rechtsprechung der Instanzgerichte, NJW 2019, 3265

Wybitul DSGVO-Schadensersatztabelle gibt schnellen Überblick über aktuelle Rechtsprechung und Schadenssummen, DSB 2021, 42

Wybitul/Brams Welche Reichweite hat das Recht auf Auskunft und auf eine Kopie nach Art. 15 I DS-GVO, NZA 2019, 672

Wybitul/Celik Die Nachweispflicht nach Art. 5 Abs. 2 und Art. 24 Abs. 1 DS-GVO ist keine Beweislast, ZD 2019, 529

Wybitul/Haß/Albrecht Abwehr von Schadensersatzansprüchen nach der Datenschutz-Grundverordnung, NJW 2018, 113

Wybitul/Neun/Strauch Schadensersatzrisiken für Unternehmen bei Datenschutzverstößen, ZD 2018, 202

Ziegelmayer Geheimnisschutz ist eine große Nische, CR 2018, 693

Zikesch/Kramer Die DS-GVO und das Berufsrecht der Rechtsanwälte, Steuerberater und Wirtschaftsprüfer, ZD 2015, 565

Kommentare/Bücher

Auer-Reinsdorff/Conrad, Handbuch IT- und Datenschutzrecht, 3. Auflage 2019

BeckOK Bürgerliches Gesetzbuch, Hau/Poseck, 55. Edition 2018

BeckOK Datenschutzrecht, Wolff/Brink, 32. Edition 2020

Berneke/Schüttpelz, Die einstweilige Verfügung in Wettbewerbssachen, 4. Auflage 2018

Cepl/Voß, Zivilprozessordnung 2. Auflage 2018

Ehrmann/Selmayer, DSGVO, 2. Auflage 2018

Fezer/Büscher/Obergfell, Lauterkeitsrecht, 3. Auflage 2016

Gierschmann, Kommentar zur DSGVO, 1. Auflage 2018

Gloy/Loschelder/Danckwerts, Wettbewerbsrecht, 5. Auflage 2019

Gola, DSGVO, 2. Auflage 2018

Gola/Heckmann, Bundesdatenschutzgesetz, 13. Auflage 2019

Harte-Bavendamm/Henning-Bodewig, Gesetz gegen den unlauteren Wettbewerb, 4. Auflage 2016

Hellfeld, Verfahrensrecht im gewerblichen Rechtsschutz, 1. Auflage 2016

Hoeren/Sieber/Holznagel, Multimediarecht, 52 Ergänzungslieferung 2020

Kindl/Meller-Hannich, Gesamtes Recht der Zwangsvollstreckung, 4. Auflage 2021

Kühling/Buchner, DS-GVO BDSG, 2. Auflage 2018

Köhler/Bornkamm/Feddersen, Gesetz gegen den unlauteren Wettbewerb, 39. Aufl. 2021

Laue/Kremer, Das neue Datenschutzrecht in der betrieblichen Praxis, 2. Auflage 2019

Moos/Schefzig/Arning, Die neue Datenschutzgrundverordnung, 1. Auflage 2018

Münchener Kommentar zum Bürgerlichen Gesetzbuch, Band 3, 8. Aufl. 2019

Münchener Kommentar zum Bürgerlichen Gesetzbuch, Band 8, 8. Aufl. 2020

Münchener Kommentar zur Zivilprozessordnung, 6. Auflage 2020

Münchener Anwaltshandbuch Gewerblicher Rechtsschutz, 5. Auflage 2017

Musilak/Voit, Zivilprozessordnung, 17. Auflage 2020

Ohly/Sosnitza, Gesetz gegen den unlauteren Wettbewerb, 7. Auflage 2016

Paal/Pauly DSGVO BDSG 2. Auflage 2018

Plath DSGVO 3. Auflage 2018

Redeker, IT-Recht, 7. Auflage 2020

Schaffland/Wiltfang, DS-GVO/BDSG, Lieferung 5/20

Schantz/Wolff, Das neue Datenschutzrecht, 1. Auflage 2017

Schellhammer, Zivilprozess, 16. Auflage 2020

Schwartmann/Jaspers/Thüning, DS-GVO/BDSG, 2. Auflage 2020
Simitis/Hornung/Spiecker gen. Döhmann, Datenschutzrecht 1. Auflage 2019
Spindler/Schuster, Recht der elektronischen Medien, 4. Auflage 2019
Steltmann BeckOK RVG, 50. Edition 2020
Sydow, Europäische DSGVO, 2. Auflage 2018
Taeger/Gabel, DSGVO BDSG, 3. Auflage 2019
Vorwerk/Wolf BeckOK ZPO, 37. Edition 2020